講談社選書メチエ

710

「私」は脳ではない

21世紀のための精神の哲学

マルクス・ガブリエル
姫田多佳子［訳］

MÉTIER

ICH IST NICHT GEHIRN
by Markus Gabriel

Japanese translation published by arrangement with Ullstein Buchverlage GmbH
through The English Agency (Japan) Ltd.

マリザ・ルクスへ
あなたらしくなりなさい！

［…］その際、同時に、すべての神話を根絶しようとしながら、その一方で自ら神話を作り出している私たちの時代ほど、深く考えもせず、いとも簡単に悟性神話を作り出す時代は他にないことを、私たちは反省しつつ考えることにしよう。

セーレン・キルケゴール『不安の概念』

目次

凡　例

・本書は、Markus Gabriel, *Ich ist nicht Gehirn. Philosophie des Geistes für das 21. Jahrhundert*, Berlin: Ullstein, 2017 の全訳である。

・訳文中で用いた記号類については、以下のとおりである。

「　」　原文における» «
（　）　原文における（　）
〈　〉　原文において重要な語句を示すために› ‹を付された語句
［　］　原文における補足や注記
〔　〕　訳者による補足や注記
ゴシック体　原文におけるボールド体

・原文におけるイタリック体には傍点を付した（書名・論文名などの場合については左記）。

・原文における“Ich”は一人称の代名詞（ich）と訳文中でも明確に区別するため、「私」とカギ括弧を付して表記した。その他、同様に重要な語句であることを明示するために「　」を付した語句がある。

・書名、雑誌名、新聞名、テレビ番組名、映画の作品名などは『　』を、音楽の作品名は《　》を、論文名、講演名、テレビ番組のシリーズ名などは「　」を付して表示した。

・著者による引用文は、特に注記しないかぎり、原書から訳者が訳出した。ただし、読者の便宜のため、巻末「文献一覧」では、邦訳のあるものについては併記した（複数の邦訳が存在する場合、入手しやすいものを示した）。
・原書における明らかな間違いなど、原著者に確認した上、訳文で訂正した箇所がある。
・巻末に「人名・作品名索引」および「概念索引」を掲載した。これらで取り上げられている原綴については原則として索引中に示すこととし、特に必要がないかぎり訳文中には示さなかった。

日本語版の出版に寄せて

前著『なぜ世界は存在しないのか』に続き、三部作の残り二作（『「私」は脳ではない』と『思考の意味』）が日本語で出版されるのは、私にとって喜びであり、光栄なことです。二〇一三年以降、私は何度も日本を訪れる機会を得ました。哲学を愛する他の多くの旅人たちと同じように、私もこの国とそこに住む人々に感銘を受けました。日本という国には考えるきっかけがあります。啓蒙に寄与する伝統的な情報伝達メディアのレベルの高さに加え、新たなテクノロジーとメディアがまたたく間に浸透したことで、日本でも他の国々と同様、人間の自己理解のために哲学が革新的な貢献を果たすことが求められるようになりました。私が自著の数々で展開している新しい実在論は、二一世紀の哲学として構想されたものです。本書のテーマになっているのは、人間を一つの総体として、すなわち自らの自己決定において自由な、精神をもつ生き物として認識することです。人間とは自己決定において失敗することがある生き物です。ですから、私たちは精神を病み、病的になることがあります。本書で名を明示し、その克服に努めることになる病とは、神経《ニューロ》中心主義です（同様に病的なヨーロッパ《ユーロ》中心主義と混同してはなりません）。神経中心主義とは、私たちの精神生活は脳と同一視することができ、したがって人間を神経ネットワークに置き換えることができる、という考え方のことです。これは根本的に誤った考え方です。神経中心主義は人間をおかしくします。なぜなら、神経中心主義に侵されると、もはや私たちは自分自身を認識できなくなるからです。

本書のクライマックスは、自己決定という精神の自由を擁護することです。これはフランス革命に始まった近代民主主義の基本であり、これからもそうであり続けます。現在、この民主主義というリベラルな形態は、民主主義国家においてさえ、イデオロギーによる圧力に苦しめられています。ユヴァル・ノア・ハラリなどの終末論《アポカリプス》に傾倒するテクノ・イデオロギー信奉者たちは、神経中心主義者と意見を同じくし、自由な意志などないのだから民主主義についてのリベラルな考えを維持する理由はない、と結論しています。そう結論づけることで、彼らは――自分は世界市民《コスモポリタン》であり、すべての人々も同様に世界市民であると認めることを可能にしている――人間に対するイメージを攻撃しているのです。ですから、私はクライマックスに引き続いて、新しい実在論を基に、同じく新しい理念である普遍主義《ユニバーサリズム》を擁護します。この考えは、私たちすべてが自己決定という普遍的な共和国の市民であることを可能にするものです。私たちは皆、徹底的に自由です。でも、それは自己決定が勝手に機能するということではありません。自由を活かすこともできれば、うまく活かせないこともあるのです。人間にとって最も危険な敵は、自分自身や他者について誤ったイメージを作り上げる人間であることを、私たちは認識しなければなりません。今日広まっている危険なイデオロギーは、実は私たちとは同一視できないものを私たちと同一視することで、人間を自己決定のレベルで台無しにしています。実は私たちと同一視できないものとは、脳あるいは脳の何らかの下位システムなのです。それに代わるとともに、自由に根差したグローバルな秩序の土台となるイメージが、ぜひとも必要です。私たちが自分の決断を自己決定という行為として認識できてこそ、私たちはよりよい政治状況を追求できます。コスモポリティックなビジョンをもたない政治《ポリティック》は、結局のところ近代的《モダン》ではなく、前近代的《プレモダン》なのです。ポストモダンというのは、『なぜ世界は存在しないのか』で詳しく述べたとおり、存在しません。だから、今、私たちは前近代的な行動様式への退行を経験しているのです。その結果どうなりうるかは、サイバー独裁制というディストピアが教えてくれます。そこでは、ジョージ・オーウェルのビジョンが神経《ニューロ》外科学とコンピュータ・サイエンスの進歩によって現実のものになるでしょう。人間は機械に完全に隷属することになります。そして、機械の背後には、その機械を利用して私たちを搾取しようとする人々が、実は潜んでいるのです。ですから、私たちはもうすでにデジタル・プロレタリアートになってしまっており、スマートフォンは私たちより賢い、とソーシャル・ネットワークで吹き込まれているのです。

人間を機械とみなすようなイメージから私たちを解き放ち、啓蒙の精神を再び鼓舞するため、私たち皆が——生まれた土地や文化に関係なく——分かち合い、共同で活用できるような、人間の精神の自由の防衛策が今や必要です。どれほど文化の違いがあっても、私たちには共有するものがあるのです。そうでなければ、文化の多様性はなかったでしょうし、私たちは人間の姿をしただけの雑多極まりない動物種の集まりになっていたことでしょう。日本の読者の皆さん、皆さんとドイツ人哲学者である私との間には隔たりがあります。でも、それは両者が異なる土地、異なる文化に生きているという偶然の産物なのです。このことは私たちを区別しますが、お互いに人間であることを認識できないほど深刻な区別ではありません。文化という意味での他者の中に自分と同じ人間を認めるとき、私たちはその人の脳ではなく、文化という意味で自分自身を決定する能力としての精神を認識しているのです。ここで大切なのは、この能力があるか否かであり、したがって友愛の情を示すことができるか否かです。友愛の情を示すことは日本では至極もっともなことだとうかがっています。日本的なおもてなしと社会のコミュニケーションを、私は精神が体現されたものとして体験しました。ここで私が「精神」と呼んでいるものは、日本では至る所で見受けられます。それは形式の美であり、秩序のバランスを保つために他者が今何を望んでいるのかを予測することです。

もっとも、私は日本を賛美するつもりはありませんし、それは他のどんな文化に対しても同様です。いかなる形式の文化であれ、いかなる土地に育《はぐく》まれた精神であれ、内において、あるいは外において他者を排除したり攻撃したりすれば、それは病的なものになる可能性があります。本書では、読者の皆さん全員に理解してもらえるような形で、精神の哲学についてざっと述べたつもりです。これが私たちを再び人間とみなすための第一歩になることを望んでいます。

『なぜ世界は存在しないのか』は解放的な笑いで最高潮に達しましたが（余談ですが、こういう笑いは仏教の伝統の中で〔布袋尊などの高笑いによって〕よく知られています）、『「私」は脳ではない』では自由の理論が展開されます。私たちは世界から——すべてを内包する決定論的な地平線から——解放されています。つまり、徹底的に自由なのです。ですから、私たちは人間についての自然科学的研究と精神科学〔人文科学〕的研究の間の対話を新たなレベルに高める必要があります。なぜなら、精神科学はテクノロジーや自然科学の進歩で代替できる、という誤った考えは直接的または間接的にサイバー独裁制をもたらすからです。人間が自分は何者であるかを知らないかぎり、技術をその人間のために使う理由はないからです。これを研究するのは、ですから、英語圏で言うところのヒューマニティーズ〔人文科学〕の仕事です。ヒューマニズム〔人文主義〕を攻撃する者は、人間たる自分自身を攻撃しているのです。自然主義、つまり、あらゆる知識は結局は自然科学とテクノロジーによるものだとするテーゼは、今日、この惑星を破壊する推進力になっています。テクノロジカルなエネルギー装置の土台としての自然科学は、私たちを救済せず、人間の破滅のほうに力を貸しています。まだ手遅れではありません。これからでも人間的なテクノロジーを発展させることができます。私たちの進歩を活用し、人間にふさわしい世界社会を作り上げるのです。でも、このことは、私たちが哲学と精神科学という形式による人間の自己探究を副次的なものとみなすかぎり、達成することはできません。

本書を通じて日本との間に新たな友情の絆が結ばれ、二一世紀の民主主義法治国家のために哲学と精神科学が果たす役割について、日本の皆さんと議論を交わすさらなる機会に恵まれることを願っています。

夏のある日の午前、ボンにて

マルクス・ガブリエル

序　論

私も読者の皆さんも今、目覚めていて意識があります。考えたり、感じたり、不安になったり、希望をもったりします。互いに言葉を交わし、国を作り、政党を選び、学問を行い、芸術作品を生み、恋に落ち、勘違いし、それがどういうことなのかを知ることができます。一言で言えば、私たちは精神をもつ生物なのです。〔現在では〕神経科学のおかげで、絵を見たり、何かのきっかけで特定のことを考えたりするときに、脳のどの部位が活性化するのかが部分的には分かっています。また、感情的になったときや、錯乱しているときの神経化学についても、いくらかは分かっています。しかし、脳の神経化学は、私たちの精神的または知的・意識的生活のすべてを最終的にコントロールしているのでしょうか？　〔そうだとすると〕私たちが意識している「私」というのは、いわば脳のユーザーインターフェイスであって、実際には私たちの行動には何の貢献もせず、観客のようにそれに立ち会っているだけなのでしょうか？　私たちの意識的生活とは芝居が上演されている舞台であって、私たちはその芝居に実際には――つまり、意識的かつ自由には――介入できない、ということなのでしょうか？　私たちは意識的生活を送る精神をもつ生物です。その一見あまりにも当然の事実は無数の謎を投げかけています。哲学は何千年もの間、それらの謎と取り組んできました。哲学の一部門で、精神をもつ生物としての私たち人間と取り組むのが、今日、精神哲学と呼ばれているものです。ここでは、それをじっくり見ていきましょう。精神哲学は、今日かつてないほど重要になっています。

多くの人が意識の本質を未解決の大きな謎の一つと捉えています。そもそも、なぜ自然の産物の中で、言うなれば光が走らなくてはならないのか？　そして、頭蓋骨の中で発生するこのニューロンの雷雨は、私たちの意識とどんな関係があるのか？　このような疑問を取り扱うのが、精神哲学の部分領域である意識の哲学と神経哲学です。

つまり、本書で問題にするのは私たち自身なのです。最初に、精神哲学における主要な検討事項を、意識や自己意識、自己〔「私」〕といった中心的概念を手がかりにして紹介していきます。これらの概念については多くのことが語られていますが、たいていは哲学的背後関係の知識もなく語られており、その結果、誤解を招いています。ですから、私はこの背後関係をできるだけ予備知識がなくても理解できるような形で説明していきます。というのも、そうすることで、本書を執筆した第二の目的を達成する足がかりができるからです。その第二の目的とは、誰かまたは何かが――それは神かもしれませんし、宇宙、自然、脳、あるいは社会かもしれません――背後に潜み、私たちを不自由にしている、という世間一般に流布しているイメージから私たちの自由（自由意志）を守ることです。私たちは精神をもつ生物ですから、徹底して自由です。でも、これは私たちが動物界の一員ではないという意味ではありません。私たちは脳が移植されたまったくの遺伝子コピーマシンではありませんし、肉体に迷い込んでしまった天使でもありません。私たちは、本当に自由な、精神をもつ生物なのです。何千年にもわたって私たちは自分たちをそのように考えてきましたし、精神をもつ生物として自分たちの政治的自由も擁護してきました。

物質粒子と意識をもった生命体

私たちの時代の一つの挑戦と言えるのは、人間像〔＝人間の本質についてのイメージ〕を科学的に示そうという試みです。私たちはついに、人間とは実は何者なのか、ということについての客観的知識を求めるようになったのです。しかし、ここには人間の精神という問題が立ちはだかっています。なぜなら、人間の精神はこれまでのところ科学研究とは無縁だったからです。この問題に立ち向かうために、すでに二〇〜三〇年前から神経科学を人間の精神を扱う自然科学として確立しようとする試みがなされています。

〔ですが〕私たちは神経科学に実力以上のものを期待していないでしょうか？　つい最近まで、例えば神経学者あるいは神経生物学者が人の精神のスペシャリストだ、などと考える人はほとんどいませんでした。私たちの自己についての情報を、一般論としては神経科学が、個別論としては脳研究が、それぞれ与えてくれるものと信頼していいのでしょうか？

本書では、誰にでも理解できるような形で――しかも過去の洞察も引き合いに出しながら――精神哲学に新たな視点を開きたいと願っています。自己認識は長く哲学の中心にあり、現在までの哲学史を語ることは、私たちの関心を引く真の問題と見かけ上の問題をよりよく理解する助けになるからです。

テクノロジーの進歩に対して、どの程度私たちの人間像を合わせていけばいいのでしょうか？　この主要問題に賢く立ち向かおうとするなら、意識、精神、「私」、思考、自由などといった私たちの自己イメージに関する用語について、日頃慣れ親しんでいる以上に、その意味を厳密に調べたほうがいいでしょう。というのも、そうすれば落とし穴に落ちずに済むからです。例えば、誰かが私たちに向かって、自由な意志なんて実はないのだとか、人間の精神（意識）は脳の表面張力みたいなものにすぎないとか、あるいはフランシス・クリックとクリストフ・コッホが一時期唱えたように「四〇ヘルツ領域で起こるシンクロナイズされたニューロン発火」にすぎないと断言しようとしたとき、先の用語をきちんと理解していれば、どこに落とし穴が仕掛けられているのかを見破れるのです。ちなみに、ニューロン発火については、提唱した本人たちが、後日その推論の不十分さを認めました。[1]

現在の意識の哲学（*Philosophy of Mind*）――ドイツ語ではこれが誤って精神哲学と呼ばれることがあります――の主流とは異なり、本書で提唱するのは反自然主義的です。**自然主義***は、存在するすべてのものは結局は自然科学的に調べることができる、という前提に立っています。また、そこには少なくとも、**唯物論**は正しい、という暗黙の了解があります。このテーゼは、存在するのは物体だけであり、物質エネルギーに支配された人間その他の生物の都合などお構いなしの冷徹な現実に属する物だけである、というものです。しかし、それなら意識はどうなるのでしょう？　意識は今までのところ科学的に説明できていませんし、そもそも、どうすれば科学的に説明できるのか見当もつかない部分があります。このような人間の精神を精神科学〔人文科学〕と社会科学で調べているかぎり、意識については、ますます説明がつかなくなります。ドイツ連邦共和国も、ウエルベックの小説世界も、死者を悼《いた》む心も、思考も、さまざまな感情も、円周率πも、現実には物体だ、ということになるのでしょうか？　〔それとも〕それらは存在しない、あるいは現実には存在しないのでしょうか？　自然主義者は、非物質的現実がある、という彼らに言わせると誤解を招く印象を払拭することで、まさに非物質的現実は存在しないということを証明しようとしています。これについては、あとで論じようと思います。

*ゴシック体になっている概念は中心的役割を果たすものなので、可能なかぎり定義または概念解釈の形で紹介します。巻末の「概念索引」を参照しながら読んでいってください。

すでに述べたように、本書で採用するのは**反自然主義**の視点です。つまり、存在するすべてのものが実際に科学的に調査可能であるわけでも、物質であるわけでもない、という前提に立っています。要するに、私が言っているのは、非物質的現実が存在する、ということです。これは実際、良識があれば誰にでも分かることだと思います。私が誰かを友達とみなし、したがってそれ相応の感情をその人に抱いて、その感情にふさわしい行動をするとき、私とその人の間にある友情は物質であるなどとは考えません。私は自分自身についても物質的な物にすぎないと考えているわけではありません。もちろん、私だって、今の私がもっているこの肉体がなければ、この私ではなくなるでしょう。そして、その肉体にしても、この宇宙の自然法則が違ったものであったり、あるいは生物が異なる進化を遂げていたとしたら、私は手に入れることができなかったでしょう。

自然主義や反自然主義が最終的に正しいか否か、という問いは哲学という名の学問的専門分野、並びに自然科学と精神科学の関係にとって意味があるばかりではありません。この問いは、私たち皆に関わっているのです。とりわけ宗教の復活が世間を賑わす時代にあっては、なおさらです。なぜなら、宗教は当然のこととして非物質の砦《とりで》とみなされているからです。非物質的現実を（現代の自然主義に倣って）あまり性急に無視すると、宗教を最初から一種の迷信か怪談のように考えてしまい、そのため結局は宗教を理解できなくなってしまいます。どうやら、私たちは人間相互のプロセスを自然科学、テクノロジー、経済の進歩を通して理解し、その理解をもってコントロールすることができるはずだ、というイメージに欠陥があるようです。

すでに前世紀に、さまざまな流れを汲む多くの女性思索家や男性思索家*が啓蒙や合理主義と訣別し、あるいは批判的にそれらの限界を示しました。例えば、テオドール・W・アドルノ（一九〇三―一九六九年）とマックス・ホルクハイマー（一八九五―一九七三年）は『啓蒙の弁証法』の中で、全体主義で終焉を迎えなければならなかった近代は結局は一つの災難である、と述べました。私の見方は、まったく違います。でも、私は近代が次のような唯物論的基本信念の上に成り立つかぎり、近代は欠陥を抱えたままだと考えます。その基本信念とは、存在するのは基本的に巨大な世界という一つの器の中で自然法則に従い、配分される物質粒子だけであり、そうやって配分された粒子は何十億年か先に――意識をもつものも含めて――ついには生命体を生み出す、というものです。でも、この考えは、なぜ自然法則に従う物質粒子が意識をもつ生命体を生み出せるのか、という謎を投げかけます。このようなやり方では、人間の精神は決して理解できません。まさしく、こういう認識があったからこそ、古代のギリシア人は哲学を生み出したのです。

＊今後は煩わしさを避けるため名詞の男性形だけを使いますが、それは哲学の世界には男性しかいないという意味だとは決して思わないでください。

今日、精神哲学において反自然主義的視点を取り戻すためには、自然科学的世界像か宗教的世界像か、どちらかを選ばなければならない、という考えを捨てなければなりません。というのも、どちらも見当外れだからです。現在、歴史的にも神学的にも不十分な知識しかもたない宗教批評家が「新無神論〔New Atheism〕」の名の下に結集したグループがあり、メンバーにはサム・ハリス（一九六七年生）、リチャード・ドーキンス（一九四一年生）、ミシェル・オンフレ（一九五九年生）、ダニエル・デネット（一九四二年生）などの錚々たる思索家がいます。彼らは、宗教——彼らにとっての迷信——か、科学——彼らにとっての厳然たるありのままの真実——かを選ぶことが重要だと考えています。私は前著『なぜ世界は存在しないのか』の中で、我々の近代的民主主義社会はその根底にある世界像論争に決着をつけなければならない、という考えと詳しく向き合いました。そこで私が提起したテーゼは、統一性のある世界像は存在しないし、科学が啓蒙と同一ではないのと同じくらい、宗教も迷信と同一ではない、というものでした。[2]

ここで大事になってくるのは、意識のある精神をもつ生物としての私たち自身に関して反自然主義的視点を発展させることです。この視点は、精神史において——そしてヨーロッパ以外でも——展開された自己認識〔Selbsterkenntnis〕という大きな伝統に結びつこうとするものです。この伝統は、どこかのちっぽけな経済・テクノロジーのエリートが近代の進歩で得をして、さあ、虚実ひっくるめて宗教的迷信を追い払え、その迷信とともに精神も精神科学〔人文科学〕から追い払ってしまえ、と言ったところで消えてなくなるものではありません。真実は、自然科学に限らず、社会科学、人文科学、芸術、宗教にも見出せます。また、きわめて日常的な条件下でも見出せます。夏、インターシティ・エキスプレス〔ICE〕のエアコンがしょっちゅう故障することに気づく――これなども立派に真実の発見なのです。

脳の一〇年

神経科学は自我の研究をリードする分野である、という考えが生まれた最近のいきさつは注目すべきであり、意味深長です。一九八九年、アメリカ合衆国議会は脳研究の一〇年を開始することを決議し、一九九〇年七月一七日、当時の大統領ジョージ・H・W・ブッシュ（つまり、ブッシュ父）は脳の一〇年を公に宣言しました。[3] アルツハイマー病やパーキンソン病などに効く薬を開発するため、神経化学のレベルにおける医学的関係を、脳研究の手法を用いることで、よりよく理解することが重要になったのです。ブッシュの宣言は――この手の宣言ではよくあることですが――仰々しくも厳《おごそ》かに、次のように締めくくられています。

私、ジョージ・ブッシュ、アメリカ合衆国大統領は、ここに、一九九〇年一月一日より始まる一〇年を脳の一〇年とすることを宣言します。私は合衆国のすべての公務員と国民に、適切な計画、セレモニー、活動をもって、この一〇年を注視するよう呼びかけます。[4]

これより遅れること一〇年、ドイツでは当時のノルトライン＝ヴェストファーレン州首相ヴォルフガング・クレメントの後援で同様のプロジェクトが発足しました。このプロジェクトは人間の脳の一〇年と銘打たれ、ボン大学で何人かの著名な研究者によって専門家会議の枠内で導入されました。

このプロジェクトについての報道関係者に対する説明が、そのままでは支持することをためらうような一文「考えているときの脳の様子を眺めることが可能になるなど、一〇年前にはまだ夢物語にすぎなかったでしょう」[5]で始まっているのは、何とも歯がゆいことです。この文は「考えているときの脳の様子を眺める」[6]ことが今や可能になったと言わんばかりです。でも、厳密に言えば、これはおかしな表現です。なぜなら、考えるという行為を眺めることができるなどというのはナンセンスですから。考えるという行為は見ることができません。見ることができるのは、せいぜい考えるという行為に必要と考えられる脳の部位です。「考えているときの脳の様子を眺める」という表現は、いかにして脳が「考え〔思考〕」を処理しているかを文字どおり眺めるという意味なのでしょうか？　今や考えというのは、もったり、理解したりできるだけでなく、突如として見えるようにもなったのでしょうか？　それとも、これは控えめな主張で、脳が働いている様子を眺めることはできるけれども、それを眺めたところで、文字どおり考えを読むなんてことはできませんよ、ということなのでしょうか？

ジョージ・ブッシュは脳研究者ではありませんから、成果はせいぜい政治的なものでしょうし、もっと言えば、より多くの国家財源が脳研究につぎ込まれることかもしれません。でも、そのことが、考えているときの脳の様子を「眺める」ことができることと何の関係があるというのでしょう？

先ほどのドイツの宣言が言及していたのはｆＭＲＩのことですが、このような画像化の手法が開発されたのは医学における確固たる進歩です。それ以前の多くのテクノロジーとは異なり、ｆＭＲＩは患者の身体を傷つけません。つまり、臓器そのものに大きく手を加えなくても、コンピュータで作られたモデルによって（そして直接にではなく！）生きている脳を可視化できるのです。とはいえ、このような医学の進歩は、この場合にはさらなる期待を抱かせます。考え〔思考〕を可視化する、という期待です。そして、この期待は報われません。厳密に言うと、かなり馬鹿げた話です。なぜなら、「考える」ということを、意識的に思考をもつことだと解釈するとき、それはｆＭＲＩで可視化できる脳のプロセスをはるかに超えたものを含むからです。確かに脳のプロセスはある意味で可視化できますが、思考は可視化できません。

この二つの「脳の一〇年」は二〇一〇年一二月三一日に公式に終了しましたが、プロジェクトのカバーする範囲を医学の進歩だけに限定しようとせず、さらには自己認識〔Selbsterkenntnis〕について解明されるのではないかという期待を抱かせたのは、いかにもこの手のプロジェクトにありがちなことです。この流れの中で、神経科学は、しばらくの間、人間の「私」の発見をリードする分野として尽くすべし、という重荷を背負わされました。なぜなら、人間の思考、意識、「私」、そう、我々の精神自体の存在する場所を突きとめ、空間・時間的に観察可能な物と同一視することができる、と信じられていたからです。この考えを私は本書で批判したいと思っているのですが、これを手短に神経〔ニューロ〕中心主義と呼びましょう。**ヨーロッパ《ユーロ》中心主義**は世界の他地域と比べてヨーロッパの文化的優位性を謳った古い植民地主義の発想ですが、これは他の大国が台頭してきたことで、もう真剣に語られることはありません。あとは、（あまり科学的ではない）全能妄想に惑わされていることにおいてはヨーロッパ《ユーロ》中心主義にひけをとらない神経《ニューロ》中心主義を厳しく批判するのみです。ヨーロッパ《ユーロ》中心主義は、人間の思考はその頂点において一大陸（ヨーロッパ）あるいは一方角（西）と結びつくと勘違いしましたが、一方で、神経《ニューロ》中心主義は人間の思考の居場所が脳にあると考えています。そう考えれば、バラク・オバマの「脳活動マップ・プロジェクト〔Brain Activity Map Project〕」のように脳をマッピングすることで思考のコントロールがしやすくなるかもしれませんから、それを期待してのことです。

神経《ニューロ》中心主義の基本理念は、精神をもつ生物であることは、それにふさわしい脳があるということにほかならない、というものです。つまり、ごく簡単に言えば、神経中心主義は、「私」は脳だ、と教えているのです。さらに、こうも教えています——「私」、「意識」、「自己」、「意志」、「自由」、あるいは「精神」などの概念を理解したいのなら、哲学や宗教、あるいは良識などに尋ねても無駄であり、脳を神経科学の手法で——進化生物学の手法と組み合わせれば最高だが——調べなければならないのだ、と。私はこれを否定し、本書の批判的中心テーゼ「「私」は脳ではない！」にたどりつきました。

すでに言及した精神哲学における一連の基本概念の他に、「自由意志」についても詳しく見ていくことになります。いったいぜんたい、私たちは自由なのでしょうか、それとも、最近は本当にそのことを疑う理由があるのでしょうか？　自分たちのことを、強い欲望に駆られ、実のところ自分の遺伝子を次世代に引き継ぐことしか頭にないバイオマシンであると理解する、真っ当な理由があるのでしょうか？　私たちは実際に自由であり、それは何より私たちが精神をもつ生物であることと関係がある、と私は信じています。

この状況をより正確に解明するために、古今の精神哲学が提唱してきたことを取り上げるのも悪くないでしょう。というのも、ここ一〇〇年の間、精神哲学は神経中心主義に対して警鐘を鳴らしてきましたが、そのことがまだ世間にはほとんど受け入れられていないからです。

哲学はしばらくの間、神経中心主義に理論基盤を与えようとしました。そのため、脳の一〇年プロジェクトに部分的ではありましたが熱狂的に参加しました。参加すると、「私〔Ich〕」は脳である、というのはまったく当然ではないことが判明したのです。というのも、精神哲学には「自我〔das Ich（私）〕」や「精神〔der Geist（心）〕」といった概念を導入したものの、それらの概念がやがて別の分野（例えば心理学）で出世してしまった〔＝よく用いられるようになり、本来の哲学的な意味合いから乖離してしまった〕という歴史があったからです。「自我〔das Ich〕」や「自己〔das Selbst〕」といった概念は、頻繁に（プロの哲学者からさえ）攻撃されます。それらの概念が何に由来するのか、それらの概念を導入した思索家がどのような認識をそこに付随させたのか、そんなことはお構いなしです。

ここ二〇〇年の間、精神哲学はさまざまなことを熟考し、数々の成果をあげてきましたが、それらの多くは、すでに神経中心主義の基本理念に反対する立場を表明しています。ですから、私はもうとっくにこの世を去った思索家たちに再登場してもらうつもりです。なぜなら、哲学では、過去に生きたからというだけで間違っているなどということはまったくない、と言いますから。プラトンの精神哲学は、古代アテナイで生まれたからといって、その値打ちがいささかも損なわれるものではありません――いえいえ、アテナイで生まれたということは、私たち自身についての深い洞察をいくつも授けてくれた高度な文化という背景の中で生まれたということです。ホメロス、ソポクレス、シェイクスピア、エルフリーデ・イェリネクは、我々自身について神経中心主義より多くのことを教えてくれるでしょう。神経中心主義は、私たちの脳ないしは中枢神経系とその働きを扱います。脳や中枢神経系がなければ、精神もないでしょう。それらは私たちが意識をもった生を生きるために必要な条件ですが、意識をもった生そのものではありません。一つの必要条件は、それだけでは十分条件ではありません。〔例えば〕脚があることは、自転車に乗るための必要条件です。でも、まだ十分条件ではありません。なぜなら、自転車をこぐテクニックを身につける、私が自転車と同じ場所にいる、といった条件も必要だからです。脳を理解すればただちに精神が完全に理解できると考えるのは、脚が理解できれば自転車に乗ることが完全に理解できると思うようなものです。

「私」は脳と同一視できるとする推定の最大の弱点の一つは、そのように推定すると、あたかも脳が私たちを謀《はか》って「私」や「外界」が本物であるかのように思わせている、という印象を与えてしまうことです――というのも、私たちは実のところ現実そのものではなく、脳がその現実を基に作り上げるイメージを認識できるのにすぎないのですから。そうなると、私たちの精神が働く生活のすべては一種の幻想か幻覚であるということになってしまいます。このテーゼを、私は『なぜ世界は存在しないのか』の中で、**神経構築主義**というキーワードのところで批判しました[7]。神経構築主義は、私たちの精神的素質はすべて現実のイメージを作り上げる働きをする脳部位と同一視できる、と推定します。私たちには、これらのイメージから自分を解き放ち、イメージと現実を比較することはできません。ライナー・マリア・リルケは、このようなイメージを有名な『豹』という詩の中で次のようにうまく表現しています。「あたかも一〇〇〇の格子があるようだ／そして、一〇〇〇の格子の向こうには世界はないに等しい[8]」。

それに対してさまざまな理論が登場しましたが、その中でも、いわゆる**新しい実在論**の基本理念は神経構築主義の有効範囲についての議論を活発化させています。例えば、『脳と精神』誌の「大いなる幻想――脳は我々を惑わし、あらぬ世界を見せているのか?」という特集号では、精神哲学に関連して、アメリカ人の哲学者アルヴァ・ノエのインタビューの中で神経構築主義に対して疑問が呈されています[9]。

人間の自己を発見するというレベルでは、脳の一〇年は相当に手ひどい失敗をしています。『南ドイツ新聞』は、回想記事の中で「人間は解読不能な存在であり続けている[10]」と断定しています。ですので、人間とはいったい何者なのか、という問題を新たに考える時期になっているのです。端的に言いましょう。これから皆さんに二一世紀のための精神哲学の概説をいくつかご紹介します。

本書を理解するために、新しい実在論についてこれまで交わされた議論や神経構築主義に対する批判に関する知識は必要ありません。哲学に興味はあるけれど、一日中哲学書を読みあさっている暇はないという読者の皆さんの中には、一冊の哲学書を何とか理解するには、それ以前に数えきれないほどたくさんの書物を読んでおかなければならない、と思っているかたも多いでしょう。それに対して、本書では話の背景にある重要な基本理念をそのつど紹介していきますので、予備知識がなくても読み進んでいけるはずです。

脳スキャンで精神の自由が？

私の目的は、精神の自由という概念を守るために戦うことです。この概念には、私たちが思い違いをしたり、非合理的なことをしたりしかねない、ということが含まれています。でも、〔同時に〕私たちにはそれがどういう事態なのかを探り出す力がある、ということも含まれています。哲学でも、他の科学と同様のことを行います。すなわち、理論を構築し、その理論に根拠を与え、認識可能で、ある種の方法でなら理解できる事実を引き合いに出す、といったことです。理論はじっくり考えることで生まれます。考えが正しくても間違っていても構いません。誰だって間違いを犯します。特に自己認識という分野ではそうです。このことをソポクレスは『オイディプス王』の中で劇的に描き出しました。でも、本書ではあれほど悲劇的なことにならないようにと願っています。

本書で主として私の批判の矢面に立つのは、神経《ニューロ》中心主義とその先駆者——科学的世界像、構造主義、ポスト構造主義——ですが、それらはどれも哲学理論です。「私」と脳が同じであるということは、脳研究の調査から経験的に導かれた結果であるかのように、ときとして語られます。その代表格で、私が本書で批判を込めて「神経中心主義」と呼んでいる理論は、それらの調査結果が紛れもない科学的発見で、それゆえ専門家からも認められている事実に基づいた理論であるかのようにふるまいたがります。ですが、この理論は広範囲にわたる推定を交えて純哲学的な主張を述べています。ただし、ここで言う主張というのは、他の科学分野では使いものにならない代物です。神経中心主義は、そのことを口外しないようにして、批判から身を守っています。

神経中心主義も、意識、思考、「私」、精神、自由意志などの概念を用います。とはいえ、これらの概念は、経験的に裏づけられない絶対性を主張するという点で、今も将来も哲学概念なのです。そして、私たちは、その哲学概念を、自分たちの生態と――自分たちの生存空間である地球が息を呑むほどの大昔から息を呑むほどのスピードでずっとまわり続けている場所である――宇宙との関係などを探り出すのに用いているのです。

私たちが自らを精神をもつ生物と記す際に用いるこれらの概念の理解は、一〇〇〇年にもわたる精神・文化・言語の歴史によって形成されたものです。自然の理解、文学、司法、芸術、宗教、社会史上の経験などの要因が拮抗して相互に作用し合う場で、概念の理解は複雑な過程を経て展開されました。この展開は、神経科学の言葉では決して言い表せるものではありません。神経神学、神経ドイツ学、あるいは神経美学などの領域は、『ツァイト』紙に掲載された実在論に関する記事の中でトマス・E・シュミットが辛辣に述べたように、「ぞっとするような理論ゴーレム」なのです。[11]ある分野が何かを研究対象にしているとき、その対象を調べている脳が観察できることをもって、その分野が本当に正当性を獲得するのだとしたら、私たちはついに神経‐神経科学なるものを必要とするかもしれません。さらには、神経‐神経‐神経科学、等々なるものも作り出したほうがいいのでしょうか。それは未来が教えてくれることでしょう……。

脳の一〇年が、一九八九年のベルリンの壁崩壊直後、つまりは特筆すべき冷戦終結直後にジョージ・ブッシュによって宣言されたのは本当に偶然でしょうか？ 単に医学の進歩を政治が支援するためだったのでしょうか？ 脳が何かを考えているときの、その脳の様子――つまりは国民の様子――を眺めることができるというのは、監視社会（と軍事・工業複合社会）が新たなチェック機能を獲得することを意味しないでしょうか？ 脳の理解を深めれば消費者をコントロールできると期待する声があることは、以前から知られていました。もしや（宣伝による消費者操作はもとより）神経科学に基づく医薬品によって、新たな人間操作のメカニズムが生まれるのでしょうか？

フェリックス・ハスラー（一九六五年生）が『神経神話学』で、なるほどと思わせたように、脳の一〇年は新たなロビー活動を生み出しました。その結果、アメリカの大学ではタバコを吸う学生より向精神薬を飲む学生のほうが多くなりました。[12] 脳画像の解像度が向上し、私たちの脳理解も深まったことで、クリストフ・クックリックがいみじくも「コントロール革命」と総括した社会的変質が間違いなく起こっています。この変質で特徴的なのは、私たちはもはや単に「搾取される〔ausge*beutet*〕」だけでなく、今や一人一人が正確に「解釈される〔ausge*deutet*〕」かもしれない、ということです。この状態を、クックリックは「顆粒状社会」と呼んでいます。[13]

こうして、この不気味な「私」とはいったい何者なのか、という問いは、専門分野の哲学においてのみならず、今や政治的にも意味があることが明らかになりました。そして、そのことは日常的なレベルで私たち一人一人にも関係があります。例えば、愛はある種の「神経組織カクテル」と同じであるとか、日常社会で我々がどのように人と結びつくかは遠く先史時代にその起源をもち、進化途上の祖先たちが我々の身体に教え込んだ行動モデルが今でも私たちの行動を決定しているのだとか、そのようなことがささやかれるのです。

私は、その背後には解放幻想が潜んでいると考えます。自分が自由であること、そして他者もまた自由であることを直視するのは、とてもしんどい。できることなら誰かに決定を委ねたい、人生が〔できることなら〕楽しい映画のように内なる心の目の前で上映されてくれたらと思う。ちょうどアメリカの哲学者スタンリー・カヴェル（一九二六—二〇一八年）が「自分の人間らしさを否定することほど人間らしいことはない」と述べたように。[14]

私はこの考えに反対し、本書では、精神という概念は——政治の世界でもそうであるように——自由の概念を伴う、という理念を支持します。自由というのは、実際は何を意味しているのかよく分からないまま我々が擁護している、非常に漠然とした単なる価値ではありません。消費者としてさまざまな商品の中からどれかを選ぶというのは、単に市場経済によって保障された自由ではありません。私たちの人間像を自然科学のモデルに倣って学問の世界に持ち込もうとしても、精神をもつ生物としての我々を完全に理解することなど、およそできません。人間の自由とは、結局、ここにその根拠があるのです。

さあ、本題に入ってきました。なぜなら、私たちは私たち自身についてじっくり考えているところなのですから。じっくり考えるというのは、私たちの生き方の一部です。私たちは周囲の世界にある多くの物を意識したり、印象や体験（および、それに伴う感情）を意識したりするだけではありません。私たちは意識していることを意識するのです。このことを私たち哲学者は自己意識と呼んでいますが、〔自意識過剰というような〕自信を意味する自意識と同一ではありません。

近頃、私たち自身に関して、外見上は認識のように見えるものが溢れかえっています。神経科学、進化心理学、進化人類学、その他多くの自然科学の専門分野（および、それらを代弁する分野のいくつか）が、毎日のように、自己認識の分野で進展があった、あるいは、そこまではいかなくとも決定的なブレークスルーは目の前だ、と喧伝しています。

ドイツ放送のラジオ・シリーズ「脳スキャンの中の哲学」で、「人間の精神ではなく脳が」「決定を」「操作している」のではないか、という考えが取り上げられています。そして、「自由意志は明らかに幻想です」[15]と述べられています。別の回では、脳研究はイマヌエル・カントが提唱したとされているテーゼ——我々は世界をあるがままには認識できない——を裏づけるものだと証明しようとしています。[16]マインツ大学の哲学者トーマス・メッツィンガー（一九五八年生）は、哲学が神経科学に近づくことを支持していて、次のように述べています。

哲学と脳研究は、次の点で考えが一致している。我々が知覚しているのは世界そのものではなく、世界のモデル、すなわち生体の要求に合わせて調整され、高度に処理された、ちっぽけな断片である、という点だ。空間と時間、そして原因と結果さえ、脳によって生み出されている。とはいえ、現実というものは、もちろん存在する。それを直接体験することはできないが、周囲から核心に迫ることはできる。[17]

しかしながら、認識理論と知覚理論に取り組んでいる哲学者の大半にとって、この台詞は今日ではまったく聞き捨てならないものでしょう。脳を詳しく見ていくと、現実を直接体験することはできず、ただ周囲からその核心に迫れるだけだ、とする理論は一貫性がないことが証明されます。なぜなら、この理論は、先のメッツィンガーの文章にもあったように、世界の「モデル」は直接体験できるものだ、ということを前提にしているからです。もしこのモデルのほうも間接的に迫っていくしかないのだとしたら、一方にモデルがあり、もう一方にそのモデルの元となる世界がある、ということも分からないでしょう。現実世界から一つのモデルを描き出していることが分かるということは、単刀直入に言えば、現実について何かを知っているということです。つまり、必ずしもモデルは必要ありませんし、そのモデルの中に、いわば、とらわれているわけでもないのです。では、なぜこのモデルは現実の一部ではないのでしょうか？　例えば、私の頭にロンドンで雨が降っているという考えが浮かぶとき、まずはその考えの周囲を遠巻きにしなくても直接その考えに到達できるのに、どうしてその考えが現実の一部であってはならないのでしょうか？　このような背景があって、哲学における新しい実在論は次のように主張します。すなわち、私たちの頭にふと浮かぶ考えは、私たちがじっくり考える際にその思案の対象とする何かと比べて現実性で劣るわけではない。だから、私たちは現実を認識できるし、モデルで我慢する必要はない、ということです。[18]

私が話を進めていこうと思っている「精神の自由」という概念は、ジャン＝ポール・サルトル（一九〇五―一九八〇年）が提唱した、いわゆる「実存主義」と関連があります。サルトルは自身の哲学・文学作品の中で自由のイメージを描き出しました。彼が描いた自由のイメージの源は古典にあり、その足跡はフランスの啓蒙思想、イマヌエル・カント、ドイツ観念論（ヨハン・ゴットリープ・フィヒテ、フリードリヒ・ヴィルヘルム・ヨーゼフ・シェリング、ゲオルク・ヴィルヘルム・フリードリヒ・ヘーゲル）、カール・マルクス、セーレン・キルケゴール、フリードリヒ・ニーチェ、ジークムント・フロイトほか、多くの人たちに見て取ることができます。現在の哲学において、この哲学的伝統はアメリカ合衆国で、特にカントとヘーゲルの名の下に活気づいていますが、キルケゴールとニーチェもその役割を担わされています。アルベール・カミュとサルトルは、これまでのところ避けられています。

ここでは、共通する一つの理念の代表者として、これらの名を挙げました。その理念を、私は「ネオ実存主義」と呼びます。それによって私が訴えたいのは、先に名を挙げた思索家たちが共有する理念は、その思索家たちの著作に染みついている重荷から解き放たれ、時代にふさわしい姿に生まれ変わらなければならない、ということです。**ネオ実存主義**は、人間は自分自身のイメージを作り上げさえすれば、とりあえずは何者かになれるのだから、そのかぎりにおいては自由である、と主張します。私たちは自己イメージの下絵――自分は何者か、何者でありたいのか、何者であるべきか――を描きます。そして、そのイメージを基に、規範、価値、法、社会的慣習、種々の決まりといった面で自分を適応させていきます。そもそも、自分が何をすべきかのイメージをもつためには、私たちは自分自身を解釈しなければなりません。すると、その際、私たちは己の方向を見定める定点として、どうしても価値を生み出してしまいます。それらの価値は、皆さんが思っているほど、我々を不自由にもドグマティックにもしません。ここで決定的に重要なのは、私たちが的外れで歪んだ自己イメージを描き、そのイメージに政治的効力さえもたせようとすることがよくある、ということに考えをめぐらせることです。人間とは、自分をはるかに超えた現実の中に自分がどのように組み込まれているかをイメージする生き物です。だから、私たちは社会ビジョンや世界像、さらには形而上学的信仰システムまで構想します。そして、それらが私たちすべてを、存在するあらゆるものを、巨大なパノラマの中に用意する、というわけです。

分かっているかぎり、私たちはこんなことをする唯一の生き物です。でも、このことは、私の見るところ、我々の価値を高め、他の生物の価値を貶《おとし》めるものではありません。先を読んでいただければ、そのことが分かるでしょう。肝心なのは、私たち人間が勝ち誇って自分たちの自由に酔いしれ、この惑星の支配者として、素晴らしい**人新世**――人類が支配する地球の地質年代につけられた名前です――に向かって突き進んでいくことではありません。まず重要なのは、私たちの精神の自由のスペースをくまなく照らし出すことです。民主主義社会の世の中で辺境に追いやられ、薄暗くなってしまった精神科学〔人文科学〕の自由のスペースを、さらに暗くすることではありません。

二〇世紀と二一世紀の精神哲学がたどりついた主たる成果の多くは、広く世間に知られているとは言えません。用いられている手法や論証の一部がややこしい前提条件の上に成り立ち、日常の言葉とはかけ離れた専門用語で綴られていることが理由であることは間違いありません。この点に関して言えば、哲学は専門科学であり、その意味では心理学、植物学、天文学、ローマ法研究、あるいは統計を用いた社会調査などと同じです。だから、それでいいのです。

ですが、それに加えて哲学にはイマヌエル・カントが「啓蒙」と名づけた仕事があります。それは、哲学には公共に向けて果たす役割もある、ということです。カントは哲学の役割を「学校概念」と「世界概念」にきっぱり区別しました。[19]それによって彼が言わんとしているのは、私たち哲学者のすべきことは、堅苦しく論理を研ぎ澄ました議論を戦わせ、それを基に専門用語を開発することだけではない、ということです。これは哲学の「学校概念」であり、つまりは学術的哲学です。私たち哲学者には、さらに人間像〔das Menschenbild〕を求め、思索し続けた末に得た結果を公共に向けて、できるだけ広く理解してもらうよう努める、という義務があるのです。こちらが哲学の「世界概念」です。二つの概念は一対になっているので、相互に批判できます。これはカントの啓蒙という基本理念に合致しており、啓蒙とは哲学者がすでに古代ギリシアにおいて果たしていた役割なのです。

USBスティックとしての「私」

私たちの人間像〔das Menschenbild〕を認識するという点で神経科学が果たせる役割は限られていますし、そのことはすでに広く世間にも理解されています。にもかかわらず、ヒューマン・ブレイン・プロジェクト〔*Human Brain Project*〕は、欧州委員会から一〇億ユーロ以上の資金助成を受けて、人間の脳に関して現在までに得られている知識をまとめ上げ、コンピュータ上で脳をシミュレーションしようとしています。とはいえ、このプロジェクトは厳しい批判にもさらされていますが。

人工知能の能力に関するこのような（まったく過大な）イメージは、時代精神にも浸透しています。映画で言えば、例えばスパイク・ジョーンズの『her／世界でひとつの彼女』、リュック・ベッソンの『LUCY／ルーシー』、ウォーリー・フィスターの『トランセンデンス』、ニール・ブロムカンプの『チャッピー』、アレックス・ガーランドの『エクス・マキナ』などで、脳とコンピュータが想像力も豊かに溶け合っています。『her／世界でひとつの彼女』の主人公は、表面的には高い知能をもった自分のソフトウェアに恋をしますが、ソフトウェアのほうは存在に関わる〔つまり実存的な〕問題を募らせていきます。『トランセンデンス』の主人公は、自分の「私」をコンピュータプラットフォームにアップロードしてあるため、まったくの不死で万能。彼はインターネット上で拡散していこうとします。『LUCY／ルーシー』のヒロインは、アジア産の新種のドラッグの影響で自分の脳の活動を自覚した状態のまま完全にコントロールできるようになり、自分の「私」をUSBスティックに転移することに成功します。このヒロインは、新たな記憶媒体の中のデータそのものに変身したことで不死になるのです。

自分の「私」を頭蓋冠の中の脳と同一視したいという解放幻想と並んで、不死と不可侵性を獲得したいという願望は現在の世界像において決定的な役割を果たしています。そこにインターネットが不滅のプラットフォームとして登場します。人は自分の精神をついに肉体から解き放ち、そのプラットフォームにアップロードすることで、永遠に情報ゴーストとして二進法のはてしない空間をネットサーフィンすることができるのです。
ヒューマン・ブレイン・プロジェクトに参加している科学者のほうは、もう少し醒めていて、脳をよりよく理解することが医学の進歩につながると期待しています。その一方で、このプロジェクトはホームページの「ビジョン」のところで、人工的かつコンピュータモデルに基づく神経科学は、もはや実際の脳を使って研究する必要はなく（このことは何より倫理的問題を解決します）、「遺伝子に始まって、細胞、情報伝達の仕組み、そしてついには認識やふるまい――我々を人間たらしめている生態――へと至る詳しいメカニズムを明らかにしてくれます」と宣伝しています。[20]

科学とテクノロジーの進歩は喜ばしいことで、疑問の余地はありません。原子爆弾の開発、気候変動、ひそかな個人情報収集による厳格な国民監視などの事態が生じているからといって、その進歩を非難するとしたら、まったく馬鹿げているでしょう。私たち人間が作り出した近代・現代《モダン》の問題には、さらなる進歩によって立ち向かうしかありません。それらの問題を解決できるか、それとも人類が近いうちに滅んでしまうか、予想できません。どうなるかは、私たちがそもそもそれらの問題を認識し、適切に言い表せるかどうかにかかっています。私たちは多くの困難な問題を過小評価しています。過剰生産されたプラスチックの問題、中国のとんでもない大気汚染――そこでは、すでに何千万もの人々が苦しんでいます。一方で、中東の複雑な政治・経済情勢のように、私たちがほとんど理解できていない問題もあります。

石器時代に戻りたいと思う人は間違いなくいません。いえ、一九世紀のテクノロジーレベルにだって、逆戻りしたいと思う人はいないでしょう。科学技術の進歩にあれこれ文句を言っても、誰にも何の役にも立ちません。役に立つ人がいるとすれば、文明の終焉を待ち望む人くらいでしょうが、そこにはその人自身の「文化への不満」（フロイト）が反映されているのでしょう。今では、私たちデジタルネイティブにとって、誰かに電子版ではない手紙を書くなどということは、ほとんど考えられません。Ｅメールのない職場環境で、どうやって仕事を手際よくこなせというのでしょう？　でも、いつの時代もそうであるように、新しいテクノロジーに対する恐れと、それがイデオロギーに悪用されるかもしれないという不安はあり、そのことがインターネット社会におけるデジタル革命、データ不正使用、データ監視に関する議論の行方を左右しています。

テクノロジー全般の進歩には負の側面ばかりがあるわけではありません。正反対です。私はＥメールが書けて、世界中の友人とネットでつながっていられることを、うれしく思っています。映画を見るためにいちいちレンタルビデオショップに行かなくても済むのを、うれしく思っています。ネットでピザを注文したり、休暇旅行の予約をしたり、前もってホテルや海岸、あるいは美術展などの情報を集めたりできるのを、うれしく思っています。高度なテクノロジーをそなえ、自然科学の面で然るべき進歩を遂げつつある我々の文明は、それ自体、テオドール・Ｗ・アドルノに続く悲観的文化批評家が言うような「眩惑連関」ではありません。それでも、いつの時代もそうであるように、現代にも眩惑は存在します。

今日の科学とテクノロジーの進歩には、陰の部分、人間が生み出した予想外のスケールの諸問題があります。サイバー戦争、環境破壊、人口過剰、ドローン、ネットいじめ、ソーシャルネットワークで準備されるテロ攻撃、原子爆弾、向精神薬漬けで真性の注意欠陥障害になっている児童生徒、あるいは、そう吹聴されている児童生徒などの問題がそれです。それでも最新のテクノロジーの進歩は、「自由という意識の進歩」（ヘーゲル）と両立するかぎり、歓迎すべきことです。他方、そしてこれは本書の主旨の一つでもありますが、自己認識〔Selbsterkenntnis〕という領域での著しい後退を描き出さなければなりません。その際、問題になるのは、イデオロギー、つまり、反抗するものが出てこないかぎり喜々として増殖していく、ある種の幻想です。イデオロギー批判は、社会との関わり全般において哲学が果たすべき主要な役割であり、逃れることのできない責任なのです。

ニューロマニアと過激ダーウィン進化論——「ファーゴ」を例にして

これと似たようなことですが、イギリスの医学者レイモンド・タリス（一九四六年生）は「ニューロマニア〔神経躁病〕」と「過激ダーウィン進化論〔ダーウィニティス〕」というものに触れ、どちらも人間自身による人間性の不当解釈である、と述べています。[21] **ニューロマニア**というのは、自分の神経系、特に脳の働きについて絶えず知識を増やしていくことで自分自身を認識できる、という信念のことです。**過激ダーウィン進化論**は、この見解を私たちの生物としてのはるかな過去というスケールを用いて補足します。——具体的に言うなら、現在の人間の典型的な行動は、この惑星で繰り広げられた雑多な生物間の生き残り競争の中で人間が獲得した生存に有利な遺伝的素質を再現すればよく理解できる、いや、そもそもそうする以外に理解する術はない、と私たちに知恵をつけようとするのです。神経中心主義《ニューロ》はニューロマニアと過激ダーウィン進化論のコンビネーションです。つまり、我々が精神をもつ生物としての自分たちを理解するには、脳というものをその進化の過程も含めて究明するしかない、というイメージです。

過激ダーウィン進化論の思いきり風刺のきいた例は、「ファーゴ〔*Fargo*〕」という素晴らしいテレビドラマ・シリーズのエピソードの中に見出せます。ビリー・ボブ・ソーントン演じるサイコパスで凄腕の殺し屋ローン・マルヴォは、彼の正体を見抜いた警察官に逮捕されます。しかし、マルヴォはあらかじめ、自分をホームページ上で牧師として紹介しておくという巧妙な手を打っていたため、警察は地元教会のネット情報をあっさり本物と信じ、彼をすぐに釈放します。マルヴォが警察署を出るとき、彼の正体を知るくだんの警察官が彼に対して、殺しという行為と人間としての良心はどのようにして折り合いをつけられるのか、と尋ねます。それに対して、マルヴォはその警察官に、なぜ人間はこんなにも多くの緑の色調を目で区別できるのか、と尋ね返します。警察官は何と答えていいか分かりませんでしたが、あとから将来妻になる女性に同じ質問をしてみます。その女性は、こんなふうに答えるのです。「私たちのカラーパレットが緑の領域でこんなに細分化されているのは、まだ私たちが森の中で狩りをしていた頃、茂みや薄暗い森の中で天敵や獲物を識別する必要があったからよ。自然淘汰は、今私たちがもっている独特なカラーパレットを選択したのね。でも、それはだいたいにおいては正しい選択だったわ。このカラーパレットをもっていなかったら、おそらく私たち人間は今存在していなかったでしょうね」。

マルヴォがこの場にいたなら、自分はハンターだ、と答えを返したことでしょう。我々のルーツはハンターで殺し屋なのだから、自分が人を殺すのは一種の必然なのだ、と自分の行為を正当化するでしょう。彼は極端な形態の**社会ダーウィニズム**を代弁しており、したがって哲学的な立場の代表者でもあります。社会ダーウィニズムは、人間同士のいかなるふるまいも、生物進化論で究明可能な、種の生き残りのためのパラメータに従って理解・説明できるし、正当化できる、というテーゼを支持します。

もちろん、ダーウィニズムが登場したのは一九世紀後半になってからですが、社会ダーウィニズムの基本理念のようなものはもっと古くからありました。すでに古代ギリシア人が、この理念について議論しています。例えばプラトンが交わした議論は、主著『国家』第一巻の中にあります。そこでは古代の哲学者トラシュマコスが登場し、正義を「より強い者の利益以外の何ものでもない」と定義します。[22] 一九世紀前半には、アルトゥール・ショーペンハウアーが『意志と表象としての世界』の中で、人間独特の行動を社会ダーウィニズムの走りのような形で描写しました。例えば、恋愛あるいは人間のセクシュアリティに関わるありとあらゆる社会的プロセスを交尾期行動として説明しています。これは、彼の場合、人間全体に対する著しい蔑視、特に結婚嫌悪とともに語られています。ショーペンハウアー自身、控えめに言えば、異性との付き合いが苦手だったのです。

こうした類いの説明は、今日至る所で見られます。特に、日常的なレベルで私たちを悩ませている人間関係上の行動について、その基本構造を説明するために、わざわざ生物学上のカテゴリーが援用されています。私たちは、人間も動物に「すぎない」ことにようやく気づいた、と主張したいのです。とにかく、自分たちが動物界から完全に浮いた存在だと信じるほど単純ではありたくないのです。もしかしたら、（動物園で我々がぽかんと口を開けて眺める動物や、美しい夏の夕暮れ時、我々がビールを片手に楽しくグリルで焼く）他の動物に対する罪悪感から、人間は動物界の例外ではなく、たまたま精神をもつ生物でもあっただけのことだと信じ込みたいのです。それも、自分たちが生物であることが分かる唯一の生物として、そう信じたいのでしょう。私の知っているかぎり、私たちは他の生き物をミンチにして、その腸に詰め、お料理談議に花を咲かせながらグリルの上であちこち転がす、少なくとも唯一の生き物です。

精神－脳－イデオロギー

本書の主要テーゼの一つは、我々の自己認識を新たに作られた自然科学の領域に委ねるという、まだ始動し始めたばかりのプロセスはイデオロギーのようなものであり、したがって誤った空想の産物である、というものです。ここで私が**イデオロギー**として批判しているのは、自己認識の分野におけるイメージと知の主張についての一体系のことで、この体系は、精神の自由が生み出したものを自然な、生物学的なプロセスだと誤解しているのです。そう考えると、この現代のイデオロギーが人間の自由という概念に別れを告げるために援用されているのも不思議ではありません。つまり、精神の自由が生み出したものなどあってはならない、というわけです。

ハインリヒ・フォン・クライストの『アンフィトリオン』、ジョアキーノ・ロッシーニの《荘厳ミサ曲》、九〇年代のヒップホップ、あるいはエンパイア・ステート・ビルディングの建設を、動物界で広く見られる遊戯本能を少し複雑にしたバリエーションとしてたどることができたのなら、前述の〔自然主義イデオロギーの〕目的は達成されたことになるでしょうが、広く知られているように、その目的達成からはいまだはるか遠いところにいます。『脳と精神』誌に掲載された「マニフェスト――この分野をリードする一一人の科学者が脳研究の現在と未来を語る」という記事の最後のほうにも、次のような記載があります。

仮にいつの日か、人間の共感や人を愛する心、あるいは倫理的責任感の根拠となる神経系プロセスの全貌が解明されたとしても、この〈内なる観点〔Innerperspektive〕〉の独自性は保たれ続ける。なぜなら、バッハのフーガは、楽曲の構成が完全に理解されたからといって、その魅力が減ずることは少しもないからだ。脳研究は、自分たちが言えることと自分たちの守備範囲外にあることを、はっきり区別しなければならない。先の例に倣うなら、音楽理論学はバッハのフーガについていくつか主張したいとしても、その美しさの説明には口をつぐむべきだ、というのと同様である。[23]

神経中心主義《ニューロ》――つまり「私」=脳というテーゼ――の代表例として、オランダの脳研究者ディック・スワーブ（一九四四年生）の『我々は脳である――いかにして我々は考え、苦しみ、愛するのか』が挙げられるでしょう。[24] この本の序文は、次のように始まっています。

我々の考えること、すること、しないでおくことのすべては、脳によって引き起こされている。この素晴らしいマシンは、我々の能力、限界、性格を決定している。我々は脳なのだ。脳研究は、もはや脳疾患の原因を探すだけでなく、なぜ我々は今ある我々なのかという問いへの答えを探すもの、我々自身を探すものなのだ。[25]

このように、神経中心主義者の言葉に従うなら、脳研究はもはや一つの臓器の機能形態を究明するものではないことになります。神経中心主義は、今や「我々自身を探す旅」に赴こうとしているのです。とにかく、ディック・スワーブはそう述べています。

それに対して、私は、人間は脳であると考えるかぎり、我々自身を探す旅、自己認識プロジェクトは完全に失敗する、というテーゼを擁護します。〔もちろん〕健全な脳がなければ、私たちはここにいないでしょう。考えることもできないし、意識や自覚をもって生きることもできないでしょう。だからといって、さらなる論証を重ねることもせず、即、私たちが脳と同一であるということにはなりません。

まず区別すべきは、必要条件と十分条件です。これがしっかり区別できれば、仮に「脳がなければ我々は存在しない」としても、私たちが自分の脳と同一だと想定しなくてもよいことが明らかになるでしょう。例を挙げましょう。ジャムパンを作ろうと思うなら、パンとジャムが手元にあることが必要条件です。でも、これでは十分ではありません。ジャムが冷蔵庫に、パンが保存ケースに入ったままなら、まだジャムパンはできていません。その上、ジャムとパンの間に何かを塗ってつなぎにしなくてはなりません。この場合、バターでしょうか。

脳も同じようなものです。我々が脳と同一ではない理由は、第一に、私たちには肉体があり、その肉体はニューロンだけで成り立っているのではなく、体内には別種の細胞でできているさまざまな臓器もあるからです。さらに、社会で他の人たちと相互に交わっていなければ、私たちは今の我々とは似ても似つかない存在になっていたでしょう。言葉をもたなかったかもしれませんし、生き残ることさえできなかったかもしれません。何しろ人間は、他の人間とまったくコミュニケーションをとることがなくても意識をもつことができるという生まれつきの唯我論者ではありませんから。

この文化的事実は、脳をじっと眺めたところで説明できません。少なくとも〔脳だけを取り出すのではなく〕個体としての生物の体内に収まっている脳を多数考慮に入れなければなりません。神経科学者の立場からすると、これは非常に複雑なことになります。なぜなら、神経系は、その個別的な特徴と可塑性という特徴のせいで、たった一つの脳であっても、その一部すら完全に描写することはできないからです。現代中国の大都市、あるいは〔ドイツの〕黒い森《シュヴァルツヴァルト》の一集落の社会文化構造を探究する場合に神経生物学的手法を用いるのなら——幸運に恵まれますように！〔でも〕そういうことをするのは、まったく非現実的であるだけでなく、余計なことでもあるのです。というのも、私たちはまったく違う手法をとっくに手にしているからです。それは人間の精神の長い自己認識の歴史から生まれた手法です。哲学はもちろん、文学、音楽、芸術、社会学、心理学、さまざまな精神科学〔人文科学〕、宗教などが、それにあたります。

精神哲学では、一〇〇年ちょっと前から、精神と脳のふるまいが重要テーマになっています。近代初期、特にルネ・デカルト（一五九六―一六五〇年）によって先鋭化された問題提起です。これによって、新たな精神哲学は、すでに古代ギリシアで文書化されていた太古からの問題――我々の肉体は、我々の精神や魂に対し、一般にどのようにふるまうのか、という問題――に現代の衣を着せ、それをテーマとして取り上げたわけです。ですから、これは**肉体‐魂問題**とも呼ばれます。脳‐精神問題は、より包括的なこの問題群の一つなのです。この問題を最も一般的な言葉で表現するなら、意識的で主体的な精神の体験というものが、いったいどのようにして、この無意識的で冷たく、純粋に客観的で、自然法則に従って成長している宇宙に存在するのか、ということになります。これを、意識の研究で有名なオーストラリアの哲学者デイヴィッド・チャーマーズ（一九六六年生）は**意識のハード・プロブレム**〔「意識の難しい問題」、「意識の難問」とも呼ばれる〕と名づけました。言い換えるなら、我々の宇宙に対する一見すると田舎っぽい〔偏狭な〕視点が、どのようにして、あらゆる想像力をも凌駕する、この宇宙に適合するのか、ということです。

このアプローチは、特に、哲学の中心問題である、我々はいったい何者なのか、という問いがテーマとなる場合、さまざまな問題につながります。その際、哲学を用いて、広く流布しているいくつかの推論の誤りを露呈させることができます。例えば、「私」は脳が生み出した、と言う人がいるかもしれません。意識をもっていることが種や個体の生存競争で有利に働いたかもしれない、と理解している人がいるかもしれません。だとしたら、意識があるのは、単に意識を生み出すような脳が進化で勝ち残ったから、ということになります。でも、我々の「私」が脳によって生み出されるとしても、それだけで脳と同一であるはずがありません。なぜなら、AがBによって生み出されるとしても、AとBは少なくとも厳密には同じものではないのですから。我々の「私」は脳によって生み出されるのか（例えば、生き残りに役立つ幻想、あるいは我々有機体のユーザーインターフェイスとして）、それとも「私」は脳と同一なのか、このあたりで決めておかなければなりません。それが無理なら、少なくとも、この点に関して問題点をはっきりさせ、一貫性をもたせる試みをすべきです。もっとも、この試みを台無しにしてくれた人もいます。例えば、サム・ハリス（一九六七年生）は『自由意志』の中で、「私」は脳によって生み出されたものであり、したがって自由ではない、と本当に主張したのですから。[26]

我々の脳が無意識的に決定を下すから我々は自由ではない、という趣旨の主張をやみくもにしながら、同時に我々は脳と同一であると言っても、まったく辻褄が合いません。なぜなら、もしそうだとしたら、私たちはまた自由であることになるからです。だって、脳のほうは別のシステムによる無意識的な決定に服従してはいけないのですから。私の脳が私を操っていて、私が私の脳であるなら、私の脳は脳自身を、もしくは私は私自身を操っているのです。そうだとすれば、自由は危険にさらされているのではなく、表明されたことになります。ということは、意識的に計算された決定というレベルではないかもしれませんが、いずれかの箇所で、やはり自由は是認されていたということです。

自己解釈というマッピング

いろいろと述べてきましたが、私は神経中心主義《ニューロ》を批判するためだけに本書を執筆しているわけではありません。批判と同時に、精神哲学の中心的な基本概念のいくつかを述べることで、私たちの自己認識という精神の地形をマッピングしたいのです。意識、自己意識、「私」、知覚、思考などの概念は、どのような関係にあり、いったいぜんたい、どのようにして私たちの語彙の中に入ってきたのでしょうか？

続いて、肯定的な自己認識、つまり、私たちはいったい何者なのか、という問いも問題にします。先に簡単に述べたネオ実存主義ですが、その**肯定的な主テーゼ**は、人間の精神は限りなく多くの可能性を生み出す、と述べています。ここで言う可能性とはすべて精神に関わるものですが、それは精神が自己解釈を通して自分自身のイメージを描き出すからです。人間の精神は、自分自身のイメージを作り出し、それによって精神にとっての現実を多数生み出します。このプロセスはどんな歴史でも作り上げられる仕組みをもっていますが、この仕組みは神経生物学の言語では把握できません。それは分野によってさまざまに異なる言葉があるからではなく、人間の精神が純粋に生物学的な現象ではないことに基づいています。

私たちには誤った世界観や自己イメージも描き出す能力があるため、イデオロギーが生まれてしまいます。ここで重要なのは、誤った自己イメージでさえ、そのイメージを真実だと考える人について何かを語ってくれることです。自分について、いろいろと思い違いをする、つまり、自分自身や自分の技能・能力についてのイメージを作り上げ、そのイメージを他の人々——味方や敵——との会話の中で俎上に載せる、というのは日常よく経験することです。

精神にとっての現実は多彩なものを生み出し、その産物は芸術、宗教、科学（精神科学〔人文科学〕、社会科学、テクノサイエンス、自然科学がこれに属します）において私たち自身のいっそう深い理解という形をとることもあれば、ありとあらゆる形態の幻想――イデオロギー、自己欺瞞、幻覚、精神疾患など――であったりもします。とりわけ、意識、自己意識、思考、「私」、肉体、無意識なものなどが、私たちと深く関わっています。

これらの概念は、人間の精神はおのずからできあがっていくというイメージの構成要素である、というのが私の肯定的な主テーゼから導かれる結論です。ここで、人間の精神は、これら自己イメージの根底にある物ではありません。確かに人間の精神はリアリティーをもっています。でも、その精神のリアリティーは、これらの自己イメージと比較ができるほど〔自己イメージから〕独立しているわけではありません。人間の精神は、自己イメージの中にのみ存在します。そうして人間の精神は、常に自分のイメージするものにもなります。だからこそ、人間の精神には歴史――精神史――があるのです。

私たちが生きる精神史上の一時代、すなわち近代は、この時代の一大主題――学問を通しての啓蒙――とまったく調和しているように思われる神経中心主義をいつのまにか生み出しました。ですが、この精神史上の時代もずっと続くものではなく、哲学論的にもっと重要と考えられる別の信念に取って代わられるかもしれず、したがってこの時代が失敗に終わって無に帰することもありうるという事態を、私たちは次第に忘れてきています。私たちには、もっと近代〔の精神〕が必要です。これ以上少なくてはなりません。でも、それには、この時代に生きる私たちがもつ自己イメージもまた時とともに変わりゆく、という洞察が必要です。この洞察は、ここ二〇〇年の哲学の中心テーマでしたし、精神を把握しようとするときに疎《おろそ》かにしてはならないものなのです。

I
精神哲学では何をテーマにするのか？

精神哲学は、きわめて明らかなことですが、精神をテーマにします。これは一見当たり前のようですが、それほど当たり前でもないのです。というのも、二〇世紀に精神哲学に対する新しいアプローチが現れたからです。それは英語で「フィロソフィー・オブ・マインド〔philosophy of mind〕」と呼ばれており、バートランド・ラッセルが一九二一年に著した『心の分析』の中でそう表現したものが広く用いられるようになりました。[27] ドイツ語で「精神哲学〔Philosophie des Geistes〕」と呼ばれているものは今日のドイツ語圏でも多くの著述がありますが、その多くはもともと英語圏で「フィロソフィー・オブ・マインド」とされている学問領域に由来しています。しかしながら、フィロソフィー・オブ・マインドをドイツ語に訳すなら**意識の哲学**のほうがぴったりでしょうし、この新たなアプローチを旧来の哲学動向と区別するために、私はこちらの呼び名を用いたいと思っています。この新参者が厄介なのは、その内容のためというより、むしろ精神哲学が意識の哲学の路線をあてがわれて、次のような厳密な問いに対する答えを求める任務を割り当てられているためです。その問いとは、何かがメンタルの状態あるいはメンタルの出来事だとした場合、そのことを示す指標は何か、というものです。現在広く理解されているところでは、精神哲学は何より「メンタルなものの指標（mark of the mental)」を練り上げる立場にあります。一般に受け入れられている指標は、この場合、意識です。そのため、精神哲学は人間にそなわった資質の一つにすぎない意識にばかり精力を傾けているのです。

メンタルなものの指標を探し求める先の問いが生まれた背景には、近代になって、かつては精神的なものとみなせばよかったものの多くが実は純粋に自然〔現象〕であることが明らかになった、と推定されたということがあります。ここで再び、近代における迷信との戦いが思い起こされます。つまり、かつて天体は神々のメッセージを私たちに伝えるために規則正しい軌道と位置関係を保ちながらまわっていると信じられていましたが、近代に生きる私たちは、宇宙には我々に向けたそのようなメッセージはないことを、ついに知ってしまいました。天体の規則的な運行は力学的に説明でき、その背後にはいかなる種類の意図も精神も潜んでいません。

このような解釈に従って、精神は次第に宇宙あるいは自然から追放されていきました。それを**世俗化**、つまり宗教によらない説明、特に科学的説明を優先することで生じた宗教の消滅と結びつける人たちもいます。宗教の消滅は近代を特徴づけると言われますが、これは誤った解釈だと思います。ここで一つの疑問が生じます。いかにして何かがメンタルないしは精神的だとみなせるのか、どのような条件下で宗教的説明と自然科学的説明が実際は相容れないと言えるのか——私たちはそもそも、そういう判断基準をもっているのでしょうか？

宇宙の中に精神が？

近代的な価値を前提に議論をする場合、どうしても自然と精神の対比が最初に思い浮かびます。ラッセルは、すぐさま、この対比こそ用いるべきではない、と主張します。さもないと、ほぼみんなから恐れられ、蔑《さげす》まれている二元論がでしゃばってくるからだ、というのです。**二元論**は、宇宙は二種類の対象または出来事によって成り立つ、というテーゼを支持します。二種類の対象とは、精神的なものと自然的なものです。今日、意識の哲学者の大半は、このテーゼを是認できないとしています。なぜなら、仮に是認したなら、純粋に自然なプロセスに属するエネルギー保存とエネルギー変換というメカニズムに対して精神的な出来事が何かしら影響を及ぼしている、と前提しなければならなくなるからです。エネルギー保存とエネルギー変換が機能する仕組みを教えてくれる自然法則は、因果によって出来事の発生に介入するような精神があるとは一言も言っていません。むしろ、まったく自然に進展するあらゆることは、どうやら精神なしで説明できるようです。なぜなら、自らがエネルギーをもたず、したがって物質的でないものは、いかなるものであれ、因果によって出来事の発生に介入することはできない、と自然法則は私たちに教えているからです。以上のことはすべて、精神はいかなる物質的なものでもないと仮定したときに成り立ちます。その理由は、精神が物質的なものだとすると、先のロジックに従って、精神は因果によって出来事の発生に介入できることになるからです。だから、みんな脳の中に精神を求めたがるのです。なぜなら、脳がなければ本当に意識的な内面活動がない、つまり意識がないことになるわけですから。そして、これは意識の哲学が結局はメンタルなものの指標とみなしていることです。

ヨンカがコーヒーを飲みたいと思っているとしましょう。彼女はキッチンに行って、コーヒーメーカーのスイッチを入れます。物理的視点から言うと、ここでヨンカの身体のどこかで生命力、魂、あるいは精神が広がっていき、それが彼女をキッチンに向かわせたとは推定しないほうがいいでしょう。仮にそういうものがあったとしたら、それと彼女の身体との相互作用がとっくに実証されていることでしょう。なぜなら、精神であっても、自然法則に従わないかぎり、自然〔領域〕には介入できないからです。自然法則に従うということは、エネルギーが投入されるということを意味しており、それは測定することができます。ですから、コーヒーを飲みたいという彼女の意志を、自然の歯車の中のどこかに求める必要が出てくるでしょう。でも、そこには魂は見つからず、きっと脳が見つかるでしょうから、今度は、脳と精神はどのような関係にあるのか、という問いが出てきます。こうした観点から、**自然の因果的ないしは法則論的閉包性**ということが言われます。これは、純粋に自然な事象が純粋に精神的な事象に侵害されることは決してない、という意味です。ともかく、このことは、精神を非物質的実体、純粋に精神的に思考を担うものと理解することで精神を自然から区別しようとするかぎりにおいて、成り立ちます。

この枠内でアメリカの意識の哲学者ジェグォン・キム〔金在權〕（一九三四年生）は、多少からかい気味に次のように尋ねました。言うなれば、ほぼ非物質である精神は、そうはいっても因果関係によって我々の身体とどうにかしてつながっているのではないか。だが、そうだとすれば、身体が高速で移動しているとすると、いかにして精神はその身体についていくのか、という疑問が湧く。例えば、宇宙飛行士が宇宙に打ち上げられるとき、精神はどうやって加速するのか？　それは物理的に測定できるのか？　というより、そのことをどうイメージするのか？　我々の身体は、もし十分なスピードがあるなら、精神を引き離して先に行ってしまうことができるのか？　それとも、精神は身体のどこかに、例えば意識の哲学の元祖ルネ・デカルトが言ったように、脳の松果腺《しょうかせん》あたりにくっついているのだろうか、と。

このように、私たちはあまりにも多くのことを受け入れ、そのせいで解き明かすことのできない、さらなる諸問題に突きあたっています。とりわけ、私たちは純粋に自然な現実を伴う対象領域がまさに一つあり、その中で起きるすべてのことは自然科学の厳密さと客観性をもって把握し、記述し、説明できる、という基本前提に同意しました。この物理的現実の領域を、私は**宇宙**と名づけます。

ここまではいいでしょう。しかし、心理学とはいかにして折り合いをつけるのでしょう？　心理学は人間の精神を実験の助けを借りて、ということは自然科学の厳密さと客観性をもって研究するのではなかったでしょうか？　でも、それならば、精神は宇宙に属していなければなりません。そうすると、先にご登場願った自然と精神の対比は、たちまち崩れてしまいます。まだ自然の中に精神を組み込むという問題が残っている、と言う人がいるなら、その人は（自分の意志に反して）二元論者だということにもなります。頭蓋冠の下のほうを漂《ただよ》う謎に満ちた非物質的エネルギー源（精神《ガイスト》、魂）があると考えなくても、二元論者になれるのですよ。

いくら探しても宇宙の中に精神は見つからないというのは間違いないことです。でも、だからといって精神がないということにはなりません！　そういう結論が導き出されるのは、存在するすべてのものが属する唯一の領域、唯一にして真の現実というイメージを宇宙に対して抱く場合だけです。でも、そのような世界像は、もはや自然科学または物理学ではどのみち実証できません。そのような世界像は、ひょっとすると哲学なら、まだ論証できるかもしれない純粋な信仰箇条です。ですが、ここでも現実に存在するもののすべてが属する領域はたった一つしかない、という前提は破綻します。

自然主義者から見ると、このあたりで精神と名のつくものはすべてないことにして説明しないとまずい、ということになります。この考えは**理論還元主義**と呼ばれ、そうすることで先に触れた問題をさっさと世界から消してしまおうというものです。つまり、このテーゼの特徴は、精神的な事象の存在を主張するあらゆる理論は「精神」という言葉がもはや登場しない理論に転換したほうがよい、とする点にあります。この目論見の前史で花形だったのが例えば**行動主義**で、これは精神的な事象についてのあらゆるメッセージを、観察可能で、最終的に測定可能な物理的行動についてのメッセージに翻訳しようとします。すると、痛みがあるということは、単に痛みの状況を具体的に表現するものだということになります。まだ精神的事象はある、という推定は前近代的迷信の残滓のように思われます――精神を宇宙の中に求め、宇宙を唯一にして真の現実と考えるなら、ですが。

ヘーゲルの精神の中

「フィロソフィー・オブ・マインド」は、第一に、精神的事象――もっと正確な表現を使うなら――メンタルの状態と出来事が、どのようにして純粋に自然な宇宙の中に持ち込まれ、存在するのか、という問題を扱います。けれども、そのためには、現実というものの標準概念あるいは基本概念として物理的現実を受け入れることが前提となります。すると、メンタル的現実はすでに定義からして物理的現実と対立していますから、この溝を埋めたり取り除いたりするにはどうすればよいか、という問題が出てきます。

この問題提起全体に名前をつけましょう。**自然主義的形而上学**です。**形而上学**とは、現実をまとめて一つにしたもの、「世界」とも呼ばれるものについての理論です。形而上学は、あらゆるもの、最大の総体、宇宙を扱いますが、ここで宇宙を自然と同一視するなら、およそ現実に存在するありとあらゆるものは自然でなければならないと考えることになります。この見方は、しばしば自然主義と一対にされて用いられます。つまり、自然科学で探究できる純粋に自然なものしか実際には存在しない、というテーゼと結びつくのです。このようにして、自然主義的形而上学が成立します。注意しておきますが、これは何か単一の自然科学分野、ましてや自然科学全般で折り紙がつけられた研究成果でもなければ、物理研究の前提条件でもありません。むしろ、宇宙は全体としてどうなっているのか、ということについての哲学理論です。

自然主義的形而上学は、ずいぶん以前から、哲学者からは根拠があやふやだとみなされています。私は『なぜ世界は存在しないのか』の中で、現実を宇宙と同一視するかどうかは関係がなく、現実はたった一つしかないと考える形而上学的世界像に反対する論拠をまとめて示しました。世間一般に通用している「フィロソフィー・オブ・マインド」が掲げる前提の枠は、この論拠に従うなら、少なくとも絶対的なものではありません。多くの研究者は、そのような前提の枠は根拠がないと考えていますし、私は間違っていると考えています。

第一の問題は、自然主義的形而上学がまったく大げさで古くさい自然の概念を主張していることです。というのも、彼らの言う宇宙は「万物の理論」(theory of everything)という意味での統一物理をもってでもしなければ完全には説明できませんが、まさにそのような宇宙があるという主張は、今では自然科学の立場から見てもユートピアそのものと映るからです。自然主義的形而上学が登場したのは、数学の言葉を用いて宇宙の姿を原理的に完全な形で我々に伝えるには、とりあえずはニュートン一人で、続いてニュートンとアインシュタインがいれば十分だろうと考えられていた時代です。素粒子物理が登場してからというもの、その考えはもはや説得力をなくしているようです。現在、統一物理の候補と目されている弦理論とその多くのバリエーションは、実験的に実証できるとは思われていません。端的に言うと、経験的に支持されている自然科学の助けを借りつつも、いったいどうやって全体としての宇宙を探究すればいいのか、もはや私たちにはおぼろげにすら分からなくなっているのです。

世間一般に通用している「フィロソフィー・オブ・マインド」の第二の問題は、精神ではなく「マインド〔意識〕」がテーマになっていることです。哲学は伝統的に、精神を意識的体験といった類いの主観的現象とは、まったく考えません。ところが、マインド〔意識〕がテーマになったことで、精神哲学の伝統の大部分が排除されてしまったのです。例えばドイツ語では、時代精神〔Zeitgeist（ある時代を支配し、特徴づけるような普遍的精神のこと）〕という言い方があります。ヘーゲルは客観的精神という概念を持ち込み、それによって、道路標識は人間の行動を律する公のルールを定めるという意図を表す意味で精神的である、と考えました。伝統的に、精神と言葉は結びつけられています。でも、言葉は純粋に主観的なものでしょうか？　過去から伝承されたテキストでさえ、今はもう存在しないけれども、かつては現実だった時代精神の印象を時を超えて我々に伝えています。ボン大学の哲学者ヴォルフラム・ホグレーベ（一九四五年生）は、このことを「精神は外にあるが、内に出現する」[28]というアフォリズム〔格言〕でうまく言い表しました。精神《ガイスト》という概念は、一九世紀末に「精神科学〔人文科学〕」という呼び名が用いられるきっかけになりました。しかしながら、そのせいで誤った対立関係が生まれてしまったのです。例えば、一方には自然科学が、他方には精神科学がある、と考える人が出てきました。いわゆる**解釈学**〔**Hermeneutik**〕（古代ギリシア語 *hermeneia*「理解する」より）は、二〇世紀になって、精神科学は理解できるものだけを研究するが、自然科学は理解しようとするのではなく説明しようとする、と推定しました。この意味において、ハイデルベルク大学の解釈学の重鎮ハンス＝ゲオルク・ガダマー（一九〇〇—二〇〇二年）は、精神科学では言葉が重要であり、言葉では「理解されうる存在」が重要である、と記しています。[29]

　自然科学と精神科学が対置されると、実際には自然科学によってしか調べることができない、まさに一つの現実がある、という暗黙の了解ができてしまいます。そうなると、精神科学は「ハードサイエンス」〔自然科学のこと。「ソフトサイエンス」は社会科学や行動科学を指す〕が管轄としない、それほど現実的でなさそうな事象に従事していることになります。これは、きわめて問題です。

　とはいえ、現代哲学では近年、ときにドイツ観念論と呼ばれることもある理論が再認識されています。ドイツ観念論とは、カントに始まり、一九世紀半ばまで展開された大きな哲学体系です。この理論が再認識されたことで、精神科学ないし哲学は、現実を解釈する学問として、以前より高く評価されるようになりました。特にヘーゲルは——彼の哲学では「精神」という言葉が中心になっています——この関連で、今日再び大きな役割を果たすようになっています。その際、彼はまた「自然」と

「精神」の関係について我々に一つの洞察をもたらしていますが、これについては、いまだ論じ尽くされていません。でも、彼は何より、人間の精神の本質は、自分自身のイメージと自分の立ち位置を、自分をはるかに凌駕する現実の中に描くことにある、というかなり説得力のある考えを提唱しました。

ヘーゲルは「精神は自らで育てるものになる。精神は自らを生み出し、自らを把握する働きである[30]」と表現しています。そう表現したことで、ヘーゲルは現在の倫理学と実践哲学においても存在感をもつカントとフィヒテの基本理念のいくつかを取り上げたわけです。「マインド〔意識〕」という概念を中心に据え、精神哲学を単に世間一般に通用している意味での「フィロソフィー・オブ・マインド」だと理解するなら、これらの伝統のすべてを除外してしまうことになります。これは、ドイツ語で「ガイスト〔Geist〕」、英語とドイツ語以外の例を挙げるなら、フランス語で「エスプリ〔esprit〕」と呼ばれるもの〔どちらも「精神」の意味〕について語ることは、もはやそう簡単ではない、ということを意味します。

私が精神哲学と言うとき、それはプラトンからサルトルまで、そしてそれ以降の哲学の伝統を包含しています。「フィロソフィー・オブ・マインド」も、そこでの考察が人間の精神とはいったい何かという問いと結びつけられるかぎりにおいて、排除されません。でも、「フィロソフィー・オブ・マインド」でよくあるように、メンタルな内的活動における主観的現象が、匿名で盲目で無意識的で無目的で、自然科学によってその規則性が語られる自然といかにして合致するのか、という問いに答えるだけでよい、という前提があるのなら、そういう問いを提起することが、すでに間違っています。

なぜなら、そういう問いを提起すると、時代遅れの自然科学的世界像を前提の枠として固定させてしまうことになるからです。二一世紀の精神哲学を展開させるには、まずこのドグマを打ち破ることが大切です。

社会という舞台で役を演じる歴史的動物

精神は自己イメージを通して初めて形作られる、というヘーゲルの基本理念は、精神は多くの物の中にある一つの物ではないということも意味しています。精神は、山脈や湖や藻類のように、そこに行けばあるというものではありません。彼に続く哲学と、殊にカール・マルクスは、この理念を継承しています。マルクスは、人間はこれまで誤ったイデオロギーに則った自己イメージを描いてきており、そのイメージを——言うまでもなく政治経済のレベルで——克服しなければならない、と述べています。誤った自己イメージの源をマルクスはイデオロギー的な上部構造の中に見ており、このことは、人間は歴史的動物であるとする実存主義に特徴的な基本理念です。ここで注意しておきたいのは、マルクスも精神が自然科学的に探究可能だという意味で自然の一部であるとは言っていない、ということです。例えば、有名な金言で「人間の自然主義」を語るとき、彼は同時に「自然の人間主義〔Humanismus〕」を考えます。[31] その背後にあるマルクスの理念は、こうです。人間の精神は一個の自然である、だが、そう言えるのは、我々が社会活動、特に労働に基づいて人工物〔人が自ら作り出した事物、すなわち社会関係、生産物、思想・芸術など〕を生み出し、その人工物の中で人間と自然が一体になり、しかも一体になることによって我々がどのような社会的現実を作り出しているのかに気づかずにいるかぎりにおいてである。ヘーゲルと異なり、ここでマルクスは、本質的に精神は物質的に表現される労働を通じて、つまり感覚的に手の届く自身の環境を作り変えることを通じて生まれると考えており、主として例えば芸術、宗教、哲学という形態で生まれるのではない、と述べています。けれども、マルクスも人間の精神を頭蓋冠の下のほうで生じる主観的現象とはみなしておらず、心理学の実験や、もし彼がすでに知っていたとしたらですが、それこそ脳スキャンなどで調べることができるとも考えていません。彼は何よりも経済には自己認識の特権的な〔傑出した〕形態を作り出す力があると考えているのです。

一九世紀半ばから二〇世紀の、いわゆる実存主義に至るまでの精神哲学の基本的な考えの一つは、人間は社会という舞台の上で自分自身を演じる役者なのだから自由である、というものでした。この考えは、おそらくサルトルの小説や演劇作品、そしてもちろんカミュの文学作品によって特別な重要性を獲得したと言えるでしょう。**実存主義**は、人間はまず存在するものとしてそこにあり、その後は、自分は存在するという事態と関連づけ、どのような自分であろうとするのかを常に考えながら行動しなければならない、まさにそのことが人間をすべての生き物の中で際立たせている、と考えます。まさにこの、自己の存在と関連づけて行動するということを、サルトルは有名なエッセイ『実存主義とは何か』の中で、私たちの「本質」と名づけました。それゆえ彼は実存主義の要点を「実存は本質に先立つ」という一文で言い表すことができたのです。[32]

その背後にある基本理念は、今日まで世界中で強い影響力をもつカントの倫理学、並びに、特にカントに連なる精神哲学の、まさに中心テーマでした。現在の哲学でも、この基本理念は再び重要な役割を果たすようになっています。主だった哲学者を挙げるなら、クリスティン・コースガード（一九五二年生）、スタンリー・カヴェル（一九二六―二〇一八年）、ロバート・B・ピピン（一九四八年生）、ジュディス・バトラー（一九五六年生）、ジョナサン・リア（一九四八年生）、ゼバスティアン・レドゥル（一九六七年生）などです。

このネオ実存主義の根本的な考えには、実は簡単に考えを追体験できるという利点があります。この考え方にもっと近づくために、日常的な情景を想像してみましょう。スーパーでキュウリを探して歩きまわっていると、黒パンのコーナーに向かっている人が目にとまります。その人は黒パンの入った袋をいくつも手にとり、調べるようにじっくり見ています。ここで、いちばん簡単そうな質問をしてみましょう――この人は何をしているのでしょうか？　誰でも思いつく答えは、その人はいろんな種類の黒パンを手にとって眺めている、というものです。

ここまではいいでしょう。でも、本当にそれでいいのでしょうか？　皆さんは、黒パンを手にとって眺めるためにスーパーに行く人を、何人くらいご存じですか？　そういうことをするとしたら、本当に奇妙な行動でしょう。むしろ、ある種のドラッグをやっていて、そのためにハイになっているのなら、そのようなこともするでしょうが。では、この人はいったい何をしているのでしょうか？

今度は別の説明をしましょう。この人は黒パンを買いにスーパーに来たのですが、以前、買った黒パンにカビが生えていたことがあったので、今回はよく点検している、という説明です。だとすれば、この人が黒パンの入った袋をじっくり見ていることは大きなコンテキスト〔文脈〕と関係づけられます。そもそも、あそこのあの男が何をしているのかを理解するには、ある種の構造が必要です。彼は何かの目的を達成するために、何かをしている、という構造です。これを社会学や哲学では行為と呼びます。行為とは、常に目的がはっきりしていて、動機によって導かれるものです。どの行為には意味があるのか、その意味を理解しないと、描写、理解、あるいは説明しようとしているのがそもそもどの行為なのかが分かりません。

ここでネオ実存主義は、サルトルの考え方を取り上げます。すでに述べたように、カントという影響力のある先達をもつものですが、ある人のある行為を理解するには、その人の人生構想――サルトルの言葉を借りれば、投企〔Projekt〕――を理解しなければならない、というものです。この「投企」の本質は、人が単にそれなりに有意義な個々の行為をなすだけでなく、さまざまな行為の中から、どのように自分の人生を有意義にするかについての普遍的なイメージの範囲内で〔行為を〕選択するところにあります。

すべてのことが目的に向かって起きるのではないが、中には目的に向かって起きるものがあるのはなぜか？

この一見まったくありふれた観察結果は、かなり広範囲に及ぶ影響をもたらします。哲学では行為の目的論的説明ということが言われます。**目的論**〔Teleologie〕（ギリシア語 *to telos*「目的」より）とは、出来事の成り行きは目的に向かって進展する、と説く主義のことです。**行為の目的論的説明**では、人が何かをするのは、ある目的を追っているからだと推定します。行為の目的論的説明は常に客観的に見て誤りであり、不十分であると真剣に主張するのは、とても馬鹿げたことでしょう。ところが、まさにこの主張が、神経《ニューロ》中心主義に関しては無遠慮にでしゃばってくるのです。

私たちは脳である、と一度推定しましょう。すると、スーパーの男も、もちろんその男の脳である、ということになります。ということは、彼の脳に彼の行為の責任を負わせなくてはならないということです。彼の脳が黒パンを眺めたりするわけです（そういうことをするのは絶対に彼の爪ではありませんし、彼の目はすでに脳に属しています）。しかし、どんな言語を使えば、脳の事象を最も客観的に言い表せるでしょうか？

近代において自然科学があれほどにも見事に予想を的中させ、自然の理解すら進めているのは、近代的自然科学が目的論なしでやってきたからだ、と広く考えられています。近代的自然科学の視点では、自然な事象の背後にはいかなる意図や目的もありませんし、自然法則ですら意図や目的をもつ仕組みとしてではなく、ありのままの事実として通常は解釈されます。このような自然科学の理解に従うなら、自然において何かが起きるのは何か別のことが起きるためである、と推定すべきではないでしょう。むしろ、純粋な自然の事象は自然法則に立ち戻って解釈されるものであり、私たちは自然法則の助けを借りて、どの出来事がどのような結果をもたらすのかを一般的に説明するのです。

カビの生えた黒パンを買いたくないという希望は、このように考える場合、自然科学の対象ではありません。自然科学の対象にするためには、彼の希望をまずは適切な言語に翻訳しなければならないでしょう。すると、テーマとなるのは、私たちがカビと呼んでいるものの化学成分と、カビを摂取しないことによって一定の確率で高まる生存可能性かもしれません。あるいは、光子が感覚受容体にあたることかもしれませんし、網膜で行われる複雑な刺激処理などかもしれません。けれども、その男がある目的を追って何かをする、というのはテーマではないでしょう。脳は、この意味で何の目的も追いません。脳は、ある自然環境に存在し、必要に応じてその環境に反応できる複雑な有機体の中で、情報処理という特定の機能を果たしているのです。脳には意図もありません。意図があるのは人間だけで、その身体には、その人の脳よりはるかに多くのものが属しています。

近代科学には繰り返しブレークスルーがあったことが特徴ですが、それらのブレークスルーの本質の一つは目的論なしで自然法則を言い表していることにあります。これが意味することは、アイザック・ニュートンとアリストテレスの際立った対比を思い浮かべてみれば分かります。アリストテレスは、五つの元素が存在する、と推定しました。土、水、火、空気、エーテルです。エーテルは、なぜ天体が支障なく規則正しく動くのかを理解するためにアリストテレスが導入したものです。ここから

「クインテッセンス」という言葉が生まれました。その意味は文字どおり第五のエッセンス、つまりエーテルのことですが、それはアリストテレスにとって神性に近いものなのです。アリストテレスによると、どの元素にもそれが向かっていく自然の場所があります。火と空気は上に、土は下に、という具合です。このほか、アリストテレスは、一般論として、自然の中にあるあらゆるものには、それが目指す理想の形または完全な形がある、と推定しました。これが彼の目的論の基本思想です。自然は秩序だっており、我々にとって理解できるものである、なぜなら、自然にあるものの何が問題にされていようとも、そのものの完全形を見つけ出すことで、そのものを理解することができるからだ、というのです。

それに対して、近代の理念は、自然法則は数学で表現できる相互関係を利用することで発見できる、というものです。したがって、自然が我々にとって理解可能なのは、自然が我々の抱く完全性への期待を満たすからではなく、我々が実験や数式を用いて相互関係を認識し、それを正確に公式化できるからだということになります。このようにしてニュートンは引力を発見し、それによってアリストテレスの五元素説は完全に否定されたとみなしてよい、ということになりました。

何世紀もの間、自然科学は私たちが日常レベルで体験することとは必ずしも合致しない多くの相互関係をどんどん発見していきました。自然というものが実際には私たちが肉眼で調べてどうこう言うようにはまったく作用していないことを、近代物理は教えてくれます。私たちが見るもの、その他の感覚を通じて多少なりとも直接知覚できるものは、限定されたスケールにおける対象です。アリストテレスのように、そういうものだけに目をとめていたら、自然の説明はあまり先に進みません。さて、行為の目的論的説明も、私たちがスーパーで人々に出会うといった限定された日常レベルのスケールに該当します。ですから、私たちも人間としてともに作用を及ぼしている出来事は、現実には日常私たちが目にするものとはまったく異なっていると言えるかもしれません。こういう考えは、人間行動という自然科学の確立を目指す試みが生まれる動機となります。

自然は、科学的に厳密な物差しで測ると、我々が一見したときの姿とはまったく異なっている、と理解したことは、私たちを幻想から解き放ち、目を開かせてくれました。この目から鱗《うろこ》が落ちる体験がなかったら、我々が無限であろう宇宙に生存し、その宇宙もおそらく無限に多くあるであろう宇宙の一つにすぎないことを（理論的思考だけで推量するのではなく）現実に探り出すことは決してできなかったでしょう。電話も、インターネットも、列車も、いいえ、電気すら、私たちの家にはなかったことでしょう。その電気だって、まったく意外に思えるような相互関係が発見されたからこそ自由に使いこなせるようになったのです。

私個人は、私たちが実は単に一つの無限の中だけではなく、多くの無限の中に存在している、という前提に立っています。なぜなら、すべての現象の根底にある一つの現実（世界）のようなものは存在しない、いいえ、決して存在しえないからです。まさに一つの現実、まさに一つの世界――すべてのことが起きる場――がある、という推定は古代ギリシアの宇宙観の根底にあるものですが、このような宇宙の概念には、アリストテレスの五元素説や四体液説――病気と体内を流れるさまざまな体液とは何らかの関係にある、という説――と同様に、そろそろご退場願いましょう。

脳研究のおかげで、私たち〔の脳〕も自然の一部なのだという近代的な認識に目覚めたのですから、脳研究については多くを斟酌してやらなければなりません。頭蓋冠の下のほうのどこかに魂が棲んでいるとか、霊《ガイスト》がうなりをあげて動きまわっていて、それが脳をほじくり返したり、あるいは脳に捉えられたりする、と考える者がいるなら、脳研究はそういう人々の目を覚ますことができるかもしれません。今述べたような〔迷信とも言うべき〕考えを、イギリスの哲学者ギルバート・ライル（一九〇〇―一九七六年）が『心の概念』の中で「機械の中の幽霊」という有名なキャッチフレーズを使って、すでにからかっています。[33]

進化生物学者のリチャード・ドーキンスは、精神についてのこういった迷信を、我々人間には肉体と精神という「生まれつきの二元論」と「生まれつきの目的論」があるからだと説明して、次のように述べています。「目の背後に一人の「私」が潜んでいて、それは少なくとも小説では他の肉体に乗り移ることができる、という考えは、私や他の一人一人の中に深く根を張っている」[34]（ふむ、私たち皆の中に根を張っているかどうかは疑わしいですがね）。彼は、「子供じみた目的論」はさらに「すべての背後には意図がある」[35]と推定している、とも述べています。ドーキンスはその意図の中に宗教の源泉を見ており、有名な著書のタイトルがすでに物語っているように、彼にとって『神は妄想である』のです。

目の背後には「私」ではなく脳があるというかぎりにおいて、ドーキンスは正しい。人間に生命を与える精神物質があるという考えも、生命の化学は理解可能なものであることが明らかになって以降、近代生物学によって論破されています。それに、生物学的生命という意味での生命の化学の他に、どうして別の生命の力が存在する必要があるのでしょうか？　そのような考えは、近代科学によって時代遅れになるでしょう。これは私たちの自己イメージにとって実に重要な洞察です。

自然科学として進展している脳研究は新たな知を求めて理路整然と対象に迫りますから、そういう意味では、目的論的世界像から生まれた古い推定は、実際、効力を失います。神経細胞内のシグナル回線を理解しようとするなら、イオンチャンネルと疎水性脂肪酸について解明することになるでしょう。何か包括的なイメージを描くには、さらに多くの化学的ディテールについて情報を得ると同時に、個々の脳部位の機能を知らなければなりません。

このような研究態度で臨むなら、行為の目的論的説明をすることはなくなるでしょう。ずっと離れた脳部位にある神経細胞に情報を提供するために特定の神経細胞が発火する、と説明することは誤解を招きかねない暗喩的な表現ですが、脳研究の現場では、目的論的意味合いが含まれているにもかかわらず、そのような言いまわしが無頓着に用いられています。生物の体内では、フランスのアニメ『昔あるところに……生命がありました〔*Il était une fois ... la Vie*〕』が子供たちの眼前でストーリーを展開させていくようには事は進まないのです。個々の細胞やニューロンのネットワークを見ていくと、脳内の事象は、ある目的を追っているから起きるのではなく、それらが機能を果たすから起きるにすぎません。

生き物の生物学的機能は、行為の目的論的説明という意味での目的ではありません。特定の神経細胞群の詳しい働き方をその機能的な関連において記述するなら、その事象に旗振り役はいないという主旨の記述が少なくともなされます。細胞の中には、レバーを動かし、何かが細胞膜から拡散できるようにしている者など、もちろんいません。シナプスは誰かが開け閉めする水門ではないのです。このような態度で記述していくなら、旗振り役、目的、行為というイメージに言及することはありません。そういうイメージは（楽しくはありますが）あまりにもナンセンスな推定を招くことになりますから。

そうですね、頭の中で一度、映画のようにワンシーンを進行させ、そこに別のカットを挿入してみるといいかもしれません。最初のカットでは、棚から黒パンをとる男が見えます。二番目のカットでは、突然、脳の特定部位で起きるニューロン発火の映像、あるいは生物の体内で起きる別の生体プロセスの映像が見えます。これは最近の映画でよく用いられる場面転換の手法で、フランス映画『LUCY／ルーシー』や、シェーン・カルースの『アップストリーム・カラー』で全編を通して用いられています。このように突然別のカットを入れることで視点を転換させる効果は、哲学者ペーター・ビエリ（一九四四年生）の次のような的確な言いまわしを用いると、要約することができます。「突然、何かをする者が誰もいなくなる。ある出来事の情景だけが、まだそこにある」[36]。

この考えは、再び例の男性に登場してもらうことで具体的に説明できます。このスーパーの男に名前をつけましょう。ラリーです。ラリーは黒パンを買おうと思っています。彼は、まさにそういう目的を追っているので、そういう行動をします。でも、異議を唱えたい人もいるでしょう。ラリーの目的設定とは単なる生物学的機能ではないのか、と。すると、彼がある目的を設定するというのは一種の錯覚にすぎず、進化とラリーの脳のことがよく分かっていないばかりに私たちの頭にふと浮かんだ説明であることになります。

行為の目的論的説明はすべて錯覚の上に成り立っている、というテーゼは、実存主義への応答として、二〇世紀後半にすでに登場しています。このテーゼにも前史があり、そこではマルクスや彼に連なる社会学者が役割を果たしています。その前史にも名前をつけてあげましょう。構造主義です。**構造主義**は、人間の目的は個々人がシステム構造に帰属していることで呼び起こされる一種の錯覚である、と推定します。構造主義は、人が自分には表向きの自由しかないと感じるのは、すべての当事者の背後で私たちにある一定の行動をさせている社会的制度や匿名の権力構造のせいである、と主張します。私は構造主義は誤りだと考えています。同様に、その後継者であり、今でも一定の支持を得ているポスト構造主義によってなされた修正も誤りだと考えています。私たちを操る構造があるのなら、私たち自身はすでにその構造の一部であり、私たちが私たち自身を操っていることになります。これから見ていくことですが、物事は自分自身の判断で決定する以外ありません。何らかの構造が自己決定を肩代わりしてくれて、自由でなければならないという不安を招くような考えから自分を解放してほしいと多くの人がどれほど願ったとしても、どうにもならないことなのです。

II

意　識

ここ五〇年ほどの意識の哲学は、その名が示すとおり意識という概念を基礎にしていますが、これは私たちの〔意識について語ろうという本章の〕目的にとっても意義深いことです。意識は、日常的な現象として、私たちにとってなじみ深いものになっています。ところが、この概念は、ただちに難しい問題を投げかけてきます。なぜなら、意識というのは実は奇妙な現象である、という事実にたちまち直面するからです。というのも、そもそもなぜ、この宇宙において、宇宙が存在することを誰かが意識するようになる必要があるのでしょうか？　こういった意識への驚きは、哲学者フリードリヒ・ヴィルヘルム・ヨーゼフ・シェリング（一七七五―一八五四年）の古い表現に従って、「人間の中で自然がただちに目を開く」という美しいメタファーで今も表現されています。このような背景の中で、アメリカの哲学者トマス・ネーゲル（一九三七年生）は著書『精神と宇宙』〔ドイツ語訳の表題は *Geist und Kosmos*〕で、今日の自然科学は問題に的確に迫ることは決してできないだろう、と述べています。[37] その際、残念なことに、ネーゲルは一つのコスモス、自然の秩序の一総体というイメージにとらわれ、その秩序の中に精神《ガイスト》を再び書き込もうとしました。これを**意識のコスモロジカルな謎**と名づけましょう。

　意識のコスモロジカルな謎を、五一頁で触れたチャーマーズの命名による意識のハード・プロブレムと混同してはいけません。近代初期に早くもゴットフリート・ヴィルヘルム・ライプニッツ（一六四六―一七一六年）によって特に明瞭に定式化されていたチャーマーズによるこの問題の本質は、特定の物質的なもの（例えばニューロンや脳全体）に内面活動があることが、そもそもまったく謎めいている、ということです。私たちの体内のニューロンは、なぜ特定の発火の仕方をするのでしょうか？

チャーマーズは、この問題を難しい《ハード》と捉えます。なぜなら、彼は、この問題は意識と取り組む従来の自然科学の方法では解くことができないと考えているからです。でも、彼の考えに賛同する人は多くありません。

チャーマーズの考えの軸であり基点になっているのは、哲学的ゾンビの思考実験です。**哲学的ゾンビ**とは、ある人間の正確な物理的コピーのことです。ここではチャーマーズ自身のコピーとしておきましょう。この正確なコピーは、チャーマーズとまったく同じようにふるまいます。ただし、決定的な相違があって、コピーのほうは意識をもっていません。この状態は「灯は灯っているのに誰も家にいない」というふうに表現されます。チャーマーズは、哲学的ゾンビは純粋理論的には可能な存在であり、おそらく物理的にも可能だろうと考えていますが、大方の人間はそうは考えません（私自身は、そのようなゾンビは生物学的に不可能だと考えます。なぜなら、チャーマーズが「意識」と名づけるものが神経生物学的にも実証されていることが絶対に不可欠になるからです。意識を神経生物学的にどのように位置づければいいのか、私たちにはまだ分かっていません）。

一般に、コスモロジカルな謎とハード・プロブレムは、意識の哲学が現在、超特急で耕さなければならない哲学畑であることの証拠として持ち出されます。そのおかげで、喜ばしいことに、現在私たちは自己認識の分野における、いくつかのテーマの復活に立ち会っているのです。そのテーマの一つが、意識についての問題です。

でも、まあ一歩一歩、話を進めましょう。さて、いったい何なのでしょう、意識とは？

私たちは、朝になると目覚め、徐々に意識がはっきりしていきます。そのとき、夢を思い出すこと、つまり、夢うつつの状態でも何となく意識があったのを思い出すこともあります。日中は、絶えず、さまざまなもの、出来事、人、例えばコーヒーメーカー、歯ブラシ、通勤や帰宅時のラッシュ、上司などが、入れ代わり立ち代わり我々の注意を引きます。朝はいくらかぼうっとしていて、シャワーを浴びてすっきりします。不当な扱いをされたと感じると腹が立ち、誰かがよい知らせをもたらしてくれると喜びます。こういうことをすべて、私たちは意識して体験しています。その一方で、指の爪や髪の毛が伸びることは意識していません。

日常的にわが身に起こること、自分が行うことの多くは、無意識のレベルで処理されています。自動車の運転席のドアを開けるのに、具体的にどのようにしてドアが開くのかに注意を向けたりはしません。私たちは指を動かします――ちょうど、この行を打ち込むときのように。こういう私たちの生体内プロセスのほとんどは、私たちに意識されません。例えば、水を飲んだときに起こる消化吸収プロセス、肝臓の血液循環プロセス、あるいは無数の神経細胞の発火プロセスなどがそれですが、そもそも神経細胞が発火するおかげで、私たちは指を動かし、誰かに腹を立て、あるいは目の前のこの頁に書かれていることが意図をもって組み立てられて表現された誰かの考えであると認識できるのです。私たちの生体はさまざまな印象を処理しますが、その中のごくわずかしか意識の狭き門を通りません。意識の狭き門とは、一九世紀から二〇世紀への変わり目の頃の呼び名です。その狭き門を通る印象の量は、生体全体から見ると、純粋に自然で無意識的な事象という深い海から顔を覗かせる氷山の一角にすぎません。

最近よく、意識は現在の自然科学が抱える最後の謎の一つである、という記述を目にします。これは要するに、神経科学の分野にもっと資金とエネルギーを注ぎ込め、ということなのですが、現在の精神哲学を代表する面々も、意識とは何か、という問いをうまく定義し、それによって意識と自然を調和させるという問題の解決にひと役買おうと同じようにがんばっています。

でも、意識とはいったい何なのでしょうか？ 私たちは皆、意識に慣れ親しんでいるようです。なんだかんだ言っても、私たちには皆、意識があります。例えば、ちょうどこの箇所を読んでいるあなたにも、その箇所を打ち込んでいたときの私にも、意識があります。もし、あなたがこの箇所を読んでいるとき、私がもう死んでしまっているとしたら、私にはもはや意識はないわけですが、あなたには幸運にも意識があり、意識があるということがどういうことなのかを説明する本を読む時間があるわけです（ただし、あなたが生きる未来が、意識して体験したいと思えるような未来であれば、幸運と言えるのですが）。

こうして、私たちは意識の第一の特徴を早くも知ったことになります。すなわち、我々は意識に慣れ親しんでおり、私たちが意識というものを知っているのは、私たちが意識をもった状態であるからだと言っても決して過言ではない、ということです（さもなければ、あなたが実際にちょうどこの箇所を読んでいるはずがありませんし、この箇所を読もうと夢想できるはずもありません――あなたの一生は予期に反して単なる長い夢だったということでしょう）。哲学者は、しばしば、内的視点〔内からの視点〕で、あるいは今日ではこちらの呼称のほうがよく使われますが、一人称の視点、つまり「私」の視点で話す、という表現をします。**一人称の視点**とは、私たちが意識を実感していられるのは、私たち一人一人にその人なりの意識があるからにほかならない、ということです。

意識があるかぎり、私たちにとって意識はかなり身近なものです。だから、よく「私の」意識とか「彼らの」意識などと言うのです。これを**所有の条件**と名づけましょう（哲学者は *Possessivität*〔possessivity〕と呼ぶこともありますが、ラテン語由来というだけで意味は同じです）。これは、意識は常に誰かの意識である、という意味です。私には私の意識があり、あなたにはあなたの意識がありま す。あなたに私の意識が実感できないのと同様に、私にはあなたの意識が実感できません。なぜなら、実感しようと思ったら、私はあなたに、あなたは私にならなければなりませんから。

ところが、所有の条件では十分ではないのです。意識の哲学では、さらなる諸条件が強調されます。それらの条件とは、人にはっきり意識があるときに満たされていなければならず、また、一人称の視点をいっそう強化し、特別なものにする、さまざまな条件です。特にここで挙げておかなければならないのは、自分の意識は内側からしか知ることができない、という条件です。人は自分の意識しか意識できません。少なくとも、そう見えます（そのような見かけは取り払うつもりです）。これを**意識のプライベート性**と呼んでもいいでしょう。つまり、誰であれ、自分自身の意識の意識にしか到達することができない、と推定するわけです。

もちろん、私は、マルタがお腹が痛いということを、つまりマルタが腹痛を意識して体験しているということを、何らかの意味で意識することができます。でも、どんなにがんばって彼女の腹痛を想像しても、そしてマルタの腹痛を考えて私自身がどんなに陰鬱な気持ちになっても、私には彼女の腹痛を実体験することはできません。ですから、他人の意識は間接的にしか分からない一方で、自分の意識には直に立ち会う、という言い方をするのは自然なことです。

一人称の視点で考えた場合、私たち一人一人が、言うなれば、それぞれ自分の意識にはまり込んでいる、という印象を最初に抱くことでしょう。アメリカの意識の哲学者ダニエル・デネットは、この点に関してデカルト劇場という概念を提唱しました。その際、彼は、そこに表されている理念は、その名称が示すとおりデカルトに由来する、と述べています。

これは厳密には正しくありません。なぜなら、デカルトはむしろ、我々が自分の意識に閉じ込められているはずがない、と論じているからです。これこそ、彼が有名な『第一哲学についての省察』で考察を行った目的です。その中で、彼は精神の自己認識能力から出発し、人間の精神から独立して人間の精神によって認識可能な客観的な真実がある、という結論を導いています。でも、精神哲学では、特に英語圏では、ここ一〇〇年以上、デカルトを悪役として登場させるのが常になっています。

「デカルト劇場」という名前が正確かどうかはさておき）デネットが「デカルト劇場」という概念で何を考え、何を批判しているのかは簡単に理解できます。ここまで内なる視点を通して意識に迫ってきたことが示しているように、あたかも舞台があって、その上に私たちが意識するものすべてが、例えば上司、怒り、喜び、視界に入るもの、ときおり背景で響くうっとうしい効果音などが登場するかのように思えます。このようなアプローチをすると、いったい誰が舞台での成り行きを見守っているのだろう、という疑問がすぐに浮かんできます。誰がこの見世物《スペクタクル》を目撃しているのでしょう？　自然に思いつく答えは、私、あるいは、ほかならぬあなたです――ただし、あなたも一人の「私」、つまり、自分の精神的な内部空間を注意深く照らし、そこで起きることを観察する誰かであるならば、ですが。そうすると、意識をいわば内側から操り、観察する誰かを探すことになるのは当然のことです。そのような誰かのことを、哲学ではホムンクルスと呼びます。

私はあなたの見ていないものを見ている！

「ホムンクルス〔homunculus〕」という言葉はラテン語から来ていて、「小人」という意味です。**ホムンクルスの誤謬**の本質は、我々の意識とは純粋にプライベートな舞台であり〔このプライベートな舞台がデカルト劇場のこと〕、そこでは「私」が見守る中で何かが進行していて、その出来事は他の誰であっても外の視点から見ることはできない、と想定することです。ホムンクルスという観念は、決して新しく生み出されたものではありません。古くからあるもので、何千年にもわたる精神の自己探究の中で息づいてきた観念です。本当のところ「私」や自己などというものはなく、それが脳研究で実証されたという趣旨のことが言われる場合には、おそらく、ホムンクルスはいない、という意味なのでしょう。でも、それが脳研究で発見されたということではありません。なぜなら、デカルト劇場があり、しかもそこに小さな観客までいる、という推定は哲学がずっと昔に退けたナンセンスな想像だからです。デネットは、デカルト劇場が正式に却下されたところでもホムンクルスの存在がまだ広く流布している、と繰り返し指摘しています。彼は、そのような立場を「デカルト唯物論」と呼びます。

有名な『視霊者の夢』で、カントは当時の霊迷信ばかりでなく、今日でも広く流布している「私の思考する「私」は、私の自己に属する肉体の他の部位の場所とは区別される場所にある」という推定にも、すでに反対の立場をとっています。[38] それに加えて、カントは「どのような経験も、私の分割不能な「私」が肉眼で見えないような脳内のごく小さな場所に閉じ込められているとは教えていない」[39]と述べています。彼は皮肉たっぷりに、このような考えを、人間の魂《ゼーレ》が脳内の「形容できないほど小さな場所」[40]にあるというイメージに喩え、続けて次のように述べます。

〔人間の魂はそこで〕巣の中心にいるクモのように感覚を受け取る。脳の神経は魂を小突き、あるいは揺さぶるが、その結果、この直接の印象ではなく、身体のまったく離れた部位に生じる印象が、脳の外部に今ある対象として提示されることになる。この場所から魂は機械全体の綱とレバーも動かし、思いのままに随意運動を起こさせる。このような言説は、裏づけに乏しい、というより、まったく実証できるものではないし、魂の本質が基本的に十分に分かっていない以上、はっきり論破できるものでもない。[41]

神経科学は、我々の時代においては、必然的に、ホムンクルス、もしくはクモの巣のクモの新たなアバターを出現させました。〔つまり〕私たちは外界には決してアクセスできず、脳内で発生する、「外」のものとはほとんど、あるいはまったく関係のないメンタル・イメージを作り上げるしかない、とイメージしてみてください。このイメージは、同じくカントが『視霊者の夢』ですでに攻撃しているものです。なぜなら、このメンタル・イメージというのは誰かに見られる何らかの外界の模写であることを想定しているからです。すると、魔法でホムンクルスを呼び寄せてしまったことになります――そのホムンクルスは、もしかしたら脳の特定部位、あるいは脳全体という姿をしているかもしれません。哲学者のゲールト・カイル（一九六三年生）も、似たような文脈で次のように指摘しています。

神経科学の世界では、ホムンクルス仮説をれっきとした研究プログラムとみなしている研究者もいる。具体的に言えば、中央制御機能と統合機能を果たす脳部位を探す、ということだ。[42]

ホムンクルスとデカルト劇場の場合、それが――それなりにうまくカモフラージュされてはいますが――見破ることのできる誤謬であることは、一つの簡単な例で明らかにできます。私がちょうどある仏像に目をやったと想像してください。すると、ホムンクルスのモデルに従えば、この仏像は私のデカルト劇場に登場します。このとき、私はこの仏像をある特定の方向から見ていると想定して、まず間違いはないでしょう。何かを眺めた場合、遠近法の原理に則って、仏像は私には歪んで見えます。そして、この仏像があなたのデカルト劇場では違って見えていることが、私には分かっています。というのも、あなたがこの仏像を見るためには、どこか別の場所に立たなければならないからです（この場所には、もう私が立っているのですから）。私はあなたの見ていないものを見ているのです。

さあ、こうして仏像が私のデカルト劇場に現れます。そして、私は、つまり私の「私」が、そこで仏像を見ています。でも、すぐに疑問が浮かびます。この仏像は、一方では私の劇場に、もう一方ではあなたの劇場に登場し、しかもそれぞれ少し違った姿をしているはずなのに、その仏像が一つの同じ仏像であることが、いったいどうやって私に分かるのでしょう？　私に分かることは何でしょうか？　あなたが具体的にどのように色を認識しているのか、でしょうか？　仏像があなたには具体的にどのように見えているのか、でしょうか？　もしかしたら、あなたはこういう仏像の専門家で、私とはまったく違うふうに細部を見ているのでしょうか？

ペットの犬や猫、あるいは金魚をこの仏像の前に置くと、もっとややこしいことになります。さあ、これらの生き物の精神の舞台に、仏像は現れるでしょうか？　仏や像をまるで解さなくても、仏像は現れるのでしょうか？

このように考えていった結果、仏像だと意識するから仏像がそこにあることが分かるのだ、などと結論しようものなら、ホムンクルスの誤謬のたくさんの触手に搦め取られてしまいます。しかし、もしその結論が私の内なる舞台に仏像が現れることを意味するとしても、私はあなたが意識しているのと同じ仏像を意識しているのではありませんし、ましてや、犬や猫、あるいは金魚が意識しているものと同じものを意識しているわけではまったくありません。でも、「外」とはいったい何なのでしょう？

イルカやコウモリまで引っ張り出してくると、もっとわけが分からなくなります。トマス・ネーゲル、彼とはニューヨークでかなりの期間、この件について活発に意見を交わすことができましたが、彼はこの問題について、ここ五〇年間で最も有力な哲学論文の一つを著しました。その論文のタイトルは「コウモリであるとはどのようなことか」[43]と言います。ネーゲルは、周囲から跳ね返ってくる超音波シグナルで環境を感じ取るというのはどのようなことか、想像してみるとよい、と述べています。でも、我々にそのようなものの見方〔感じ方〕をしろといっても、まず無理でしょう。同じことが、イルカの水中知覚能力、あるいはヘビの敏感な温度感知能力についても言えます。ヘビやコウモリでいっぱいの洞窟に（「インディ・ジョーンズ」の映画でおなじみのシーンですね）、私たち人間の何割かが仏像と考えているものを置いてみましょう。ヘビやコウモリの意識に、仏像は現れません。では、何が現れるのでしょうか？　さあ、よく分かりません。そういう未知の意識に内なる視点〔＝一人称〕から迫ることはできませんから。

ホムンクルスの罠を見事に体現している印象的な映像が、イギリスの人気番組「ドクター・フー〔*Doctor Who*〕」に登場します。この番組はもう五〇年も放送されていますが、最新作〔本書刊行時〕であるシリーズ8に「ダーレクの中へ」というエピソード（第二話）があります。ダーレクというのは、仲間のダーレク以外のあらゆる生命体を抹殺することだけを目論む殺人マシンです。ダーレクの決め台詞は“Exterminate!”、つまり「抹殺！」です。ダーレク自身は突然変異した神経ネットワークで、戦闘マシンの中に潜んでいて、自分の神経活動によって、そのマシンを操っています。つまり、ダーレクは神経中心主義《ニューロ》が今日、私たち人間とは実はこれだと考えているもの、すなわち、己のエゴだけに導かれ、種の生き残り競争に投入された機械の中に潜む脳のようなものなのです。

ダーレクは、このシリーズの主人公であるドクターの宿敵です。このドクターを哲学の研鑽を積んだイデオロギー批評家と解釈することもできるでしょうが、「ダーレクの中へ」のエピソードで、ドクターはナノサイズにまで小さくなり、驚いたことに、モラルについてじっくり考え始めていた一台のダーレクに乗り込みます。モラルについて考えるなどというのはダーレクとしてはきわめて異例のことですが、ドクターは「アリストテレス」という名の宇宙船に乗船する人間たちがこの奇妙なダーレクを捕獲したことから、このダーレクに何が起こっているのかを理解することになるのです。ところで、アリストテレスは、『魂について』を著したことで、ホムンクルスの誤謬の生みの親の一人ともみなせるというのは興味深いことです[44]。もしかしたら、ホムンクルスのシーンの舞台になっている宇宙船の名は、そのことをあてこすっているのかもしれません。

それはともかく、ドクターはダーレクの頭脳の中に入ります。すると、ダーレクの頭脳には目が一つあって、その前で一本の映画が上映されています。その一部は記憶映像で、それ以外に、突き出たレンズから入ってきた外界の映像もあります。どのダーレクにも、内部の目に加えて、この突き出たレンズが一種の目として装備されているのです。つまり、ダーレクの中には目が組み込まれた脳があって、他者の目からは見えない映画を見ているわけです。すると、すぐにこんな疑問が湧いてきます。では、ダーレクの脳の中には、もっと小さな別のダーレクがいるのだろうか？　そして、そのもっと小さなダーレクの脳の中には、もっともっと小さな……？　これはホムンクルスの誤謬の問題の一つです。このセルフメイドの問題を解決するには、あまりにも多くの（無限にたくさんの）ホムンクルスが必要です。

意識の映画に粒子の雷？

もちろん、脳はホムンクルスである、あるいは脳のどこかの一部位であっても、それは本当にホムンクルスである、と主張することはできます。けれども、そう主張したところで、何も説明したことにはなりません。神話を事実として受けとめただけです。明らかにいくらかましな別のオプションは、もう一度あの仏像のところで始まることになります。私たちの意識とは、一人一人に対してのみプライベートにアクセスすることが許される舞台で、その人だけがひそかに深いつながりをもてる、と想定した場合の問題は、そうすると、外界のものを直接知覚するとは主張できなくなることです。というのも、知覚は意識の一種だからです。意識が私たちを現実から、あるいは「外」のものから絶えずシャットアウトするなら、同じことが知覚についても言えます。すると、私たちはしょせん脳の中の秘密のホームシアターで意識の映画を眺めているダーレクのようなものなのだから、「外」とは本当は何なのか、私たちには決して分からない、という見解が出てきたとしても無理はないでしょう。でも、「外」のものが、たとえおおよそであるにせよ、プライベート映画館のスクリーンに現れるような姿であると、どうして私たちに分かるのでしょうか？　それどころか、そもそも「外」にものがあるなどということが、どうして分かるのでしょうか？

先の、意識は舞台であると説明するモデルを支持するように思われる唯一の根拠は、仏像の前に立ったとき、実際には一人一人がそれぞれ異なるものを見ており、他の生物は仏像などというものは全然見ていない上に、我々とはまったく異なる知覚様式と感覚をもっている、ということです。そうすると、神経構築主義にたどりついたことになります。神経構築主義とは、私たちが現実と、その現実の中のものを直接知覚するという説を否定し、私たちにできるのは脳が個人的な感覚の印象に基づいて構築したメンタル・イメージや表象を知覚することだけだ、とする考え方です。

でも、そう簡単ではありません。神経構築主義は、やはり「外」には何かがあり、それは私の意識の映画に遠近の関係で歪んだ仏像として現れ、ヘビの映画には何だかよく分からないが、まったく別のものとして現れる、と想定せざるをえないのです。したがって、私には仏像に、ヘビにはXに、コウモリにはYに見えるものがあるわけです（XとYは我々人間には想像のつかない何かを意味しています）。いいでしょう。でも、そうすると、そこにあるのは何なのでしょうか？ それに対して、神経構築主義者は次のように答えます。「そこにあるのは物理的対象ないしは物理的対象の巨大な堆積である。つまり、電磁波プールで起こる粒子雷のようなもので、それを我々は我々の感覚受容体を使って、他の生物はもちろんその生物の感覚受容体を使って、精神のユーザーインターフェイス、つまり意識にアップロードするのだ」と。

でも、この一見あまりにも明白で、しかも科学的情報まで施された回答が、ここで何かの役に立つでしょうか？ いいえ、役に立ちません！ なぜなら、いくらいろいろ考えたところで、私たちが（電子、光子、電磁場、平均運動エネルギーなどの）物理的対象についての意識を獲得するには、それらが私たち一人一人の精神のスクリーン、つまりそれぞれの意識の映画に出現するしかない、という結論になるからです。ここまでの説明では、私たちには何となく直接的な意識があって「外」のものを知覚できるということを示す根拠は得られていません。神経構築主義であっても、電子は簡単に知覚できず、適切な方法や実験、モデルを使って、その存在を推し量るしかないのです。

とはいえ、方法や実験についての我々の意識、並びに電子についての我々の理解とは、いったい何なのでしょうか？　どこから、その意識や理解は得られるのでしょう？　もし、純粋にプライベートな精神の意識インターフェイスにアップロードしなければ、何かを意識して心にとめることはできないということなら、それは、もちろん「外」のものについて、外界についておよそ知ることができるあらゆることについても同様のはずです。つまり、自然科学の実験を用いても、物には到達しません。私たちは意識につかまったままで、それゆえ先入観にとらわれて物怖じしている主体、まさにホムンクルスなのです。

意識とは文字どおり頭蓋冠の下のほうで進行する神経化学的プロセスであり、そのプロセスを通して外界を写し取っていると〔誤って〕思われている脳内映画が動き出すとしましょう。だとしたら、「外」には私たちのメンタル・イメージと何らかの方法で関連している何かが本当にあると、どうして分かるのでしょうか？　科学的実験で発見した、と言うことはできません。なぜなら、仮にそういう実験が行われたとしても、それは意識の映画の中で行われたにすぎないのですから。ルートヴィヒ・ヴィトゲンシュタイン（一八八九—一九五一年）は『哲学探究』の第二六五節で、ぴったりの比喩を挙げています。

（あたかも今朝の朝刊を何部も買って、その朝刊が真実を書いているか確認しようとするようなものだ。）想像の中で表を調べるというのは、想像上の実験の結果が実際の実験の結果ではないのと同じで、それは実際の表を調べることではない。

〔つまり〕一方で、自分自身のスクリーンに登場する何かについての意識しか私たちには得られないと言いながら、もう一方では、そういったことが分かるのは自分自身のスクリーンには現れない何かについての意識を私たちが得ているからだと前提するのは矛盾しています。

我々は好むと好まざるとにかかわらず個人的な意識のエピソードについての意識しか得られない、と主張するのは誤った前提から出発することです。なぜなら、そのような個人的で内なる意識は、意識の映画における外なる出来事を生み出す事象とただちに比較されるからです。なんだかんだ言っても、私たちは何とかして、なぜ左前方には例えば赤いカップが見え――好むと好まざるとにかかわらず――右前方にはアイロンが見えるのかを説明しなければなりません。だとすると、左前方には本当に赤いカップがあり、右前方には本当にアイロンがあるからだ、と推測するのも当然のことです。カップとアイロンは、私たちの意識の中に転がっているのではなく、居住空間、あるいは衣料品店にあるのですから。

ブッダ、ヘビ、コウモリ

神経構築主義は、繰り返し好んで、しかも不当にカントの説に寄りかかっていますが、カントのほうがよほど首尾一貫しています。それは、カントが、神経構築主義が絶えず巻き込まれる矛盾を見破っていたからです。主著『純粋理性批判』でカントがテーマの一つにしているのは、思考という事象の担い手を（非物質的な魂であろうが、脳であろうが）何らかのものとして同定するのは誤った推論であるのを実証することです。こういう誤った推論は自己認識という領域で私たちにつきまとっていて、カントはその誤りを暴こうとしたのです。カントはこういう推論に「誤謬推論」という呼び名をあてましたが、要は誤った推論のことです。**誤謬推論**が登場するのは、カントによれば、特に、思考能力の担い手はこの世のどこかで見つかるものでなければならない、と信じられているときです。思考能力の担い手は、非物質的で探し出すのが困難な魂や気〔Seelenkraft〕でも構いませんし、脳全体――いくつかの脳部位でも構いません――の中での、はっきりとは場所が特定できないながらも認められている特質や活動でも構いません。

一つの仏像が、ある人間にはこのように、別の人間あるいは別の生き物にはまったく異なって見える、という問題は原則として科学的には解消できないことを、カントはとりわけ自覚しています。もし意識が本当に、構成されたメンタル・イメージしか現れない個人のユーザーインターフェイスであるなら、役に立つ科学など一つもないことになるでしょう。なぜなら、科学といえども、その場合、意識の映画に現れるものを記述するしかないわけですから。科学の出発点である真の客観性はまったく期待できないことになります。

カントだったら、この仏像問題にどのようにアプローチするでしょうか？　彼なら、私たちに仏像が出現する、と言うかもしれません。そして、ヘビにはXが、コウモリにはYが出現する、と。

1 仏像
2 X（ヘビのイメージ）
3 Y（コウモリのイメージ）

カントなら、この三つのバリエーションすべてを「現象」と呼ぶでしょう。そして、現象に依存することなく、ただそこにあって――カントによれば――私たちが自分の意識に依存しなければ認識することができないものを、カントは「物自体」と呼びます。ですから、カントの中心的なテーゼ――これなくしては彼が築き上げた思考のすべてが崩れてしまう絶対的な中心テーゼであり、カントが首尾一貫して論じていたテーゼ――とは、我々には物自体を認識することはできない、というものです。私たちに認識できるのは現象だけであって、物自体ではない。この**カントの主テーゼ**は、**超越論的観念論**と呼ばれます。カントは、例えば次のように述べます。

それは一つの所見であり、そういう所見を述べるのに精妙な熟考は必要ではなく、それについては最も月並みな知性が――自らが感情と名づける判断力の漠然とした区別を用いるという彼一流のスタイルによってではあるが――その所見を述べるかもしれないと推定できる。すなわち、恣意によらずに我々に至るすべてのイメージ（例えば感覚のイメージ）は、対象が我々を触発するようにしか我々に対象を認識させず、その際、対象自体が何であるかについては我々には未知のままである。したがって、このような種類のイメージに関しては、知性があたうかぎりの注意深さと明確さを発揮したとしても、我々は現象を認識するにとどまり、決して物自体に到達することはできない。[45]

カントの考えは、次のように分かりやすく説明できます。あなたには身体のまわりの自然環境、つまり外界との接点が触覚しかない、と想像してください。この思考実験では、目を閉じて触覚に注意を集中させるだけで十分です。では、誰かがあなたの手の表面を何かで触ったと想像してください(ここではマッチ箱で触ったとしましょう)。たとえマッチ箱がどんな手触りなのかを語ることはできても、以前にマッチ箱を見たことがなかったら、マッチ箱がこれこれこういう形をしているとは言えないでしょう。そもそも、マッチ箱の手触りとマッチ箱の形状がある人の中で関連づけられるとすれば、その人がかつてマッチ箱を見たことがあるか、あるいはマッチ箱を見たことのある人を通じて知識をもっている場合に限られます。あなたが、あなたの触覚——すなわち現象——を基に、「外」のもの——物自体——についてどんな説を唱えようと、あなたの描写は、あなたが外のものを見ることができた場合に唱えるであろう説とはかなり違ったものになるでしょうし、逆もまた成り立ちます。

カントは、この考えを私たちの感覚すべてにまで拡大し、特に空間と時間が我々の直観の形式であって、物自体がどんなものであるかとはまったく無関係かもしれない、と考えます。カントの急進的なテーゼを先鋭化させるなら、空間と時間は私たち人間の意識の映画の枠組みにすぎず、我々のオペレーションシステムの一部ではあっても、「外」の現実の一部ではないのです。

神経《ニューロ》カント主義の波の上で

以上に述べたことに反論する人もいるでしょう。反論してもいいのです。しかし、ここで重要なのは、我々は世界のイメージをメンタルに構築しているだけで、その理由は我々の神経システムが特定の刺激しか内部で処理できないことにある、というテーゼの責任をカントに負わせるとしたら、カントは納得しないだろう、ということです。このようなテーゼに対してこそ、カントなら数々の異議を唱えたことでしょう。もっとも、カントの理論が継承される中で、このテーゼは、一九世紀になって、カントに由来することを早くから自負していた感覚生理学に取り入れられてしまった、という経緯があります。例えば、著名な生理学者にして物理学者でもあったヘルマン・フォン・ヘルムホルツ(一八二一―一八九四年)は、一八五五年に次のように記しています。

我々の知覚の仕方は、我々の感覚の性質によるのと同じくらい、外のものによって条件づけられている。そのことは、前述した事実によって明らかにされ、また認識能力に関する我々の理論にとって最も重要である。近年において感覚生理学が経験的に実証した、まさにそのことを、すでにカント〔原文では強調のため大文字でKANT〕は人間の精神をイメージするために実証しようと試みていた。その際、彼は生まれつきそなわっている特別な精神の法則、いわば精神の構造が我々の〔世界〕イメージに対して果たしている関係を詳述することで行おうとしたのだ。[46]

カントが神経構築主義の足場を整えた、という不適切な推定は一九世紀以来の常套句で、今日でも教科書にその記載が見られます。例えば、ノーベル賞を受賞したエリック・カンデル（一九二九年生）は、神経科学のグローバル・スタンダードである『神経科学の原理』〔邦訳『カンデル神経科学』〕の中で次のように書いています。

> 我々は、さまざまな周波数の電磁波を感受している。しかし、我々が知覚するのは、赤、緑、オレンジ、青、黄といった色である。我々は圧力波を感受しているが、言葉や音楽を聞いている。我々は空気や水を通して無数の化学物質に触れているが、匂いや味を感じている。色、音、匂い、味は、脳で行われる感覚の処理を通して生じる精神的な構成物である。それらは、そういうものとして脳の外にあるのではない。［…］我々の知覚は、我々を取り巻く世界を直接描くものではない。むしろ、神経システムの資質を通じて課される独自の規則や制限に従って構成される。哲学者イマヌエル・カントは、この固有の限界と関連して、アプリオリの直観形式ということを言っている。カントによれば、精神は感覚器官を通じて入ってくるさまざまな印象の受動的な受け取り手ではない。精神は――外の物理的刺激から独立して存在する空間、時間、因果などの――観念的あるいは客観的ですでに成立している範疇《カテゴリー》と完全に協調しながら自らを構築する。[47]

カントは、ヘルムホルツやカンデルが彼と関連づけていることについて、実際のところ、ほとんど何も主張していません。カントは、我々が色として知覚する波長を受け取るとも言っていませんし、空間と時間が範疇《カテゴリー》であるとも言っていないのです。カントは、直観の形式（空間と時間）と範疇（因果はここに属します）を区別していますし、範疇を適用することで物自体がいかなるものかを知ることができるという考えに異議を唱えています。さらに言えば、カントは知覚を神経システムと何らかの関係をもつメンタルな構成物とは考えていません。なぜなら、カントは、我々の内で考えているのが、いったい何なのか、あるいは誰なのかは原則として知ることができない、と述べているからです。

カントにとって、「私」は脳と同一視できるというテーゼは、私たちには私たちの内で考える非物質的な魂があるというテーゼと同様に問題外なのです。カンデルはカントを読んでいない、あるいは読んでいたとしても理解していない、と考えたくなります。カンデルがカントについて書いていることは、哲学者が化学について執筆し、その際、よく似ているからといって H_2O と CO_2 を取り違えるようなものです。まあ、そんな記述は、カンデルが表明したカントについての意見並みに、さぞかしためになることでしょうが。

しかしながら、カントの死後すぐに生まれた伝統的な路線があり、それはカントが「私は考える」と呼んだものの居場所を脳の中に特定しようと試みます。その伝統的な路線の上にいるのが、ショーペンハウアーであり、彼の同時代人ヘルムホルツのような科学者たちなのです。

カンデルは、カントの認識論の誤った解釈から生まれたそういった常套句を、かなり無批判に借用し、誇張しています。カンデルはカントを独自に流用しているのです――どうしてこれほど固執するのかは分かりませんが。カントが本当は何を考えているのかという問題はとりあえず横に置くとして、ここでカンデルが哲学的可能性《オプション》として記述していることは、こういった調子ですから、経験豊富な認識論者には支持されない傾向にあります。なぜなら、このオプションには、すぐにそれと分かる解釈の誤りがたくさん含まれているからです。そして、それらの誤りを正すべく、当のカントは別の可能性を探っていたのです。

脳がさまざまな意識のインターフェイスを構成することで、我々は外界の存在をどうにか見通すことができているが、それらを直接察知することは決してできない、という推定は、どんなに科学が進歩しても改善されることのない誤謬推論または勘違いに基づくものです。意識が精神のホムンクルスと彼のプライベート劇場の関係においてしか成立しないとしたら、科学に助けを求めても袋小路から出ることはできません。なぜなら、科学といえども、個々の科学者のプライベート劇場で上演されるものを記述するしかないのですから。私が仏像を見ていると思っている場所には、現実には色もなければ仏の形もしていない微粒子の群れが舞っている、というのは、そこにあるそれ自体とは何なのかについての一つの新たなイメージにすぎないでしょう。もしすべての経験が頭蓋冠の下の内なるプライベートな舞台で私たちに披露されるメンタルな構築物にすぎないのだとしたら、原則として私たちは外界についてかなり思弁的で荒っぽい仮説《ヒポテーゼ》を立てていることになります。

自らの経験を超えるものはない――いや、あるか？

ここで述べているようなことのすべてが今日の自然科学にとって大きな問題になっていることは、この文脈で定期的に繰り返し言及される典型的な考え方に触れることで、比較的簡単に理解できます。意識と脳の関係に関する現在の共通理解に大きな影響を及ぼしているその考え方とは、経験主義のことです。**経験主義**〔Empirismus〕（ギリシア語 *empeiria*「経験」より）とは、我々の知識の唯一の源は経験である、というテーゼです。この文脈では、特に感覚的経験のことだと言ってよいでしょう。何千年もの間、消えつ現れつしてきた、この哲学史上、太古の主張は、一般にも知名度のあるアメリカ人の物理学者ローレンス・クラウス（一九五四年生）などによって特に過激に主張されています。クラウスは、科学的方法はたった一つしかない、と繰り返し強調します。彼によると、その方法の本質は我々の批判的思考が経験によって導かれるということにあり、ここで彼は「経験」とは感覚的経験、測定技術、それらの上に成り立つ理論の構築の三つのコンビネーションだと理解しているようです。もっと具体的に言えば、人は理論的根拠のある予測を立て、その予測を実験で証明することによって現実を体験するのであり、また私たちはそういうことをすでに日常的に行っていて、近代自然科学はそれを完全なものにしたにすぎない、とクラウスは考えているのです。[48]

彼が目下、リチャード・ドーキンスとともに行っている世界宗教撲滅運動は、この理論に基づいています。この二人の理解によれば、「宗教」とは単に非合理な迷信であり、自然のふるまいや働きに関する明らかに誤ったテーゼに固執して、どんなよりよい知識にも反対するものです。私も哲学者ですから、迷信との戦いには、もちろん共感を覚えます。しかし、全体の土台となる哲学的立場の根拠が薄く、よく見るとその根拠自身が迷信であるようなら、迷信との戦いは大してうまくいかないでしょう。

ドーキンスは、宗教を「世代から世代に伝えられていく根拠のない恣意的な信念であり、規定である」と切って捨てます。[49] また、彼は、すべての宗教において神が中心であるが、この神という言葉は「賛美することが我々にとって適切である」超自然的創造主の名称」だと推定しています。[50] しかし、どの宗教にとっても神が中心で、「神」とはドーキンスが考えたような存在であるという洞察のようなものは、どこから出てくるのでしょうか？

彼は、世界宗教が（ユダヤ教、キリスト教、イスラム教のように神を推定するものであれ、仏教の一部教派のように突きつめれば無神論的なものであれ）生まれた時代には、近代的概念としての自然はまだ存在していなかったということを見逃しています。ドーキンスが時代錯誤をして過去に投影している自然の概念などまったく持ち合わせていない聖書の『創世記』の作者が、どうやって神は超自然的創造主であるという考えに思い至ったというのでしょう？　自然の出来事について自然科学的説明と超自然的説明を対置させるという時代錯誤は、ドーキンス率いる、歴史がよく分かっていないネオ無神論で、よく見受けられるものです。

このような非常に単純な宗教批判モデルは、言うまでもなく数百年も前からありました。しかし、歴史や史料の正当性・妥当性をよく吟味する姿勢、すなわち学問的神学と宗教学が長く採用してきた観点からすれば、宗教とはドーキンスが想像したようなものであるはずだ、というのは、そもそも根拠のない恣意的な信念にすぎません。ドーキンスは、自分の宗教概念を、人間を啓蒙し、〔彼によれば〕子供じみた迷信から解き放つために必要な指針規定の青写真〔プロトタイプ〕とみなしているのですから、たとえ彼が神を信じておらず、神を自然に置き換えているにしても、彼流の宗教解釈は当然、宗教的迷信に対する彼独自の定義を十分に満たしていることになります。

知識を獲得するということをどのようにイメージするか、という問題は非常に広範囲に及ぶ影響をもたらします。それは哲学における認識論への影響にとどまりません。というのも、すべての知識は経験という源からのみもたらされ、したがって知識とは自然についての知識のことである、というテーゼを立てると、立てたその時点で、すでに厄介なことになるからです。すべての知識が経験からもたらされ、実は私たちが何かについて断定できるほど明確に知ることは決してないのだとしたら――というのも、経験とは常に私たちの考えの誤りを正してくれるものですから――、例えば、子供を虐待してはならないとか、政治的平等は民主主義の目的であるべきだといったことを、どのようにして知ることができるのでしょうか？　もし経験主義が正しいのなら、私たちは子供を虐待してはならないということを明確に知ることはできないでしょう。あるいは、どうやって1＋2＝3であることを知ればよいのでしょうか？　なぜなら、それを経験的に検証するのは必ずしも簡単ではありませんから。

経験主義を困らせる、もっと簡単な方法があります。それは、経験主義に次のように問いかけることです。「本当にすべての知識が感覚的経験という源から生まれているとしても、その事実とされていることに関する知識はどうなのか？」と。すべての知識は感覚的経験から生まれることを、我々は感覚的経験から知っているのでしょうか？　そうだとすると、経験はこの点でも私たちの考えの誤りを正してくれると推定せざるをえないでしょう。すると、すべてを経験から学ぶことはできないということを原則として経験から学ぶ、ということになってしまいます……。

なぜ経験主義の主張が成り立たないのかを理解するには、ちょっと別のことを考える必要があります。クラウスほか多くの科学者が哲学的態度で語るときには、すべての知識は経験に基づく、言い換えれば「根拠に基づく」と言います。彼らがそのように言うのは、我々は間違えることもあるということを指摘したいからです。私たちは勘違いをしやすい。これを**可謬性**と呼びます。経験主義の取り柄は、なぜ我々が勘違いしやすいのかを説明してくれることです。つまり、私たちは外界からデータを受け取り、それを理論的に解釈し、分類・整理しなければならないから、勘違いすることがある、ということです。そのような原則で何かを知ろうとするなら、どこかで私たちはゴール〔目標〕に達したと言う必要があります。そして、我々は知識を獲得したと主張し、それを言葉で述べることになります。それでもまだ私たちは間違えることもあり、経験によって間違いが正されるかもしれません。ですから、私たちはそのような検証に対して、実際にオープンな態度でいなければなりません。

しかし、すべての知識は感覚的経験から生まれる、という知に関する主張は、どうやって感覚的経験で正すことができるのでしょうか？　まあ、簡単な答えは「無理だ！」というものです。したがって、すべての知識は感覚的経験から生まれる、というテーゼは、そもそも実証したり反証したりできるような自然科学的仮説《ヒポテーゼ》ではありません。なぜなら、自然科学的仮説というのは、どれほど見事に実証され、何かの理論に組み込まれているとしても、その仮説は疑わしいとする証拠が自然そのものから現れてくる可能性を常に考えておかなければならないからです。つまり、経験主義それ自身は自然科学的仮説ではないのです。

確かに、経験主義には、二〇世紀に「理論経験主義」の名でルドルフ・カルナップ（一八九一―一九七〇年）とウィラード・ヴァン・オーマン・クワイン（一九〇八―二〇〇〇年）によって見事に練り上げられた精緻なバリエーションがあります。しかし、そこでカルナップが感覚的経験では把握できない事実がある可能性は非常に高いと推定している一方で、クワインはその推定を修正し、カルナップが述べているのは、すべての知識は常に純粋に理論的な要素と経験のデータをミックスしたものであるという意味だと説明するなど、若干の食い違いもあります。しかしながら、こんな議論をしても哲学的に精妙かつ複雑な話になるだけですから、ここでは、カルナップとクワインは「我々は意識の映画でのプロセスを描写するだけかもしれない自然科学的認識しかもっていない」とは考えていない、と述べるにとどめましょう。

ともかく、クラウスが喧伝しているような経験主義にとって、事態はいっそう不愉快なものになります。彼のスタンスは、厳密にはかなり大ざっぱな経験主義と言ったほうがいいでしょう。公開討論の場で、哲学者は彼に、数学的知識、例えば1＋2＝3というような知識はそもそもあるのか、と繰り返し尋ねています。クラウスは理論物理学者で、日々の研究には数式を用いて臨んでいますから、自分が小学校の算数など足元にも及ばない複雑な数学的知識をもっているのを否定することは、まずできないでしょう。先の質問に対するクラウスの回答は陳腐なものです。彼は、自分は罠にはめられているとしながらも、数学的知識を得るにはあくまでも感覚的経験が必要だと主張して、次のように述べています——例えば、1＋2＝3と書かれていることを読み取らなくてはならないし、数学の公理や数学記号についても知っていなければならないからね。

しかしながら、この答えはインチキです。私が光受容体の働きによってバスケットにはまだパンが二つあると知るとき（だって、そこにあるのが見えますから）、そう分かるのは、パンが光を放ち、その光が私の光受容体にあたるからです。私はパンについての感覚的経験から知識を得ることができます。それは、パンが私の感覚受容体と適切な因果の関係を結ぶことができるからです。しかし、1、2、3といった数、あるいは数学記号は、そこに書かれたシンボルと同一ではありません。1という数を1、1、1と三回書いたなら、三回ともまったく同じ数、つまり1という数です。私が三回書いた具体的な数字は、そのつど別の字ですが、1という数ではありません。この頁には一〇個の異なる1という数があるのではありません。私が1と書き込んだ一〇個の異なる場面があるだけです。バスケットにパンが二つ入っているのを見るとき、それらは本当に二つの異なるもの——一個のパンと別の一個のパン——です。それに対して、数は見ることも測ることもできません。それを表すシンボルによって可視化するしかありませんが、数は数字と同じものではありません。

物の差異性と同一性もまた、見ることも測ることもできません。そのために、哲学では**アプリオリ**〔Apriori〕（ラテン語 *a priori*「最初から、経験に依存せずに」より）と言います。要するに、我々が経験知を得ることができるのは、原因、自然法則、同一性、対象、物、意識などの理論的概念を用いるからです。それらの概念は、確かに間違いなく経験と関係があるとはいえ、感覚的経験を通じて偶然獲得できるようなものではありません。

ここで紹介している、かなり大ざっぱな経験主義にとって居心地がいっそう悪くなるのは、このいくらか抽象的な話から意識の話に戻るときです。確かに、意識には完全覚醒のレベルから痛みを感じるレベル、さらには白昼夢で忘我の境地にあるようなぼんやりした意識レベルまで、さまざまなレベルがあります。また、あるレベルから別のレベルへの過渡的なものもあります。例えば、いろいろな意味で危険な、あるいは単に腹立たしい瞬間睡眠などがそれです（眠ってしまって降りるべき駅で降りそこなったときとか、退屈な講演を聴くために起きていなければならないとき——学会では日常茶飯事です）。ここで重要なのは、感覚的経験を通して自分には意識があることが分かる、という経験主義の理念には病的な一面があることです。というのも、経験主義の理念は基本的に誤った解釈の可能性を残しているので、実は我々にはまったく意識がないということが、いつか判明するかもしれないからです。だからといって、まるで意識がないという経験をするかもしれない、と自分の意識生活の中で絶えず怯《おび》えている必要はありません。ともかく、少なくとも自分は意識があるのか、という問いに関しては、答えを誤ることはなさそうです。この洞察は、かの有名なデカルトの言葉「我思う、ゆえに我あり」、コギト〔cogito（我思う）〕の背後に隠されています。**デカルトのコギト**が言わんとしているのは、我々は意識しているかぎり、自分には意識があるということについて誤ることはない、ということです。その一方で、意識の本質とは何かということについては、大いに誤ることがありそうです。その点については、デカルトもまったく反論していません。

クラウスは、このテーマについて先に言及した哲学者ダニエル・デネットと議論を交わし、意識というのは厄介な問題だと認めています。しかし、彼は（デネットと同様に）未来の神経科学者がこの問題を解決するだろうと信じてもいます。でも、どうやって感覚的経験を通して、つまり経験的に、自分には意識があることを教えてもらえというのでしょうか？　あるいは、意識していると思ったら実はそうではなかったと判明するなどということがあるのでしょうか？　あなたは今まさに意識がありません、と実験であなたを納得させることなどできるのでしょうか？

一九世紀にフランスの神経学者ジュール・コタール（一八四〇—一八八九年）は、彼の名を冠した「コタール症候群」という病気を発見しました。この病気にかかっている患者は、自分は死んでいて存在していない、と真剣に訴えます。厳格な経験主義者なら、コタール症候群の患者の言うことは正しく、実際に死んでいるのかもしれない、と想定しなければならないでしょう。そうすると、彼らはゾンビであり、まもなく『ワールド・ウォーZ』〔マーク・フォースター監督の映画〕が勃発するのかもしれません。しかし、もちろん彼らはゾンビではありませんし、そんなことを考えるのは的外れでしょう。コタール症候群の患者は明らかに生きた肉体をもち、しかも他の人間とともに活動することができるのですから意識があるわけで、彼らの言うことは正しくありません。むしろ彼らは神経疾患に苦しんでおり、自分には意識があると理解できる健全な意識を取り戻すには、治療を受けることが必要なのです。

以上見てきたように、ある日、我々にはそもそも意識がないことが判明する、などというのは馬鹿馬鹿しい想像です。意識がない、と真顔で言う人がいたら、その人がどんな病気にかかっているのか、あるいは、その人が精巧に作られたアンドロイドではないか、調べてもらったほうがいいでしょう。現在のところ、そのようなアンドロイドはいませんから、だとすれば、意識をもつことなしに意識があるということに異議を唱えることはできない、と想定するだけです。すでに述べていますが、この想定は、自分の内面をじっくり観察すること〔内観〕によって、自然について、つまりは意識を生み出すのに必要な神経化学的な前提条件についてさえ知ることができるとは言っていません。もっとも、誰も、そしてデカルトも、そんなことは言っていません！

もちろん、意識があるということについて誤ったイメージが生み出されることもあります。この面で、私たちは誤りやすい傾向があります。意識があることを知ることと、意識とは何かを知ることは、別ものなのです。だからこそ科学には意識と取り組む分野があり、その一つが哲学なのです。でも、それらの研究で、今まで意識があった者は一人もいないとか、私たちはまさに意識がない状態だといった研究成果が出ては困るのです。なぜなら、そのような「結果」が出るということは――角の立たない言い方をすれば――理論を構築するときに明らかにどこかで間違えたということですから。

信じること、愛すること、期待すること――すべてはただの幻想か？

とはいえ、現在の文化には、我々には本当は意識がないのではないか、という疑惑が満ちています。完全に意識をもっている状態の中で、自らの意識を失うかもしれないという不安は、「ウォーキング・デッド〔*The Walking Dead*〕」シリーズなどのゾンビもの、あるいは一九九〇年の古典的名作『レナードの朝』〔ペニー・マーシャル監督の映画〕で表現されています。『レナードの朝』はニューヨークで実際に起きた出来事の映画化作品で、有名な神経学者オリヴァー・サックス（一九三三―二〇一五年）が著書『レナードの朝』で記したものです。サックスは、嗜眠性脳炎〔*Encephalitis lethargica*〕の患者の幾人かを、ほぼ完全な無意識状態から一時的に覚醒させることに成功しました。しかし、それもほんの短時間のことでした。それはこの物語の悲劇的な部分であり、同名の映画（主演はロビン・ウィリアムズとロバート・デ・ニーロ）の中で語られています。

実際、哲学者の中には、意識という概念は厳密に言えば実際に何かに関連づけられているわけではないのだから、我々は意識していないのだ、という意見をもつ人もいます。ここで言っているのはいわゆる消去論的唯物論のことで、この理論の急先鋒は神経哲学者パトリシア・チャーチランド（一九四三年生）とポール・チャーチランド（一九四二年生）です。二人とも、つい最近までサンディエゴのカリフォルニア大学で教鞭を執っていました。**消去論的唯物論**の基本的な主張は、宇宙には現実には物質的な状態と事象しかないのだから、我々の精神的状態というのはすべて幻想である、というものです。

ポール・チャーチランドは、有名な論文の中で、いかなる精神状態も排除しています。彼は次のように話を進めます。まず、我々は素朴心理学を駆使している、と推定します。そして、人には意識があるとか、人は意見をもっているとか、人は合理的または非合理的であるとか、人は無意識のうちに感情を押し殺しているとか、人は他人も善意をもっていると思い込みやすいとか、そういう話を持ち出します。続いて、我々は意識について自分なりのイメージをもち、他の人々が自分のことやその人たち自身のまわりの物をどのように知覚し、感じているのかを絶えず思い描く、と述べます。そして、ここでチャーチランドは、素朴心理学は他のどの理論もそうであるように経験論だと推定します――ここで彼が経験主義に傾倒していることが明らかになるわけです。

彼の私見によると、我々は他の人々や自分自身に意識的な精神状態があるとみなしているが、それはなぜかといえば、我々には自身の経験から導き出した、ある種の意識的精神状態論があるからです。この理論は、現在の心理学や認知科学では「心の理論〔Theory of Mind〕」――他者の意識のプロセス、および感情、志向、願望、信念などを推測する精神〔心〕の能力――と呼ばれています。チャーチランドは、この能力を基に我々人間は素朴心理学を築き上げたが、これはごくふつうの経験論だと述べます。ただし、彼はこの経験論を相当に粗悪なものだと考えています。何より彼が主張しているのは、経験論は何千年もの間、いかなる進歩も発展も遂げていない、ということです。でも、私は彼の主張は誤っていると思います。

それはともかく、チャーチランドははじめに素朴心理学というものがあり、それは経験論である、と言います。しかし、彼の真意は、読者に、この理論は間違っている可能性があるどころか、絶対に間違っている、とほのめかすことなのです。彼はこの理論を、誤りだと分かっている、地球を中心とした世界像に喩えます。太陽が昇るという理論は誤りです。なぜなら、地球はよく知られているように太陽のまわりをまわりつつ自転しているからです。ですから、地上からはあたかも太陽が昇るように見えます。厳密に言えば、太陽が昇っているように見えるのは、地球が太陽系の中心にあると考えるからにすぎません。現実にあるのは、日が昇ることではなく、日が昇ると我々に錯覚させる一種の幻想だけなのです。そうして、彼はこう続けます。毎朝太陽が昇るという経験論は誤りであることが判明した、だが、我々が不動の大地の上に立って日の出を見ているという素朴な幻想は残っている、と。

次の段階として、チャーチランドは、我々の素朴心理学は命題的態度の存在を前提にしている、と主張します。もっとも、命題的態度とは典型的な哲学専門用語で、厳密には素朴心理学の構成要素ではありません。このあたりがチャーチランドの主張の紛らわしいところです。ですから、私なりに簡単に説明しようと思います。**命題的態度**とは、ある事実に対してとる精神《ガイスト》の態度のことです。例えば、シリア内戦が続くことを↓恐れる、まだライ麦パンが残っていることを↓期待する、中国では猫をグリルで調理するということを↓信じる、人には指があることを↓知っている、などです。恐れる、期待する、信じる、知っている、それらが命題的態度です。言語哲学では、真か偽か、そのどちらかになるようなメッセージの内容が**命題**と呼ばれていて、文法的には「……ということ」という従属節で構成されます。一人の人間でも、同じ命題に対して異なるさまざまな態度をとることができます。一つ例をとりましょう。

……シリアで内戦の嵐が吹き荒れているということ

この命題に対して、これを知ることも、信じることも、腹を立てることも、深く憂うことも、あるいは無視することもできます。つまり、さまざまにふるまうことができるのです。事実、人間の精神《ガイスト》の本質とは命題的態度をとる能力のことだ、と考える哲学者は大勢います。出発点としてはよいと私は思います。

しかし、チャーチランドは、そもそも私たちには命題的態度があるのか、と疑うのです。彼はさっそく、アメリカの女性哲学者リーン・ラダー・ベイカー（一九四四年生）が認知の自殺とかなり的確に表現した矛盾の罠にとらわれています。[51] チャーチランドが疑っていることについて考えてみましょう。彼が何を疑っているかは、すぐに分かります。彼が疑っているのは、

……命題的態度があるということ

です。仮に命題的態度があると考えるなら、現実が自然科学的に調べることのできる物質的な状態と事象だけから成り立っているのではない、という考えに至ることができます。チャーチランドは、この〔彼に言わせると〕迷信を排除しようとしますが、ここには矛盾があります。チャーチランドは迷信を排除しようとして、疑うという命題的態度をとっているのです。もし命題的態度がないのだとすれば、チャーチランドが命題的態度はないと信じることは絶対にありません！ そして、彼はそのことを知ることもまたできません。

ですから、彼は「消去論的唯物論と命題的態度」という論文で、この矛盾を取り繕おうとして、SFファンタジーに逃げ込むのです。何らかの方法でいくつもの脳がネットワークで結ばれた未来を想像し、そのような素晴らしい未来が早く訪れるように、できるかぎりのことをすることを私たちに勧めています。

これがホッケー・チーム、バレエの群舞、あるいは研究チームにとって何を意味するのかを想像してみたまえ！　すべての人がこのような脳のネットワークで結ばれたなら、どんな言語であれ、言葉による会話は完全に消えてしまうだろう。「飛べるのに、どうして地を這うのか？」という原則の生贄《いけにえ》になるのだ。図書館は、本ではなく、モデルとなるような神経細胞の活動データ群で埋め尽くされていることだろう。[52]

この論文は、カリフォルニアを舞台とするSF小説になって最高潮に達します。シリコンバレーの夢想家、先覚者、切れ者なら、図書館を廃止して、代わりに神経細胞活動のマスターデータを集めることに賛同するかもしれません――近い将来、いえ、どちらかと言えば遠い未来、自分の脳にダウンロードできるように。しかし、この場合、SFビジョンを持ち込んだところで、我々には本当に意見や考えがあるのだという推定は根本において太古の昔の迷信である、と信じ込ませようとするチャーチランドの構想の一貫性のなさが、そのビジョンの陰に隠れて人目に触れなくなっているだけのことです。

パトリシア・チャーチランドは、ポール・チャーチランドとは異なり、哲学は神経科学の助けを借りなくても意識について何かを発見できる、という考えを払拭する仕事に専念しています。これは「神経哲学」というプロジェクトで、彼女が名づけ親です。[53]精神哲学は、何千年もの昔から、「命題的態度」のような概念と、それらの概念を知覚する、知る、確信するといった別の概念の中に組み込むことについて熟考し、さらに確かな議論を重ねて分析してきました。しかし、そのようなことをしても認識についての現状に進歩はなく、そういった状況への対応として発想されたプロジェクトです。

しかし、私たちは命題的態度をとることなしに意識することができるでしょうか？　意識というのは、かなり複雑なものです。どのような現象や事象、状態が特に意識だと考えられるのかは、はっきりしていません。しかし、命題的態度なしに意識するとはどういうことなのか、私たちにはまったくイメージできないということは、はっきりしています。地下鉄に乗って音楽を聴いている、そういう分かりやすい状況を考えてみましょう。そのとき、私たちは周囲を見まわし、他の乗客の様子を観察します。ときには音楽に気をとられ、まわりの乗客のことは忘れて、まったく別のことを考えます。このような日常的な状況は、文学では意識の流れとして知られる描写手法として知られています。これは、イギリスのコメディ番組『ピープ・ショー　ボクたち妄想族〔*Peep Show*〕』の中でも、見事なウィットが添えられて、中心的手法として用いられています。このショーでは、主人公たちの心の内なるモノローグが聞こえてきて、彼らの内面生活、すなわち意識を覗き見ることができます。

では、イマジネーションの力を借りて、地下鉄に乗っているときの典型的な意識の流れの中に入ってみましょう。こういうシチュエーションではどんなことを意識するだろうか、と考え始めるや否や、すでに私たちは自分たちに命題的態度がそなわっていることを前提にしています。つまり、こういうことです。私たちは音楽を聴き、車両の中であたりを見まわして、面白そうな人を見つけます。たまたま地下鉄に乗り合わせた他の乗客にやたらと視線を向けるものではない理由はいろいろありますので、私たちはその人をじっと見ないようにします。視線を向けない理由の大きな部分を占めているのは、おそらく、前にいる面白そうな人がじろじろ見られることに対してどんな命題的態度をもつか、よく分からないからでしょう。もし、本当に命題的態度がないのであれば、このシチュエーションは厳密には成り立ちませんし、まったく意味がないことになります。皆さんにもお分かりでしょうが、人間の意識は期待、信念、意見、疑念、意図〔志向〕などなしには存在しないでしょう。こういうとき、社会学者は一種の**二重の偶発性**ということを言います。簡単に言うと、人間は常に他者が自分に対して抱いていると考える信念とすり合わせながら自分の信念を育《はぐく》む、ということです。

これは、かなりよく知られた洞察です。ですが、神経《ニューロ》中心主義の枠内では、好んでやり玉に挙げられます。それ自体は注目すべきことです。というのも、期待、信念、意見、疑念、意図〔志向〕が実際に存在するという考えに対して、いったいなぜ反論しようとするのだろうか、と思わずにはいられませんから。私たちの意識の大部分は幻想であるはずだという、それ自体幻想であるものの背後には何が潜んでいるのでしょう?

意識の本質的な側面の一つである命題的態度は、幻想であり、それは未来の素晴らしい、〔科学的〕根拠に基づく思考テクノロジーによって排除されるべき民族伝承のようなものである、そういった主張は哲学テーゼの一つです。このテーゼについてもっと詳しく迫ってみると、根拠薄弱な前提の上に成り立っていることが分かります。その前提は、一つの幻想ではなく、たくさんの幻想から成り立っています。それらの多くは、あとで特定していきます。

とはいえ、神経中心主義のその勘違いは先進的であり科学的だとみなされているため、今では経済的に豊かな先進工業国に住む多くの人々の素朴な自己イメージに影響を与えるようになっています。

選択肢の片方が迷信、不自由、統制であるなら、誰しも先進的、科学的でありたいと思うものです。でも、問題は、神経中心主義の勘違いそのものが、まさに迷信であり、不自由であり、統制であるということなのです。ですが、この事実は、ある程度うまく隠蔽されています。なぜなら、この勘違いに気づくには、じっくり時間をかけて、背後にある世界観が成立した前提条件を吟味するしかないからです。これは、いつの時代の迷信についても言えることです。非合理性は、いつも隠蔽されています。残念なことですが、そうでなければ、あれほど多くの人を惑わせたりはしないでしょう。では、命題的態度がない、などというナンセンスであることがかなり明白な主張は、どうやってうわべを取り繕っているのでしょうか?

取り繕うために、さまざまな戦術がとられています。広く普及しているものの、哲学的にはおよそ面白くない戦術は、とりあえず科学的事実を盾にとる、というものです。つまり、人間の脳、および人間の認識に関わる神経生物学の仕組みについて包括的な知識が蓄積された結果、命題的態度などない、という洞察が導き出された、と主張するのです。もちろん、ふつうはこんなにあからさまに、はっきりと言葉にしたりはしません。その代わり、なぜ人は恋に落ち、選挙に行き、倫理的に——ここでは最低限利他的にという、ごく一般的な意味です——ふるまうのか、といった研究が行われます。でも、なぜ人は利他的にふるまうのか、という問いに対するふつうの答えは、自然科学的認識に基づくものではありません。なぜ人は他者に気配りし、徹底した一匹狼として森を歩きまわるのではなく、共同体の中で生きるのか、それは何千年も前からの変わらぬ問いです。モラルの起源などに関する問いの答えを、すでに私たちはたくさんもっています。しかし、それらはすべてフェードアウトしつつあります。なぜなら、最終的な答えが求められているからです。それも、そのための適切な方法ではない方法で。

どんなエゴにも利他の心は潜んでいる

なぜ人間は、単なる無慈悲でエゴイスティックな猛獣ではないのか――そうあろうと思えば、そうできるのに！　その問いへの答えは、人間には「他の人々を敬うべきだ」ということを理解する能力があるからだ、というものです。この答えをさらに正当化するには、他の人々も意識的な人生を送っているということを指摘すればいいのです。意識的な人生とは、ある出来事において主観的な中心でいる、すなわち「私」でいるということであり、しかも人間らしい意識的な人生を送っているということです。例えば、上海に一人の子供がいるとして、その子が夢中になっているおもちゃが私には何の感慨も呼び起こさないものであるということを想起する。このように、自分以外にも出来事の中心があることを理解することができます。自分以外の意識的人生もあるということを知るのは、人間の意識的人生の一部です。

　この洞察を、すでに何度も登場しているトマス・ネーゲルは**倫理**の基盤とみなしています。私が理解する倫理とは、我々は善にも悪にもなりうるという事実に鑑みて、我々の行動原則をどのように根拠づけるかを体系的に考えることです。

『利他主義の可能性』と『どこでもないところからの眺め』の中で、ネーゲルは主観と客観という二つのカテゴリーを区別しています。「主観」とは、私たちの意識的観点と結びついた考え方です。意識があるかぎり、私たちはある一つの観点からあらゆる物事を体験します。これは、感覚を通した知覚だけでなく、抱いているすべての信念について――その人なりの信念のネットワークに組み込まれているかぎりにおいてですが――言えることです。でも、その信念のネットワークは、簡単にはその全体を見通せません。そのため、私たちは矛盾した信念をもつこともあるのです。実際に信じていること、考えていること、そしてそれらが互いに関係し合いながら個々の事情において意味していることの全体像を見渡すことができないのですから、やむをえません。簡単な証明をしてみましょう。皆さんは、きっと、インドで木を見たことのある人が七人以上いる、と思っていますね。また、ハンブルクで木を見たことのある人が七人以上いる、と信じていますね。でも、皆さんは今の今まで、自分の信じていること――信念――をこのような形ではっきりと言葉にしたことはなかったでしょう。それと同じ理由で、ある信念が別の信念と両立しえないという事態に陥ったとき、私たちは信念を変えることもあるのです。プラトンは、かつて対話篇『テアイテトス』で、知識を鳥小屋〔＝人の記憶〕の中に閉じ込められて飛びまわっている一定数の鳩に喩えて核心に迫る論理を展開しましたが、知識の土台になっている我々の信念は、鳩小屋の中で我々が任意につかまえることができる鳩とは異なって、その数は無限に多く、すべてのものに正確な名前をつけることも、すべてを手に入れることもできません。

それに対して、「客観」の本質は、我々は一つの相関関係の中の一部であるが、それは自分が考えていることとはまったく独立して存在している、という分別にあります。思考と、言語で記号化された理論の構築にどれほどの力を認めようと、ほとんどの事実は今そこにあるがままの姿であり、我々がどのような意見をもとうが、どの視点に立とうが、いかんともしがたいことを、私たちは皆、知っています。だからこそ、自分自身を――すなわち、自分の利害やそれぞれの立ち位置から生じる意識を――度外視する客観という理想があるのです。もちろん、このような理想に常に到達できるとは限りませんし、人間相互の関係においては、多くの場合、基本的に到達することはできません。ですから、我々が何かを行うときに機能する思考回路は理想的には組まれていないということを理解するのは、倫理の一部でもあるのです。まさにこの、事実に対する主観的視点と客観的視点のすり合わせから、我々の行為を評価する倫理という観点が生まれます。

自分とは異なる意識があるということを、それぞれの意向はどうであれ、意識をもつ誰もが認めなければなりません。テレビドラマ・シリーズ「ファーゴ」に登場するマルヴォのように完全無慈悲なエゴイストであろうと望んだとしても、この事実を認めないわけにはいきません。なぜなら、それを認めなければ、自分自身の目的をうまく追い求めることができないからです。他者もまた意識していることを理解していなければ、誰も利己的であることはできません。利己主義の対極にあるように見える利他主義、つまり他者への思いやりによって特徴づけられるものの考え方は、他者もまた意識していることを理解する能力の上に成り立っています。もし、私の利己的な目的を達成するための手段としてのみ他人を使うのではない、ということに何か理由があるとするならば、それはまさに、その誰かもまた、痛みを感じ、何かを期待し、望み、避け、信じるという意識的な体験をもっているからなのです。でも、そもそも目的達成を目指して有意義に利己的であるためにも、他者の立場に立ってみなければなりません。そうでなければ、その人の動機を理解し、自分のために利用することはできませんから。そのようにして自分をすべての中心にすることを避けなければ、利己主義はありえません。そして、そこに利他主義の可能性が開けます。利己主義を通して、利他主義は存在可能になるのです。純粋な利己主義もなければ、純粋な利他主義もありません。望むと望まざるとにかかわらず、他者も意識をもち、目的を追っていますから、基本的に倫理面での注目に値するのです。だからといって、マザー・テレサのように他者のために人生を捧げなければ倫理的な行動をしたことにはならない、などと結論してはいけません。利己主義はそれ自体悪ではありませんし、利他主義はそれ自体善ではありません。どちらも行動を倫理的に見る場合の二つの側面であり、相互に必要とされています。誰かを利己的だといって非難するとき、実際に私たちが考えていることは、その人は利己主義と利他主義のバランスが悪く、誰か他の人のために何かをすると称しておきながら、実は自分の利益主導で動いている、という意味です。でも、ここで問題なのは、真の目的を隠そうとしていることであって、利己主義そのものではありません。私たちは皆、一度きりの人生を生きているのですから、この人生を、自分の人生であるという意識をもって送る権利と義務があります。

こう考えてくると、人には意識があるということに異議を唱えるのは気楽なものです。他者の意識を否定すれば、他者は人間同士の非道な扱いや不正に苦しむこともある傷つきやすい生き物だという事実を認めずに済むでしょう。〔確かに〕主観という立場を排除して、純粋に客観的な立場、すなわち、いつかは到達するとされている、人間の精神を神経生物学的に解釈するという立場に置き換えることができたなら、人間の自由を主張する煩わしさから無罪放免されるかもしれません。ここで皮肉なのは、いかなる主観的体験ももはや登場しない完全な客観性をもって現実を描写するなら、その結果として生まれた空想の産物はきわめて利己的だとみなすことができることです。なぜなら、現実を完全に客観的に描写するというファンタジーは、命題的態度に居場所を提供する意識的生活があることに由来する世界像から、いかなる倫理的要求をも取り払ってしまうからです。私たちがお互いに意識を否定し、代わりに自分たちはニューロコンピュータだと解釈するなら、我々はニューロコンピュータではない、という実際の事実と付き合うのが楽になります。自分自身の自由について、そのようなイメージを思い描き、さらにその自由を最終的に脳化学に委ねてしまえば、重荷は降ろせます。とはいえ、これは一種の自己欺瞞です。

　チャーチランド夫妻は、実は自分たちは博物館に行くより、実際に自然の中に出てカナダの原住民の素晴らしさに触れるほうが好きだ、といった事例を持ち出し、ファミリー・ライフやカヌー遊びがいかに大切で人生を豊かにしてくれるかと断言することで、その自己欺瞞を巧みに隠すのがお好みです。[54] 彼らの好みに共感するかどうかはともかく、人間社会が言語的に記号化された命題的態度の上に成り立っていることに変わりはありません。これら命題的態度はテクノロジーが発達する以前の時代の厄介な残滓ではありませんし、いかなる神経生物学の発見があろうと、そのことに少しも変わりはありません。

　主観と客観は相互に関連があります。主観的立場がなければ、我々を人として相互に区別し、さまざまな人生設計を可能にしてくれる信念も、信念のネットワークももてません。でも、それは私たちが自分自身を度外視して——我々が絶えずやっていることですが——他者が自分をどう見ているかのイメージを描くことによってしか成り立ちません。自然科学的客観性も、私たちが意識してそれを手に入れようとしないかぎり、獲得できません。もちろん、だからといって、自然科学的客観性がない、という意味ではありません。すべてが主観的だと言うことも、すべてが客観的だと言うことも、どちらも同じくらいナンセンスです。

デイヴィッドソンの犬とデリダの猫

少なくともこのあたりになると、皆さんの中には、人間以外の動物ではどうなのだろう、と疑問を抱く人もいるでしょう。ここまでは人間のことばかり話してきましたが、他の動物だって意識をもっているでしょうから。他の動物にも意識があることに反論するつもりは、さらさらありません。それに、他の動物にもと言っているのでお分かりでしょうが、もちろん私は人間も動物だと思っています。

「人間」は、この場合、ホモ・サピエンスと言ったほうがいいでしょうが、ある特定の動物種の名称です。カール・フォン・リンネ（一七〇七—一七七八年）は『自然の体系』で、今日広く使われているホモ・サピエンスという種名を最初に用い、人間を特徴づけるものとして古《いにしえ》の戒律「汝自身を知れ（*nosce te ipsum*）」を引用しています。[55] リンネによると、この戒律で謳われている自己認識能力こそが、私たちを「サピエンス」、つまり知恵をもつ生き物にしているのです。

これには重要な前史があります。アテナイの民衆裁判所でソクラテスが行った有名な抗弁です。プラトンが著述した『ソクラテスの弁明』に描かれていますが、ソクラテスはデルポイの神託が自分を最も賢い者と呼んだ、と述べています。[56] この神託は、一般的な前提として、誰に対しても己を知るように促します。つまり、有名な「汝自身を知れ」という言葉は、この神託に由来しており、これは古代ギリシアの文学や哲学において大きなテーマでした。知恵は自己認識の上に成り立ちます。それで、リンネはラテン語で「賢い、理解のある」を意味する“sapere”を用いてホモ・サピエンス〔*homo sapiens*〕と定義しているのです。でも、リンネの分類によれば、理解と名がつけば何でもいいわけではなく、ここでは特に、知恵の獲得に結びつく人間特有の優れた自己認識の形態を指しています。

他の動物も、同様に意識をもって生きています。私たちは、彼らにも命題的態度があると考えています。野生動物のドキュメンタリーの中で、ライオンが獲物を待ち伏せる様子や、ガゼルの群れがライオンに気づき、驚いて逃げ出すさまが描かれないなどというのは想像がつかないでしょう。我々を取り囲む動物界にまで命題的態度を持ち込む習慣には、もちろん問題もあります。なぜなら、歴史的な理由から私たちが好ましく感じるようになった動物種には特定の命題的態度を付与する一方で、他の種の動物についてはそのような命題的態度を否定するからです。私たちは、たいていアマゾンの毒ヘビよりペットに親しみを感じます。もっとも、このようなことは人間族の間でもあることで、敵には嫉妬、無慈悲な利己主義、その他、否定的な動機のレッテルを貼るのに対して、味方（と考えている者）には善意、賞賛されるべき利他主義があると考えます。確かに、生物学的組成がどのような形態であれば、あるいは、どの程度その組成がそなわっていれば、ある生物に意識があると正当にみなせるのか、実際のところ、まだよく解明されていません。これは重要な問題です。なぜなら、意識の成立に欠かせない（神経）生物学的基礎および前提条件というものが、もちろんあるからです。でも、それらについてはよく分かっておらず、どの生物に本当に意識があるのかは明言できない、というのが現状です。それらの生物学的基礎や前提条件を見つけ出すことが、まさに神経生物学に課された将来の課題で、これは倫理学や哲学にとっても重要な意味をもちます。

畜殺場や、医学の進歩に寄与したとはいえ動物にとっては紛れもなき拷問室である実験室を目の当たりにして、良心の痛みを紛らすために、人間以外の動物には意識はない、などと自分に言い聞かせては決してなりません。もちろん、そうしたほうが楽なのですが……。

しかしながら、一つ興味深い考え方があって、その考えに従うなら、人間界を超えて動物界に命題的態度を持ち込むのは難しく思われます。その考えは、アメリカの哲学者で、精神哲学にも重要な貢献をしてくれた、ドナルド・デイヴィッドソン（一九一七―二〇〇三年）が提唱しました。残念なことに、彼の著作はところどころ曖昧で、中には理解不能な箇所もありますが、幸いなことに、彼の基本理念は他の研究者によって大なり小なり理解できる形に書き直されています。

それはともかく、デイヴィッドソンは、私たちの意識の形態を他の動物に適用することについて否定的見解を述べたことで〔悪〕名を馳せています。なぜかというと、私たちの意識の形態はどこまでも言葉によって構築されたものだと彼が考えているからです。彼の考え方を追っていくと、次のようになります。[57] あなたが自宅に戻ると、ペットの犬がもう玄関でしっぽを振り、舌を出してハッハッと言っている、と仮定してください。ふつうは、これを私たちが帰宅したので犬は喜んでいると解釈します。これら一連の動作は、コメディアンのジェリー・サインフェルドがかつて言ったように、私たちに自信を与えてくれます。犬がこんな動作をするのは、サインフェルドに言わせると、犬というのは、私たちが外出し、帰宅し、しかも餌をくれるたびに感動を新たにする生き物だからです。どうして我々にそんなことができるのか、犬には皆目見当がつかず、感動して私たちを見上げるばかりです。このような感動は人間の子供たちも示してくれますが、犬とは違って、それも自分で自分のことができるようになるまでのことです。自分で自分のことができるようになると、大人がもつと思われていた謎めいた力の魔法は消え失せ、大人もただの人間であることが分かってしまいます。この洞察を得たことから生じる激しい発作を「思春期」と呼びます――私の知るかぎり、ペットではまだ実証することに成功していない生体のプロセスですが……。

　他の動物を尊重することは倫理的に意味がありますが、彼らが命題的態度という特別精妙なネットワークをもっているから尊重するわけではありません。そうだとしたら、乳幼児や精神的な障害をもつ人々を倫理的に有意味になるように尊重する理由はないことになるでしょう。

　デイヴィッドソンは、犬の中で実際には何が起きているのかを思い描くよう私たちに求めます。うちの犬は私が帰宅すると喜ぶと言う場合、状況はあなたが最初に思い描くものより、ずっと厄介です。このことは、あなたが帰宅するとき、ちょうど一七歳の娘も犬と一緒に自宅にいる、と想像すると、もっと明確になります。あなたを見て、あなたの娘も同じように喜ぶ、と仮定してください。でも、彼女は誰かが帰宅するとはどういうことか、つまり、その人が玄関のドアを開けなくてはならないこと、それまで街か田舎かどこかにいたに違いないこと、乗り物か徒歩で移動してきたに違いないことなどを知っています。また、あなたの娘は、あなたの帰宅という出来事について、彼女なりの理解をするでしょう。つまり、彼女は、あなたが何かを買ってくると約束したので、あなたの帰宅を喜ぶ、あるいは、彼女は仕事が終わればあなたが帰宅することを知っている、あるいは……という具合です。

デイヴィッドソンは、これを我々の信念の「きめ細かさ」と呼びます。私たちは単に誰かが帰宅したから喜ぶのではなく、私たちの喜びは変化する態度のネットワークの一部なのです。それに対して、犬はいつでも単純に喜びます——ただし、その犬が病気で気力がないために我々が帰宅しても起き上がることができないなら、話は別ですが。犬は我々の帰宅を喜びますが、その喜びは、犬の視点から見ると、実は決して、帰宅する、という内容に対する喜びではありません。なぜなら、私たちが何をもって「帰宅」と呼ぶのかを、犬はまったく知らないからです。

そのことから、デイヴィッドソンは、犬は結局、あなたの娘が喜ぶのと同じような意味であなたの帰宅を喜ぶわけではない、と結論します。もう少し、この考えを掘り下げてみましょう。ミュラーおばあちゃんが電話をくれたら、犬は喜ぶでしょうか？　答えは、たぶんノーです。なぜなら、犬は電話の何たるかを知りませんから。電話の呼び出し音が玄関チャイムの音に似ていれば、電話が鳴ったとき、何はともあれ、犬は喜びます。犬はおばあちゃんからの電話に喜ぶのではありません。それは、犬がスカーレット・ヨハンソンの新作映画に期待していないのと同じようなものです。

こんなふうに他の動物の意識について、ちょっと考えてみるのは、いかにも自明の理なのだから無駄、というものではまったくありません。ゲールト・カイルは、我々が刑法を実践する中で適用している処罰の原則(「罪なき者は罰せず」)について、次のように指摘しています。

〔この処罰の原則の成立は〕ヨーロッパ法制史の最初期に成し遂げられた偉業〔の一つではない〕。フランスの田舎では、一七世紀に入っても、罪を犯したとして動物を裁判にかけ、処罰していた。これは、我々には〔罪なき者は罰せずという〕処罰の原則の明らかな侵害のように思われる。58

人間の生活圏は、絶えず人間以外の動物の生活圏と接触しています。例えば、私たちは動物を狩り、殺し、あるいは飼育します。蚊に刺され、カモメにじろじろ見られ、微生物に棲みつかれたりします。そのとき、私たちは人間以外の何種類かの動物にそれなりの理由をつけて命題的態度があるとみなします。

しかし、デイヴィッドソンは慧眼にも、我々は我々の生活形態に合わせた言葉で他の動物の行動を描写するため、彼らの内面生活を誤ってイメージしてしまいがちである、と指摘しています。他の動物と共生する環境では、**擬人化**の傾向が生まれます。つまり、自分たちの生活形態を他の動物に投影しがちになるのです。私たちの信念は、きめ細かく、文化と精神の歴史がたどった何千年もの歳月を反映して、さまざまに異なっています。私たちが知っている人間の精神には、つまり歴史がありま す。この歴史のいくらかの部分を、私たちは他の動物と、とりわけ家畜やペットとして我々の生活形態の一部にしてきた動物たちと共有しているのです。

けれども、私たちと、私たちが友達付き合いしている動物たちとの間には、部分的にとはいえ、いくらか動物にやさしいこの時代においても、想像以上に大きな溝があります。フランスの哲学者ジャック・デリダ（一九三〇―二〇〇四年）は、彼自身が遭遇した次のようなシチュエーションを挙げて、そのことをはっきり示しています。ある朝、彼は裸で飼い猫の前に立ち、その猫と目が合ってしまいました。最初、彼は他の人に裸の姿を見られたときのように反応しますが、やがて、猫は彼が裸であることを、ともかく彼がしまった、見られた！と感じたような意味では、まったく認識していないことがはっきりするにつれて、落ち着きを取り戻します。[59]

羞恥心は、私たちの生活形態の一部です。羞恥心は、いかに共同生活を送るか、何がふさわしいのか、といったイメージの中に組み込まれています。猫は私たちとともに生き、私たちの中にいますが、生活形態のごく一部を共有しているにすぎません。私たちも同様に猫の生活形態のほんの一部しか共有していません。私たちが私たちの精神の事象を表現するために用いる語彙は、猫が夜の公園を歩きまわってネズミをつかまえるとはどういうことなのかを、猫の視点で適切かつ、きめ細かに描写するのには決して向いていません。私たちには、そんな想像をすることもできません。なぜなら、夜の公園でネズミをつかまえ、それを口にくわえて家まで運ぶなんて、私たちにはナンセンスなことですから。

嗜好の二面性と、そもそも議論の余地のあること

このように、他の生物の意識には、まだ私たち人間にはほとんど分かっていない構成要素があります。例えば、ある種の体験をするとはどういうことか、どう感じられるものか、そんなことは私たちには分かりません。これは同種の間にも言えることです。子供の頃、私は、他の人が自分とは違う料理をおいしいと言うのが実はどういうことなのか、いつも疑問に思っていました。スパゲッティ・ポモドーロとレモネードではなく、フォアグラとシャンパンのほうがおいしいと感じるなんて、どうしてそんなことがありうるのだろう、と。

何かがおいしく感じられると、それがおいしくないなどということは、実際、想像がつきません。誰しも、長年生きていると嗜好が変わる、という経験があるはずです。もちろん、嗜好を洗練させることもできます。私たちは、味を中立的な事実として捉え、それから、おいしいと感じるか、おいしくないと感じるかで評価しているわけではありません。何かを食べると、おいしいと感じることもあれば、あまりおいしくないと感じることもあります。でも、自分にとっておいしいものを他人は嫌いだとか、あるいは逆に、自分にとって突っ返したくなるようなものを他人は好きだとか、どうしてそういうことがあるのでしょうか？

意識の哲学では、こういうときクオリアということを言います。**クオリア**〔Qualia〕（ラテン語 *qualis*「何らかの性質をもった」より）とは、意識的で純粋に主観的な体験の質感のことです。クオリアの例としては、色彩や嗜好の印象、あるいは暑さの感覚などがあります。ですから、哲学でクオリ

アは、つい最近まで感覚質とも呼ばれてきました。

これで、意識に伴う二つの側面に接したことになります。それらを意味内容で区別すると、次のようになります。

1　第一の側面は、私たちは何ものかに対する意識をもつことができる、ということです。この側面は志向性と呼ばれるので、志向的意識ということが言われます。志向性〔Intentionalität〕は、ラテン語で「広げる、手足などを伸ばす」を意味する“intendere”に由来します。その意味で、**志向的意識**は別の何ものかに志向の対象を求め、外なる視点、外なる知覚と結びつきます。私たちは意識的に何ものかに注目し、それについてじっくり考えることができます。同様に、私たちは何ものかに注目を向けることで、意識の範囲をその何ものかにまで広げます。これを最近ではアクセス意識とも呼んでいます。つまり、情報に注意深くアクセスすることができる意識です。

2　二番目の側面は、私たちの内なる視点と結びついていて、その文脈から、**現象的意識**と呼ばれます。つまり、我々の純粋に主観的な意識体験のことです。この体験を満たしているのは、先ほど触れたクオリア——別名、感覚質——です。

意識という概念には、この他にも多くの観点があり〔それゆえ、まったく統一されていないように思われるのですが〕、頭の中で志向的意識と現象的意識が近づきすぎて境界線が曖昧になる、ということが起こります。私たちは意図的に〔つまり志向性をもって〕自分の感覚に注意を向けることができる、と考えてみましょう。私はおいしい赤ワインを味わったときの体験をたやすく語ることができる、つまり私は意識的にこの体験に注意を向けることができるに違いありません。〔ですが〕そうなると、今度は、赤ワインの味というものが他の人と簡単に共有できるものではない対象になります。というのも、他の人たちは私と同じように味を感じるのでしょうか？　どうしたら、それが分かるのでしょう？　あなたは、このワインはおいしいと言うかもしれません。私がこのワインにはバニラのニュアンスが感じられると言ったら、あなたはそれに賛同してくれるかもしれません。何かを味わったとき、すぐさま何らかの評価をしなければ、それを味わいの体験にすることはできない、それはそのとおりなのですが、その赤ワインがもつバニラのニュアンスは、仮にみんながバニラのニュアンスがあることを認めたとしても、飲んだ人によって異なって感じられるかもしれません。私が感じるバニラのニュアンスと、あなたが感じるバニラのニュアンスは、そもそも比較できるものなのでしょうか？

もしかしたら、あなたは**逆転スペクトルの問題**について考えたことがあるかもしれません。これは、ニューヨークの意識の哲学者ネド・ブロック（一九四二年生）が研究の中心に据えたテーマです。ブロックは、この問題を次のように簡潔にまとめています。「我々二人が赤と呼んでいるものは、［…］あなたには我々二人が緑と呼んでいるものに」見えているのではないか[60]？

こんなふうに考えを進めていくと、実に厄介な問題が持ち上がります。なぜなら、色の体験は味わいの体験と同様に、公平中立ではないからです。色には人によって好みがあります。私たちは単に色を認識し、評価しているだけではありません。正負などの査定符号をつけて色に接しているのです。私たちは、色を見ると即座に、この色は暖かい／冷たい、あるいは、この色は快い／けばけばしい、などと感じます。また、色彩感覚を養うこともできて、一見すると同じに思える色を識別するのがうまくなります。私たちの視野の中は色で溢れていることを考えると、私が色覚を通して知覚するあらゆる現実は、実はあなたが知覚する現実とは全然違うものかもしれない、という考えが生じても無理はありません。仮に、そこに青いサイコロがあるという点で私たちの意見が一致するとしても、私の、言うなれば青の色彩体験は、あなたのそれとはあまりにも違いすぎて、実は私たちはもはや同じ青いサイコロの話はしていないのかもしれないのです。

赤ワインのバニラのニュアンス、あるいはサイコロの青と言うとき、すべてはあなたが何を言わんとしているのかにかかっています。言わんとしているのは、赤ワインやサイコロがもつ客観的で世間一般で認められている特性のことでしょうか？　それとも、一人一人の主観的感覚のことでしょうか？　あなたが客観的特性のことを言っているのなら、あなたにはその特性に対する志向的意識があるということでしょうし、主観的感覚のことを言っているのなら、あなたにはクオリアを体験することをその本質とする現象的意識があるということでしょう。これは、言い換えれば、人はクオリアを体験しながら、一方で世間一般で認められている物の特性と自分を志向的に関連づける、ということです。自分を何かに関連づけることと何かを体験することは、必ずしも同じではありません。

知性とお掃除ロボットのこと

皆さんは、たぶん、どれもこれも当たり前すぎて、どうしてこんなことをわざわざ話しているのだろう、と訝《いぶか》しく思っていることでしょう。でも、これには理由がたくさんあります。というのも、志向的意識と現象的意識の違いを大事な点で見過ごしてしまう危険があるからです。人工知能を例にとって、コンピュータ、スマートフォン、ロボットは知性的に考えることができるか、という問題を取り上げてみましょう。

人工知能というテーマは、早くも近代初期から哲学の関心を引いていました。コンピュータが登場したから哲学で広く取り上げられるようになったわけではありません。すでにデカルトは、彼の部屋の窓の外を通るのが人であってロボット（当時の呼び名を使うなら「自動人形」）ではないことがどうして分かるのか、と問いかけ、次のように述べています。

私は彼らを見ている。だが、私に見えるのは帽子と服だけだ。その下には自動人形が隠れているかもしれないのだ！　だが、私は人間だと判断する。そして、そのようにして、私は自分が目で見たと思い込んだものを、私の思考の中にある判断の能力だけで捉えるのである。とはいえ、群衆より賢くありたかったら、疑う理由をその群衆が作り出した無意味な決まり文句に求める愚を恥じたほうがよい。[61]

もし外見からはまったくそれと分からないくらい完全に作られた人型ロボットがあったら、どうでしょう？　ここで再び「ドクター・フー」のことを考えると、このことが重要な意味をもつさまざまなシナリオを思い描くことができます。もちろん、『ブレードランナー』（リドリー・スコット監督の映画」、ゾンビ映画、スウェーデンのテレビ・シリーズ「リアル・ヒューマンズ〔*Real Humans*〕」、あるいは、このテーマを扱った数えきれないほど多くの文学作品のことを考えてもらってもけっこうです。E・T・A・ホフマンやハインリヒ・フォン・クライストなどの歴史的古典作品でも構いません。私たちは、人型ロボットに意識がある、とあっさり考えはしないでしょうか？ 特に、彼らが私たちと知的な会話を交わしたときなど、どうでしょうか？ 多くの人がアイロボット社のお掃除ロボット・ルンバを使っているうちに、それらには意識を伴う意志がある、そう、人格がある、という印象をもつようになる、という報告まであります。[62]

一つの問いを立ててみましょう。人型ロボットには志向的意識はあるけれども現象的意識はないとしたら、私たちは、それらが意識をもっているとみなすでしょうか？ 当然、それらには志向的意識がありうる、と前提します。そうでないと議論が進まないので、とりあえず、ここではそう推定します。すると、この場合、ロボットは、たぶんもっともなことをいろいろしゃべるでしょう。先に触れた赤ワインも自分で成分分析をして、もっともなことを言うでしょうし、バニラのニュアンスさえ指摘するかもしれません。デジタル革命のこの時代、志向的意識の改良バージョンで――つまり意識のアップデートで――ある分野の計算能力を向上させるといったことは、きわめて簡単に想像できます。チェスやナイン・メンズ・モリス〔古代エジプトを起源とする最古のボードゲーム〕などをさせたら、家庭用コンピュータはとっくの昔から、ほとんどの人より上手です。でも、だからといってロボットに「意識がある」と言ってよいのでしょうか？

私は、そうは思いません。（「リアル・ヒューマンズ」シリーズのヒューボット〔Hubot〕や、スピルバーグの『A.I.』に登場するロボットのような）完璧な人型ロボットの左の頰が突然落ちて、「ドクター・フー」シリーズ8、エピソード1に登場するロボットのような姿になる、と仮定してみましょう。私たちの視線は、そのロボットの内部の錆びついた機械仕掛けのメカニズムに向かいます。そうすると、ロボットには現象的意識はない、と考えたほうが合理的だと思えるでしょう。つまり、こういうことです。ロボットが体験をするはずがない、あれはそんな柄じゃない。かなり大ざっぱな仕掛けで動いているロボットじゃないか。青いサイコロが見えると報告するとして、確かにあれはまだちゃんとした文章が語れる、というより正しい報告ができる。だけど、青の体験なんてしたことがないんだから、意識的に知覚するというには何か大事なものが欠けているはずだ。ともかく、やつは我々と同じように意識しているわけではないだろう。だが、それでもロボットには現象的意識があるということは〔本当に〕ないのだろうか？　どうして――と、ここで異議が提出されるかもしれません――ロボットには現象的意識がないと分かるのだ、と。

　ここで大事なことを思い出してください。私たちの知っている意識には、誰が何と言おうが必須の生物学的な前提条件があります。それについては、私も文句をつける気はいっさいありません。現象的意識の前提となるべき重要な有機物質から成り立っているのではない（特に神経細胞や、その他の細胞がない）、かなり大ざっぱな機械仕掛けは、生物学的理由から、現象的意識をサポートすることはできないでしょう。実際、私たちにそなわっている現象的意識は、進化の過程で生まれたものです。ですが、それは人間の精神がすべて進化による現象であることを意味するわけでは決してありません。この点は大事なので、私も強調しておきます。「精神」と「意識」は同じではありません。だから、神経生物学も精神の探究という領域を完全にカバーしてはいないのです。この学問は意識の存在に必要な条件のいくつかにしか焦点をあてていないのですから。

色、味、その他のクオリアについて語るとき、私たちは実際に体験しなければ本当に知っているとは言えないものについて語っているのです。それについて正確な報告ができるだけでは十分ではありません。ロボットがいかにさまざまな語彙を駆使して赤ワインの味を分析しようとも、そういう報告には現象を語る際に重要なきめ細かさが欠けていることでしょう。ソムリエ・マシンがあったとして、それはときに人間のソムリエより優秀かもしれませんが、それでもやはり本当のソムリエではないのです。[63]

肝心なのは、人間はアルゴリズムに翻訳可能な非常に一般的なルールに従っているだけではない、ということです。アルゴリズムを使って情報を処理することにかけては、コンピュータは私たちよりずっと優れています。むしろ、私たちを人間たらしめているのは、私たちが「スタートレック〔*Star Trek*〕」のミスター・スポックのように何事も論理的かつ感情抜きで物事に対処するだけではないところにあります。私たちは、ときとして不合理な感情を抱きます。不安のように、とかくマイナスのイメージのある感情だけでなく、恋をする能力もその一部です。人間は、単なる合理的生物〔*animal rationale*〕ではないだけでなく、単なる不合理なヒト〔*homo irrationalis*〕でもまったくありません。人間は錯覚に陥りやすい自己イメージを作り出し、それらを他の人々とともに賛美し、育《はぐく》み、また、それらの自己イメージが有害だと判明すると、変えていく生き物です。だから、私たちには、馬鹿馬鹿しいことや皮肉なことをする権利、同じように幻想を追い求めようとする他者を害さないかぎりにおいて、自分もまた幻想を追い求め、自分なりに幸せになる権利があるのです。

その簡単な例は、日常の買い物です。私たちは、ありとあらゆるものを買います。そして、そのつど、探していたものを見つけたと感じます。それで私たちの欲求は治まります。でも、物を所有したり、あるいは消費したりしてしまうや否や、私たちはまた何か他の物が欲しくなります。この、物に対する飽くなき欲望は、ブッダからカール・マルクスを経て精神分析に至るまで、数々の人々によって繰り返し批判的に試験台に載せられてきました。この欲望は、幻想の源としても理解されるべきです。けれども、私たちには、この幻想を放棄することはできません。なぜなら、そもそも幻想によらずに何者かであることはできないからです。純粋に志向的であって、何にも関心を示さず、傍観しているだけの意識があるなどというのは、およそ私たちらしくありません。私たちが何千年も前から自分の意識を反映させた美しい物で周囲を固めているのは、偶然ではないのです。

つまり、「意識」という言葉は、志向的意識と現象的意識のコンビネーションを指すのです。そこには、意識の必要条件のいくつかは進化論と関連づけることで認識できる、という事実も含まれます。仮に、純粋な志向性は――つまり、何かのシステムが規則正しく事実に基づいた報告をしてくるという状態は――現象的意識とは無関係に意識とみなすことができると考えるなら、それはまるで、水の分子は水素だけでできており、水素と酸素が正しい割合で結合したものではないと考えるようなものです。水の分子は H_2O であって、Hだけではどんなにがんばっても水ではないのです。

意識の酩酊の中の『ストレンジ・デイズ』

ここで、無感覚なお掃除ロボットとは逆の思考実験をしてみましょう。つまり、現象的意識だけがあって志向的意識はない、というのはどういうことなのでしょうか？ キャスリン・ビグローのSFスリラー『ストレンジ・デイズ／1999年12月31日』(一九九五年)に、現象的意識しかないというのはどういうことなのかを示す実例があります。この映画は、私たちを――よくあるパターンですが――映画の都ロサンゼルスのディストピア的未来に連れていきます。『ストレンジ・デイズ／1999年12月31日』の舞台になっている未来には、ある人の現象的意識を録画し、それを他の人が映画のように鑑賞または実体験できる装置があります。装置を頭に装着すると、ある人が録画中に体験したのとまったく同じことを体験できるのです。

録画映像が流れ出し、そこには警官が黒人のヒップホップ・スターを殺す様子が映っています。これが明るみに出たら暴動になりかねないため、警官たちはこの映像が収められている装置を手に入れようとします。このとき、彼らは残忍な方法を用います。というのも、意識の映画を録画・再生できるこの装置は、言うなれば、脳を「焼く」ためにも用いることができるのです。そうすると、被害者はまったく無秩序にデータがチカチカするだけの回復不能な状態に置かれます。被害者は、昔のテレビの画面に放送終了後に現れたスノーノイズのような状況を、ひたすら体験することになります。もはや被害者の意識の中に入り込むことはできません。この体験を内側からの視点で描いたカットがありますが、かなり身の毛のよだつ思いがします。

ある種の心理的体験や、神経に作用するドラッグで引き起こされる陶酔状態は、このような、データがミックスサラダのようにごちゃ混ぜになった状態に近いのかもしれません。これは、モネの後期作品や点描画作品にうんと近づいたときのように、もはや対象が見えず、さまざまな色の流れだけが体験される、純粋で時間を切り取ったような印象主義の中に私たちの意識が溶け込んでしまうというふうにイメージできるかもしれません。

スコットランドの偉大な哲学者デイヴィッド・ヒューム（一七一一―一七七六年）は、内的体験の形態を分類するため、早くも印象（*impressions*）と観念（*ideas*）を区別しています。彼は印象とはデータのミックスサラダだと解釈しており、他方、観念はデータのミックスサラダが整理されることで生まれます。

絵画における印象主義も、元をたどれば結局はこれと同じことです。なぜなら、印象主義は印象を土台にして観念を描き出しているのですから。そのため、絵画の扱っている対象を色のミックスサラダの中から浮かび上がらせるには、その絵画から適切な距離を置くことが必要なのです。私が机の前に座って急に頭を左のほうに向け、そちらに何があるのかが分かるほど、じっとは見ないようにすると、私が目にするのは、ぼやけた赤や青や黒、それにライトスポットなどです。ところが、そうやってぼんやり見えたもの（＝印象）を直接見つめていると、本やグラス、ペン、その他のものが認識できます。近代絵画の大きなテーマは、印象を完璧に表現することにあります。印象をもつ者は、それによって観念を表現できます。ヒュームの区別は、現象的意識（印象）と志向的意識（観念）の区別に対応しているのです。

私たちの意識が酩酊状態に似た「体験の嵐」、要するにデータのミックスサラダにすぎないのだとしたら、私たちはもはや互いにコミュニケーションをとることができなくなります。そうなると、私たちは印象と、その印象を引き起こしたものや、志向性をもって関連づけられるものとを区別できなくなるでしょう。覚醒状態の意識は印象主義のようなものだとしても、それはふだんから、近寄って見るとあらゆるものの境界がぼやけて溶け合う、ということではありません。もしいつもそうだったら、私たちはもはや何かの印象をもつことなどできないでしょう。私たちは自分の印象と融合し、言うなれば、もはや存在しなくなるということです。〔さらには〕私たちが印象だけをもち、観念はもたないとすれば、例えば赤という印象、痛みの印象などという具合に印象を分類することはもはやできなくなります。いかなる秩序もない純粋なデータのミックスサラダは、もはや誰に観察されることも、意識して体験されることもなくなります。なぜなら、観察する以上、分類しなければならないからです。いかなる秩序もない純粋なデータは、決して確認できないでしょう。そのようなデータは、厳密には、ないも同然です。

このように、現象的意識と志向的意識は共同作業をしています。この二つを分けてしまうと、意識というものが――あたかも我々の意識がお掃除ロボットであるか、あるいは運悪くLSDでトリップ状態のままになってしまったヒッピーであるかのように――根本的に不可解なイメージになってしまいます。いずれにせよ、どちらもふつうのケースではないことが、お分かりですね。カントも、現象的意識と志向的意識がともに作用しているという洞察を得たからこそ、次のようなよく引用される定式を導いたのです。

中身のない思考は空虚だ。概念のない直観は盲目だ。[64]

でも、この言葉で誤解を招く恐れがあるのは、志向性が概念と、現象的意識が直観と結びつけられていることです。この紛らわしさのせいで、我々人間のように概念の利用に長《た》けた者を何となく特別扱いし、他の動物は我々ほど明確な意識に導かれてはいない、とする考えがあまりに説得力をもっているように思えてしまいます。でも、そんなふうに思ってはいけません。なぜなら、他の動物だって、もちろん概念を駆使しているからです。とはいっても、動物の場合、言葉による概念ではないでしょうから、きめ細かさのグレードも我々とは異なるでしょう。概念を駆使し、印象を分類するために、その概念を言葉で分類する必要はありません。確かに、私たち人間にはそれができますし、言葉のおかげで現実をかなりうまく分類できています。でも、だからといって、分類ができるのは我々だけで、他の動物はお腹を空かせた印象マシンにすぎない、ということにはなりません。

カントによると、印象（彼は「感覚」と呼んでいます）がなければ、思考には中身がありません。印象はあっても、その印象を固定させる概念がなければ、我々は何も認識できないのだから、その印象は盲目の直観であることになります。純粋なデータ・サラダは、視界の中の緑の点で構成されているわけではないのです。それは言葉では言い表せない純粋な体験で構成されています。緑の点を見るということは、何かに対する——この場合、緑の点に対する——志向的意識がすでにあったということなのです。

『ストレンジ・デイズ／1999年12月31日』で目の当たりにしたような純粋な心理的にぼやけたデータ・サラダの状態を称して、カントは、そのような意識は「夢以下」であろう、[65]と述べています。なぜなら、夢なら、まだ何かが現れるからです。周知のとおり、夢の中では時々かなりおかしなことが起こります。ある映画から別の映画に飛んだり、かなり漠然とした感じがしたりします。でも、味や音や色だけでできた夢を見ることはありません。夢は純粋な感覚のシンフォニーではないのです。

ここで、意識はもっぱら志向的である、というテーゼを**意識の合理主義**と名づけましょう。その対極にあるのが**意識の経験主義**で、意識はもっぱら現象的である、というテーゼです。どちらの勘違いも、意識を扱う学問において現在まで繰り返し登場しています。神経《ニューロ》中心主義のさまざまなバリエーションの根底には、これらの勘違いがあります。

我々のことを結局は純粋に合理的な疑似コンピュータだと考える人たちがいる一方で、経験と欲求のマシンだと見る人たちもいます。これは、人間は神と獣の間を漂《ただよ》う、というキリスト教の古い教えがポストモダン風に姿を変えたものです。古い教えとポストモダンの教え、どちらもその勘違いの本質は、人間の意識について語るとき、純粋に合理的な神と純粋に感情的な欲求動物というような両極端はない、というところにあります。

意識の合理主義の代表例は、デネットの論文です。彼は注目を集めた著書『「志向姿勢」の哲学』の中で、〔悪〕名を馳せた**志向姿勢のテーゼ**を主張しています。このテーゼは、私たちが志向的と表現できるなら、そのような体系はどんなものであれ志向的である、という結論を導くものです。前に登場してもらった犬に、もう一度来てもらいましょう。この犬は、あなたが帰宅したのを察すると、吠えてしっぽを振る、と予測できます。すると、私たちは、この犬はあなたが帰宅したのを知って喜んでいる、と言います。つまり、この犬には命題的態度があることを認めているわけです。でも、自然科学的に調査して、音波が犬の感覚受容体にあたり、それによって、ある特定の新たなプロセスが引き起こされるというふうに描写することもできます。デネットが物理姿勢と呼ぶ、このような描写の中では、私たちは意図に関連する語彙は用いません。

デネットは、志向的であるとしてうまく説明ができるものは、いかなるものであれ、実際に志向的である、と論じています。でも、その論に従うなら、コンピュータプログラムも志向的であることになるでしょう。なぜなら、コンピュータはチェスで我々を打ち負かしましたし、スマートフォンは特定のことを「覚え」られる以上、「スマート」、つまり賢いと言えるからです。このように、デネットは意識の合理主義の極端なバリエーションを主張し、そして驚くに値しませんが、そもそもクオリアが存在するということを否定しようとしています。その結果、彼は**クオリア消去主義**、つまり、現実にはクオリアはまったく存在しない、というテーゼを提唱することになり、やがて次のような意識の解釈に行き着きます。

意識している人間の精神とは、大なり小なり、進化が我々に与えた並列のハードウェアに――非効率的に――据えつけられた直列の仮想マシンである。[66]

つまり、デネットにとっては、我々がロボットであろうがなかろうが、どうでもいいのです。物理姿勢においては、私たちはむしろ、お掃除ロボットのようなものでさえあります。なぜなら、物理姿勢をとることで、私たちには志向的意識と現象的意識があるというまさにその事実から我々を切り離し、物理的に記述可能な事象だけに注目するからです。デネットにとって、我々は、我々自身が志向姿勢で互いを描写し合うプレーヤーである仮想ソフトなのです。その仮想ソフトは、我々が志向姿勢で互いを描写し合うという理由だけで存在し、我々が志向姿勢で互いを描写し合う間だけ存在します。すると、意識は一種の便利な虚構であることになります。なぜなら、意識を付与することで、行動をある程度正確に予測するのを助けてもらえますから。他の人々を志向的体系としてイメージする必要がなくなるほど十分な物理的知識、または神経科学的知識がいつでも駆使できるようになれば、この虚構は消滅する、ということのようです。

この見解の的外れさには恐れ入ってしまいますが、本当に疑問に思うのは、どうやってデネットはこのような考えに至ることがありえたのか、ということです。明らかに、このモデルは意識に目標を置いているというより、むしろサイエンス・フィクションです。現在の意識の哲学の見解の多くは、科学主義という病にかかっています。**科学主義**は、自然科学的に裏づけられ、その特定分野の専門用語で、あるいは少なくとも専門用語と誤解されている言葉で述べられた知識だけが真の知識である、と推定します。意識の神経生物学的基盤に関する私たちの知識は比較的わずかであるため、科学主義者はSF映画を未来の科学の一つの姿だとすることで（たまには当たっていることもありますが）、自分たちの無知を補う傾向があります。意識についての神経生物学が比較的わずかしか明らかになっていないのは、脳研究がかなり若い学問であり、その対象である脳は人間の物差しからすると、はてしなく複雑だからです。また、地球外生命は存在するのか、もし存在するなら彼らの神経生物学的基盤はどうなっているのか、私たちには見当もつきません。そうなると、いかなる比較もできませんから、この分野はサイエンス・フィクション哲学の独擅場になります。

私たちには、人間の精神と意識〔そのもの〕に関してのほうが、その神経生物学的基盤に関してより、よく分かっています。これは科学主義者をいらつかせます。というのも、ギリシアの悲劇詩人、アウグスティヌス、ビンゲンのヒルデガルト、ブッダ、モーセ、老子、サッポー、あるいはシェイクスピアのほうが、多くのわが同時代人たちよりも意識と精神について知っているということが、実は彼らにも分かっていながら、そうと認めるわけにはいかないからです。

そうすると、素朴心理学のことを馬鹿にしたような口調で語ったり、素朴心理学を使える仮想マシン、すなわち、ある程度は有益な虚構として扱ったりすることは、もはやできません。人間の精神についての自己認識は、意識についての神経生物学的基盤に関する最先端研究より、ずっと先に進んでいます。科学者というのは、どの分野で新たな知識が得られようとも、それは自分たち科学者の功績だと主張しようとしますから、この事実は癪《しゃく》の種なのです。ですから、精神史については単純に口をつぐむか、あるいは、リチャード・ドーキンスが宣伝しているように、手短に言えば、生物進化の続きとして別の方法で新解釈を施すことになります。でも、〔その新解釈においても〕遺伝子の突然変異や我々も属する自然界における環境適応がシェイクスピアや微分法とどのような関係にあるのか、まったくはっきりしていません。

メアリーが知らないこと

これらすべての根底にある問題を、ここで今度は別の思考実験の助けを借りて説明してみたいと思います。オーストラリアの哲学者フランク・キャメロン・ジャクソン（一九四三年生）が最初に提起したもので、その思考実験は非常に分かりやすく、たびたび議論されてきています。[67] メアリーという名の女性自然科学者を想像してください。メアリーは、未来の世界に暮らしていて、自然について自然科学の手法で知りうるかぎりのことを知っています。では、その未来では、すべての自然科学を物理学に還元することに成功した、と推定しましょう。そのようなことを期待する立場は**物理主義**と呼ばれ、自然に関する本当の知識とは物理学的知識である、と主張します。

このテーゼを言い換えるなら、自然界に存在するすべてのものは自然法則に従ってふるまう素粒子で成り立っている、としてもいいかもしれません。これは、**ミクロ原理主義**と呼ばれます。このテーゼに従うなら、神経細胞やＤＮＡも素粒子で成り立っているわけですから、生物学のあらゆる事実は（ということは神経生物学も）、将来、物理学の言葉で表現できるようになる、と言えるかもしれません。

もちろん、これは現時点では乱暴な思弁的仮説《ヒポテーゼ》です。それはともかく、物理主義というのは、厳密に見ると、かなり非科学的な推量です。なぜなら、どうやってその推量を自然科学的に証明すればいいのか、想像もつかないからです。

ともかく、メアリーは自然について未来の世界で分かっていることはすべて知っており、それを物理の言葉だけで（つまり数式で）言い表します。

でも、メアリーは完璧ではありません。というのも、彼女は色覚異常で、グレーの色調、つまり明暗しか分からないからです。彼女は完全な白黒の世界に生きており、つまり灰色の人生を送っているわけです。ところで、こういうことが、よりにもよって、事故に遭った画家の身の上に起きたことが実際に知られています。[68]他にも同様の実例がいくつか記録されています。ともかく、メアリーは色というものを見たことがありません。でも、彼女は人々が色の体験を語り、その際「緑」とか「赤」という言葉を用いるのを知っています。もちろん、彼女は、それに加えて、四九七〜五三〇ナノメートル領域の電磁波によって誘発される情報を感覚受容体が処理すると、人々が何かを「緑」と呼ぶことも知っています。

ここでジャクソンは、答えに窮する次のような問いかけをします。「メアリーはすべてを知っているのか、それとも彼女の知識には何かが欠けているのか？」と。ジャクソンの答えは、メアリーは実際にはすべてを知っているわけではない、というものです。確かに、彼女は物理に関して考えうるかぎりのあらゆる情報をもっているが、それでも知らないことがある、例えばコロンビアのジャングルの緑がどんなふうに見えるかだ、と。確かに、彼女はコロンビアのジャングルが一面緑であることは知っています（測定すれば分かりますから）。でも、私がコロンビアに初めて降り立ったときの緑の体験は知りません。もちろん、彼女は、眼球には緑に対応する錐体《すいたい》細胞と桿体《かんたい》細胞があり、脳に健全な視覚野があれば、そのような体験が引き起こされるということは知っているでしょうが。もし彼女が手術を受け、成功して色が見えるようになったら（彼女の物理的全知全能をもってすれば問題はないはずです！）、彼女はそれまで知らなかったこと、つまりコロンビアのジャングルの緑がどう見えるのかを知ることになるでしょう。このことから、ジャクソンは物理主義は誤りだと結論します。こういう思考実験は、知識のすべてが必ずしも物理的なものではありえないことを証明し、そこから物理主義が正しくないことを導き出すので、**知識論法**と呼ばれます。

これに対して、抗議の声が多くあがるかもしれません。特に物理主義者は、ここで問題になっているのは自然に関する実際の知識であり、緑の体験に関する知識はさまざまな理由からその範疇には入らない、と言うかもしれません。それでも、ジャクソンは自分の思考実験をもって現象的意識の本質的観点の一つを明らかにしたわけで、それによって今度は別の視点から現象的意識に迫ることができるようになったのです。ついでに、もう一度、色に登場してもらいましょう。色については意見が分かれています。近代とは色をめぐる戦いである、とさえ言えるかもしれません。というのも、近代初期の物理学以降、宇宙には色はない、色とは我々の体内にある神経の束から成るキーボードで生じる単なる幻想である、という考えが生まれたからです。

それはともかく、私たちは、色の体験をしているときに次のような物理的な出来事が起きていることを知っています。例えば、光子が感覚受容体にあたっている必要があります。可視光とは、物理的に見ると、電磁波スペクトルです。赤外線と紫外線は、私たちには色として認識されません（でも、赤外線サウナなどで汗をかくときには熱として認識されています）。ですから、すべての色が見えるわけではありません。

でも、可視光が物理的に見ると電磁波スペクトルであることが、どうして分かるのでしょうか？ そして、私たちはどうして、この可視光スペクトルを他のスペクトルから区別するのでしょうか？ 簡単です。それは、私たちに色の体験があるからです。もし一度も色を知覚したことがなかったら、自然のある特定領域を語るのに、可視光が表舞台に出てくるような形にしようとは思いもしなかったでしょう。

このような考え方を、知識論法と区別して、**あるがままを事実として受けとめるしかないというテーゼ**と名づけましょう。このテーゼは、私たちの主観的視点の本質が何であるかは未来の最高の科学にとっても悟ることができないものである、なぜなら、私たちはあくまでも、その主観的視点からしか客観という理想を発展させられないからだ、と主張します。私たちは色や味を感じますが、どちらも私たちの物理的現実の中でたまたま色領域、味領域と特徴づけられているだけで、色も味もそれ自体が私たちの認識しているのとは異なる構造をもった、別の物理的現実の断片にすぎないということを思い知るだけなのです。〔このように〕私たちの理論とは、常に目の前のあるがままの現実を事実として受け入れつつ、私たちが——我々の前に観察可能な形で現れる——現象として主観的に体験する、さまざまなデータの上に構築されるものなのです。なんだかんだ言っても、まずはさまざまな機器の操作をマスターしなければ、私たちの感覚に直接届いてこないデータを集めることすらできません。機器の操作をマスターするには、またもや感覚が駆使されます——ちょうど私たちが「生活世界」の中で自分の居場所を把握するのに語彙を動員するように。「生活世界」とは、エトムント・フッサール（一八五九―一九三八年）が晩年の著作『ヨーロッパ諸学の危機と超越論的現象学』（一九三六年）の中で名づけたものです。私たちは生活世界から逃れることはできません。でも、私たちは、そもそもなぜ生活世界から逃れることを望むのでしょうか？

宇宙は修道院で発見された

自然を可視の事象と不可視の事象に区別しましたが、それは私たちが自分たちの体験に関する知識をもっているからできることで、その知識がなければ、自然をこんなふうに区別することはまったくないでしょう。ですから、物理的な区別について、私たちは客観的で人間の主観に左右されないものだと思い込んでいますが、とんでもない、まったくそんなことはありません。むしろ、物理の言葉は私たち人間の知に対する関心を反映しています。

はっきり分かっているのは、現在の物理が描く世界像は、我々の宇宙の地平線の内側、つまり我々に観測できる自然の範囲内では、この時空においていかなるものも光より速く進むことはない、という十分に実証された推定の上にどっしり腰を据えて成り立っている、ということだけです。その観点からすると、光速はいかなる動きにおいてもそのスピードリミットになるということであり、このことはアインシュタインが発見した有名な理論に基づいています。この時空では、私たちが「光」と呼んでいる電磁波より速く伝播できるものはありません。これについては多くの測定がなされ、この推定に端を発して、歴史的に見て革命的とも言える新しい物理に関する知見が多く得られました。

ここまでは、けっこうです。でも、よりによって、どうにか機能する程度の視覚にどっぷり頼って生きている生物が、時空と、その時空を伝播する光を中心にまわっている物理学を発展させたということには、驚かずにいられません。私たちの物理学は、我々がこの惑星にあることを出発点とし、そこから宇宙をマクロにおいてもミクロにおいても解き明かそうとするものです。決定的な進歩は、顕微鏡や望遠鏡などの機器によってなされました。例えば、顕微鏡は物質がより小さな単位で構成されていることを証明し、もちろん、それはすでに古代の哲学者がその存在を推測していたミクロの世界の発見につながりました。望遠鏡のおかげで、近年ビッグバン仮説が生まれました。ハッブル宇宙望遠鏡の名の由来となったエドウィン・ハッブル（一八八九―一九五三年）は、一九二〇年代、天の川周辺に別の銀河があるのを発見しました。同時に、彼は膨張する宇宙の発見者ともみなされています。

ところで、あまり公にはされていないことですが、ビッグバン理論も、膨張宇宙論も、元をたどればカントの考察（一七五五年の『天界の一般自然史と理論』）、並びにベルギーの司祭にして神学者ジョルジュ・ルメートル（一八九四―一九六六年）に行き着きます。ルメートルは、ハッブルの何年か前に、すでにこれらの説を提唱していたのです。それに対して、アインシュタインは最初、ルメートルのビッグバン理論を、まるでキリスト教の天地創造の教えのようだとして受け入れませんでした。一方で、カトリック教会は、この発見により彼をローマ教皇庁科学アカデミーの会員に選出しています。

これは、今日時々耳にする歴史トンデモ話とは、うまく合致しません。それによると、近代科学、特に物理学は宗教的迷信との戦いに挑んだことになっています。私たちは、ガリレオやジョルダーノ・ブルーノ——彼はすでに一六世紀に宇宙は無限に広いと教えました——が教会から迫害された話を再三耳にし、神学と教会は迷信をふりまわして科学の進歩を妨げた、と結論します。でも、一方で、ニュートンが宇宙を神の感覚中枢だと（どういう意味かはともかく）考えていたこと、ブルーノがドミニコ会士であり続け、宇宙は無限であるという自説が無神論に通じるなどとは一言も言わなかったこと、ビッグバン理論は修道士が見出したこと、カントがきわめて信心深かったことなどは伏せられています。そうしてみると、信心深いと必ず勘違いをしたり迷信に惑わされたりするのでもなければ、信心深い人間だけが勘違いや迷信に陥るわけではないということです。宗教と科学を区別することは、迷信と理性を区別することほど簡単ではありません。

歴史トンデモ話の典型を見たければ、テレビ・ドキュメンタリー番組『コスモス』リブート版の第一回をご覧になるといいでしょう。カール・セーガン（一九三四—一九九六年）が監修したオリジナルは、一九八〇年代に放送され、アメリカにおける自然科学的な世界像の普及に大いに貢献しました。リブート版は二〇一四年から放送されていて、ニール・ドグラース・タイソン（一九五八年生）が司会を務めています。第一回放送では、ジョルダーノ・ブルーノやカトリック教会、中世「イタリア」について、考えつくかぎりの歴史的勘違いがコミック形式で描かれています。これはまさにプロパガンダであり、こんな馬鹿げたものを見て、いったい誰の役に立つのだろう、と思わずにはいられません。ブルーノは番組では典型的な科学のヒーローとして描かれており、中世ヨーロッパを旅して、暗黒の力の化身である少女につけまわされる、という設定です。中世に対するこのようなイメージは、特にアメリカで顕著です。というのも、アメリカはいまだ中世のイメージがつきまとうヨーロッパとは違うのだ、と言いたいからなのですが、歴史的に見ると、テリー・ギリアムの『モンティ・パイソン・アンド・ホーリー・グレイル』（一九七五年）や〔ルイス・キャロル『鏡の国のアリス』に着想を得た〕『ジャバーウォッキー』（一九七七年）と争っても、そのナンセンスさでひけをとりません。

意識の話に戻りましょう。きわめて重要な洞察は、自身の体験についての知識、つまり我々の主観的知識は、物理の言葉を用いても排除、改善、無視できない、というものです。なぜなら、そもそも物理の言葉が理解できるのは、その言葉を教えるときに用いる語彙を理解できるからです。「色」や「時間」も、そういう語彙の一つです。どういった宇宙の事象が色の体験や時間の意識と結びついているのかを発見すれば、これらの言葉に関する我々の理解は確かに豊かになります。だからといって、私たちの色の体験や時間の意識を疎《おろそ》かにしてよい、というものではありません。

時間の経過は、物理的に理解できる何かではありません。なぜ過去から未来に向かう「時間の矢」が存在しうるのかは、現在に至るまで謎です。大衆向けの読みものなどでよく目にする説明は、それはエントロピーによる、というものです。簡単に言えば、エントロピーとは、物理の体系において常に無秩序が増大する方向に向かうということです。アイスキューブには、一定の秩序があります。それをアイスキューブの秩序と比べれば無秩序であるぬるま湯の中に入れると、アイスキューブは時間とともに周囲の無秩序を取り込んで溶けていきます。ときには、子供部屋の乱雑ぶりをエントロピーで説明しようとする物理学者までいます。でも、子供部屋の乱雑さに関しては、私の説明のほうが上出来ですよ。つまり、我々大人が秩序を欲していることを理解しないかぎり、子供はその欲求を尊重しないので、子供部屋は片づかないのです。子供はおもちゃを周囲に投げたりしますが、ここは物理学の出番ではありません。つまり、エントロピーではなく、おそらく教育学や心理学、あるいは社会学あたりの研究対象になるでしょう。子供部屋は、ぬるま湯の中で溶けていく氷と同じような感じで無秩序になっていくわけではありません。

それはともかくとして、時間の流れの一方通行性（時間の矢）をエントロピーで説明しようとしても、あいにく何の成果も得られません。なぜなら、エントロピーは、むしろ時間が過ぎ去ることを前提にしているからです。そうすると、時間の矢はエントロピーでも説明できません。エントロピーを持ち出すのは、時間の意識が理解されていないことを隠蔽しようとする企てにすぎません。その一方で、すべてのことが文字どおり同時に起きるとか、どうして過去から未来に一方通行で向かう時間の流れがありうるのかが理解されることは決してないだろうなどと言うのも、もちろん望むところではないでしょう。物理学のおかげで、時間のことは以前より分かるようになりました。例えば、時間は物理的現象として複数の観測者たちに相対的に働き、複数の観測者たちのほうも物理的に相互に影響を及ぼし合うため、さまざまな速度で動いている複数の観測者たちの時間の流れはそれぞれ異なる、というセンセーショナルなことも分かっています。でも、これらの知識をもってしても、私たちは時間の意識についてよく分かっているわけではありません。物理的な時間と時間の意識をどう関連づけるかは、時間の哲学が今後も取り組んでいくべき難題なのです。

感覚は中国映画の字幕スーパーではない

残念ながら、フランク・ジャクソンはメアリーを使った思考実験の有効範囲を誤って判断しました。確かに彼は物理主義を論破したと考えましたが、苦労して手に入れた洞察を、すぐさま科学主義——これこそが本当の問題です——の生贄《いけにえ》に捧げてしまったのです。というのも、ジャクソンは、宇宙においてクオリアは因果に関わる力はもたない、と信じているからです。因果に関わる力がないというのは、いささか仰々しく響き、彼の考えの的外れさを覆い隠していますですから、少しばかり話を戻して説明しましょう。

この見解の背後にあるのは**随伴現象説**というもので、一般的には、精神の状態と事象は宇宙の事象に対して、いっさい何の影響力ももたない、というテーゼです。随伴現象論者は、精神の状態を純粋な随伴現象（これは Epiphänomene に相当するドイツ語です）だと捉えます。随伴現象説は、精神の状態と事象が存在することは（いちおう）受け入れます。でも、それらが因果の作用をもって自然の出来事に介入するということには異議を唱えます（困ったな、これでは何もかも台無しです）。アメリカの哲学者ジョン・サール（一九三二年生）は、明らかに随伴現象説を否定しており、次のような比喩を持ち出して批判しています。

〔随伴現象説に従うなら〕脳は単なるスクラップの山、ただ湿っただけの自動車のエンジンのようなものであり、絶対に意味を取り違えようのない機械的な接続で動く、ということになる。[69]

このような考え方が何を目指しているのか、もう一度はっきりさせておかなければいけません。すなわち、次のようなことです。夏の盛り、喉が渇いて、もう舌が口の粘膜にくっつきそうなとき、あなたは冷たい飲み物をゲットするためなら、できることは何でもするでしょう。あなたには耐えがたい渇きという意識があり、あなたの舌や肌は乾燥を感じています。それで、あなたは近所のコンビニに向かいます。そのとき、あなたの頭の中にはビールやアイスティー、あるいは冷たい水でもいいのですが、そういうものを一気に飲み干している自分の姿が浮かんできます。さて、あなたはコンビニの冷蔵ショーケースの前に立ち、オレンジジュースをつかみます。オレンジジュースのことは全然頭になかったのですが、それを見た途端、昨年の夏の夕暮れの素敵な記憶が蘇ったのです。文学的にはあまり受けそうもない短編小説ですが、モノローグとして心の中で語ってみるのもいいでしょう。モノローグの中で、一人称の視点で時間の経過に沿って、あなたのイメージしたことを述べていきます。そのとき、クオリアが次々と現れます――喉の渇き、うれしい期待、飲み物に対する一つ一つのイメージが呼び起こす独特な感情、そして最後には、喉を潤す冷たい飲み物、という具合です。

随伴現象説は、これらすべては実際に起きることとは関係がない、と主張します。現実には、有機体としてのあなたの身体が、ある種の内部情報を受け取った状態になり、その結果、神経細胞が特定のパターンで発火して、あなたの意識のモードの中でクオリアとして現れるような印象を引き起こすのだ、というわけです。でも、同時に、あなたも自分で分かるでしょうが、あなたの身体は自然法則だけに従ってコンビニに向かいます。コンビニにあたって光子がはね返り（そうでないとコンビニは見えませんから）、その光子が今度はあなたの生体にパクッとつかみとられ、信じられないほど複雑に思えるプロセスに仲介されて、結果として、あなたがコンビニに引き寄せられるという事態を生じさせるのです。

因果の物語というのは、すべての詳細を完全に語り尽くすことは実際にはできません。あまりにも多くの情報が含まれているからです。あなたやコンビニや、あなたの身体が移動する環境を構成する、あらゆる素粒子が、それです。このように宇宙を考えていくと、要するに、厳密に因果の作用で（つまり、他に選択肢はなく、必然的に）一つの原因が一つの結果を引き起こし、その結果がまた別の結果の原因になる、という具合に延々と続く出来事の連鎖があることになります。その際、クオリアも登場します。そのクオリアは、実際に起きることには何の貢献もしません。クオリアは、結果を引き寄せる原因ではなく、副次的な感情の高ぶりであるべきです。ちょうど、中国映画についているドイツ語の字幕が、その映画のストーリー展開に何の貢献もしていないように（字幕は映画で描かれる世界のためではなく、中国語をよく理解できない私たちのためだけにあるのですから）、クオリアも実際の出来事にただ並走するだけです。

巷の過激ダーウィン進化論に感化されて、ジャクソンは、クオリアの存在をそもそもどのように進化論と調和させるべきか、と自問します。クオリアが生体の生存に何の役にも立っていないなら、なぜクオリアがあるのだろうか？　意識をもたなくても何とかなるのに、なぜ意識はあるのだろうか？

意識がなくても、微生物やバクテリアには、それで十分ではないのだろうか？　痛みの感覚がないほうが、あるいは、生体が消化から爪が伸びることまで、とにかく何もかもを無意識のうちに処理してくれるなら、我々人間の生存にずっと有利なのではないか？　あるいは、有利とは言えないまでも、少なくとも不利ではないのではないか？　ここでジャクソンは、クオリアとは「生存にきわめて有用な、特定の脳プロセスの随伴現象［である］」[70]と推定します。

そのような進化の副産物として彼が持ち出す例には、なかなか説得力があります。ホッキョクグマは、非常に重たい毛皮を身にまとっています。重い毛皮は進化の過程でどのように有利に働いたのだろうか、と不思議に思うでしょう。でも、すぐに、重い毛皮をまとっていると動きが遅くなるから有利とは思えない、という考えが浮かぶでしょう（とはいえ、彼らは最高時速三〇キロと怖いくらい速く走れるのですが）。ともかく、重い毛皮という不利をどうにかして（例えば、強靭な筋肉などで）補わなければなりません。ところが、ジャクソンは、ホッキョクグマの毛皮の重さは身体を暖かく保つ必要から必然的に生まれた副産物であり、進化の過程で生じる特性とはそういうものである、と述べます。彼によれば、生物の調査で成果を出すためには、表現型〔ある生物のもつ遺伝子型が形質として表現されたもの〕を正しい観点から述べなければなりません。彼の主張によれば、動物学上の調査では、クオリアは何の役割も果たすべきではないのです。

つまり、彼は近代初期の伝統に則っているのです。デカルトは、動物は根本的には自動人形である、というテーゼで特に〔悪〕名を馳せており、ジュリアン・オフレ・ド・ラ・メトリー（一七〇九―一七五一年）は『人間機械論』で同様の人間像を描いています。私たちには質的な体験があり、それらの中には避けるもの（苦痛一般、もっともＳＭプレイと自傷行為は除きます）もあれば、追い求めるもの（通常は各種の興味や欲求を満たすこと）もあります。でも、ジャクソンは、我々の行動のほとんどは、そのような質的な体験によって制御されているのではまったくない、とひそかに提唱しているのです。これらのクオリアは出来事の歯車に介入することを許されていません。それを許したら、随伴現象論者ではなくなってしまうでしょう。

随伴現象説をめぐるあらゆる議論の背後にあるのは、宇宙は因果の一人芝居で完結しており、クオリアなどというものは実は存在しない、という確信です。そこには、自然の中で起きるあらゆることは自然法則によって定められている、という考えがあります。時空におけるいかなる出来事も自然法則に従って次々と起きていき、そこにはいかなる例外もありません。このようなテーゼは、**決定論**として知られています。これについては、第Ⅴ章「自由」で詳しく述べましょう。

もちろん、読者の中には、因果と自然法則に関するそのようなイメージは少なくとも量子力学によって制約を受けているではないか、と異を唱える人もいるでしょう。事実、自然の事象の多くは統計的にしか記述できず、その際、ニュートンによって公式化された古典的自然法則は特定のマクロレベル、あるいは――マクロとミクロの中間である――メゾレベルにおいて、事実上、常に一〇〇パーセントという高い確率で「遵守」されている、という解釈が広くいきわたっています。でも、このことは、ここでは重要ではありません。なぜなら、量子物理学で把握・研究される出来事やそれらの相互関係が、そもそも意識と関連しているなどということが量子物理学から導き出されることは、ふつうありませんから。確かに、いわゆる微小管（細胞内に見られる、ある種のタンパク質から成る管状構造）

の中などで量子力学で記述できるプロセスが起き、それによって意識が生み出されているのではないか、という推測はあります。例えば、この種の主張の代表格に、サー・ロジャー・ペンローズ（一九三一年生）がいます。ですが、物理的に記述された自然の中で起きる真の偶然と推定上の偶然、そしてそのような自然の不確定性の中にひきこもっても、厳密な意味では、精神を理解する上で何ももたらしてくれません。

私たちは巨大なコンテナの中にいて、その中では、裸眼では見ることができない物質の塊が、数学で記述された揺るぎない自然法則に則って、あちらこちらに漂っている、という考えがありますが、これは言うまでもなく、さまざまな理由から、かなりメルヘンチックです。この考えにも名前をあげましょう。**コンテナ・メルヘン**です。何はともあれ、こういう世界像からは無数の推定が生み出されますが、どれも実証されていませんし、その世界像には一粒の真理、というより一粒子の真理が含まれているのか、もしそうなら、いかなる意味においてか、といったことも現在のところ、まったく不明です。

現在の理論物理学は、ありとあらゆる憶測を呼び込みます。特に各種のマルチバース〔宇宙多元論。「ユニバース」の対義語〕仮説を見ていると、時空が存在するところならどこでも通用する自然法則などそもそもあるのか、時空の観念がまったく通用しない宇宙もあるのではないか、といった疑問が湧いてきます。この分野の理論で、ところによっては本当に過激な推論が施されているものにざっと触れてみたい人には、ブライアン・グリーンの『隠されていた現実――パラレルユニバースと宇宙の法則』〔邦訳『隠れていた宇宙』〕をお勧めします。[71]

拙著『なぜ世界は存在しないのか』の中で、本当に何もかもを内包する総体としての世界がある、という推定はナンセンスであることを明らかにしました。このような世界は、何千年も昔、まだ我々は球体の中にいると何となく信じていた頃に人々に取り込まれたイメージです。このような印象は、まだ完全には消え去っておらず、宇宙の地平線というイメージの中に、つまりビッグバンが起きてからまだ十分な時間が経っていないため、宇宙の最も遠いところから来る光はまだ我々のところには到達しておらず、そのため我々はすべての方角において一定の距離までしか覗くことができない、というイメージの中に生き続けているのです。

この話は、ここまでにしましょう。真夏の午後の喉の渇きが地球の出来事に真の貢献をするのかを理解しようとしているときに、頭の中で宇宙の深淵をさまようつもりはありませんから。

人間の生活の大部分（倫理と政治も含みます）は、クオリアを考慮に入れて初めて理解できるものです。例えば、なぜハンスがコンビニに行ったのかを説明しようとするなら、私は、彼が喉が渇いていたという事実を――あるいは何か別のことが背後にあったかもしれないことも――避けて通ることはできません。彼がコンビニに行った理由は無数にあります。そこでバイトをしているインゴに会いたかったのかもしれません。ひそかに恋心を抱いているインガが来ているかもしれない、と期待したのかもしれません。雑誌を買いたかったのかもしれません。純粋に外から観察できる行動だけで描写するなら、ハンスはケルンの大聖堂前広場から近所のコンビニに寄り、そこで冷蔵ショーケースからフレッシュドリンクをつかみとる、という具合になるでしょうか。でも、何が彼にこのような行動をとらせたのか（喉の渇き？　インゴ？　インガ？）、それは外からの観察では分かりません。

宇宙はベルリンの哲学者ゲールト・カイルがうまく言い表したような「歯車装置」[72]であり、我々のクオリア、あるいは我々の意識は総じて宇宙の時の刻みには何の貢献もしていない、というイメージは、実際には重荷から逃れるための単なる空想の産物です。人間の行為の複雑さを回避しようとしているのです。表面的に何が起きているかを観察すればいいだけなのだから、ハンスがコーラを買いに行くのか、インゴあるいはインガに会いに行くのかはどうでもよいということになったら、まったく楽なものです。でも、状況はクオリアのおかげで、いつもややこしくなります。それも、すべての関係者にとって。

例えば、ハンスは隠れゲイなのですが、不運なことに、ケルンではめずらしく同性愛嫌悪者《ホモフォビア》が多く住む一角の出身なので、実は自分がインガではなくインゴに気があることを認めたくないのだとしたら、どうでしょう？　精神分析家なら、喜んでこの事例を追跡し、ハンスがインガを好きだと思い込んでいるのは、実際の好意の対象であるインゴと名前の響きが似ているからだ、と結論するかもしれません。

自然法則で完結している宇宙という世界像は、よく決定論とも呼ばれますが、どの観点から見ても立証されていない仮説です。自然法則があるからといって、起きることすべてが自然法則に従うということにはなりません。これは宇宙にも言えることです。そして、もし私たちが現在もっている知識レベルで、自分たちは重要な自然法則は十分に理解したから、この宇宙についてだけであっても（だって宇宙はたくさんあるのかもしれませんから）概括的知識をもつに至ったと確信するなら、ここでも私たち人間は自分たちの全知に至る能力をいささか過信していると思っていいでしょう。宇宙の概括的知識をもっていたら、どんなにいいでしょう。そうすれば、私たちはすぐまた、いろいろと考えをめぐらせることができますから。人間は考えをめぐらせていると、あっというまに、それにのめり込むものです。無限を目の当たりにすると、我々の日常世界での事象など、圧倒的に取るに足らないことに思えてきます。でも、そのような印象は単に見方から来るもので、そういう印象がするからといって、人間の自由、あるいは人間の意識さえもが幻想である、という事実を伝えているわけではありません。

神の鳥瞰

人間の精神、あるいは人間の意識は、だいたいにおいて、いったいどのように自然または宇宙に収まっているのか、という問い〔意識のコスモロジカルな謎〕は、これ以上説明するまでもないように、よく練られた質問とは言えません。この問いは、よく考えてみると、「月は平方根か？」という質問と同じくらいの意義深さしかもっておらず、要はナンセンスです。こういう問いに対していろいろと考えをめぐらせるのはけっこうですが、妄想の誘惑に負けて、長々と理論的なまわり道をした挙げ句、突如として、この問いは意義深いなどと考えてはいけません。自然と精神の関係を求める問いは、たいていあまりにも多くの前提を要求します。ほとんどの場合、この問いは、私たちを重荷から解放する空想の産物であることが簡単に暴露されるような世界イメージと人間イメージを出発点にしています。近代においては、人々は精神の存在しない宇宙を思い描きながら、その一方で、その宇宙に精神を補い、完全にすることで、言うなれば何かを解明します。そのようにして、人はヴォルフラム・ホグレーベが言うところの「冷たい故郷」を生み出したのです。[73]「冷たい故郷」とは、自分の居場所や故郷について語っているが、物には定着し、決まった意味がある、という印象を人に与える魔力が根こそぎ奪い取られている、そのような場所のことです。故郷は、いつまでも残ります。でも、そこは私たちの大気圏《アトモスフェーレ》の外側にある、暗くて殺風景に思える空間なのです。

　人間の精神は、自分自身のイメージを描きます。そのとき、日常的体験という内なる視点から、鳥のような上からの視線に入れ替わります。これは、神はすべてを見る目のような存在である、という古くからのイメージの源になっており、現代風に言えば、グーグルがもっている人間像にもつながる見方です。デイヴ・エガーズは『ザ・サークル』という小説で、強烈なインパクトをもって、このことを描いています。人はついに、基本的に何でも知っている検索エンジンが登場した、と考えます。神で厄介だったのは、神のもつ全知を私たちが自由に使うのは簡単ではない、ということでした。でも、グーグルの全知なら、いつでも簡単に使えます。

　ときとして、私たちはずっと見張られているのが何より好きなのではないか、と感じることがあります。というのも、そうすれば、私たちから自由を取り上げてくれる神が、ついに存在することになりますから。ただし、今日の自然科学第一の社会では、ほとんどの場合、神そのものは、もはや望まれていません。神は伝統的に自由奔放で畏怖の念を起こさせるような人格で描かれていますから（預言者のように砂漠で神に出会いたくはありません）。神を持ち出すと、再び自由が関わってくることになるでしょう——少なくとも神自身には何かの結果を引き起こす自由があります。おまけに、多くの人は神などというのは埃《ほこり》をかぶった時代遅れのものだと思っているのに、一神教の崇《あが》める古い砂漠の神という古代のインパクトは相変わらず大好きなのです。

イデオロギーの面から見ると、人間の自由というのは潜在的な阻害要因です。例えば、私に検索エンジンを選ぶ自由があるなら、グーグルの儲けは減ります。独占構造を作ろうとする動きは、今日の市場ではよくあることです。もちろん、誰しも選択肢が欲しいと思っています（棚にソーセージャキュウリが一種類しかないといった、まるで社会主義が具現化したような光景は見たくありません）。けれども、企業の視点から見ると、すべての消費者に自社製品を選んでほしいわけで、要するに、実質的に選択肢がないほうがいいのです。つまり、人間の行動を予測可能なものにしようとするなら、自由を制限し、はっきり印のついた何本かの道に誘い出せ、ということです。

要するに、人間は誰が実質的な鳥の目をもつのか、あるいは、誰を、何を神とみなすのかで争っているのです。科学でしょうか？　テクノロジーでしょうか？　進歩？　グーグル？　それとも、きわめて古典的に、神様でしょうか？

III

自己意識

このように意識について考えてくると、必然的に次の大きなテーマ、すなわち自己意識を取り上げることになります。意識について検討する中で、私たちは独特な視点をとっていました。私たちは周囲の何かを意識するだけでなく、意識について意識して、じっくり考えていたのです。たいていの人は、ふつう日常的にそんなことはしませんし、誰もそんなことに人生をかけたりしません。いるとしたら、真の賢者くらいでしょう。ただし、真の賢者がいれば、の話ですが。

すでに分かったように、意識についての注目すべき事実は、人には意識があるということについては実際のところ反論できない、ということです。もちろん、否定しようとした人たちがいることは、すでに見てきました。この、意識はあるがままの事実として受けとめるしかないという洞察は、近代哲学のあの有名な言葉、幾度となく引用されるデカルトの「我思う、ゆえに我あり」の背後にも潜んでいます。『第一哲学についての省察』の中で、デカルトはこの考えを次のように説明しています。

> 考える？　それは、こういうことだ。考えるということは、それだけが私から分離されることはありえない。私はある、私は存在する、それは確かだ。だが、どのくらいの間か？　ふむ、私が考えている間だ。なぜなら、考えるのをやめた途端、私が存在するのをやめるということが起きるかもしれないからだ。要するに、私はまさに考える実体である。つまり、精神、魂、知性、理性——それらのもつ意味が、かつて私には未知のものだった言葉だ。だが、私は真であるもの、真に存在するものだ。だが、いったいどんなものか？　ふむ、もう言ったではないか、考えるものだ。[74]

この引用文だけを読むと、概念で混乱してしまう気の毒な人も出てくるだろうというのは、まったくもって予想されることです。確かに人は自分が意識しているということを誤ることはありえませんが、意識についての見解で判断を誤ることは大いにありえます。意識があるかぎり、自分が意識しているということは疑いようがありませんが、だからといって、意識の本質について疑いようのない知識をもっていることにはなりません。

ですから、何百年にもわたって、次のようなもっともな反論がなされてきました。「デカルトは意識を具象化している。つまり、意識を物あるいは物質——考える物質（*res cogitans*）——にした。その際、彼は、この物質はこの世界のいかなるものよりも自分にとってなじみがあり、より確実に識別できると述べている」と。このような反論は、カント、それからフィヒテ、やがてはフッサールと彼に続く現象主義哲学運動が特にはっきりと主張しました。デカルトは、自分が意識しているかどうかを誤ることはありえないという事実から、それゆえ私たちはこの特別なもの——意識——への洞察も得ていると勘違いしたのだ、と。

もう少し厳密に表現するなら、この抗議は次のように言えます。デカルトは認識論的洞察、つまり我々の認識の形を特徴づける洞察（意識があるということに関する絶対的確実性）を、宇宙の仕組みを紐解く形而上学的洞察と取り違えている、と。つまり、私は自分が意識のある間は自分が意識のあることに関して勘違いしようがないけれども、それだけの理由で、宇宙の中に私の身体のどことも異なる物が付加的にあり、私がそれに関して確実な知識をもっているということにはなりませんから、デカルトが結論を誤ったことは見透かされている、と言っていいかもしれません。

でも、この誤った結論は、秘密裏に神経《ニューロ》中心主義の土台にさえなっています。今でも神経中心主義は、意識という物があり、その特性をもっと正確に調べなければならず、その際、意識が宇宙の中で身体的な物、とりわけ我々の脳に対してどのようにふるまうかという問いにも答えなければならない、と考えています。この問いに対する神経中心主義の答えは、意識は脳という物に付加的についている物ではなく、それゆえ意識は脳という物と同一である、というものです。

ところで、脳と意識は互いにどのような関係にあるのか、という問いは、すでにデカルトによって述べられています。彼は、松果体《しょうかたい》（視床上部にあり、睡眠‐覚醒のリズムを司るメラトニンの生産に関わっている脳部位）において非物質的意識（*mens*）または魂（*animus*）と身体の接触が起こる、と考えました。

デカルトに続く近代初期の議論から今日まで、二つの大きな立場の論争に決着をつけることが重要だと言われてきました。二元論は脳という物と並んでもう一つ、意識という物が宇宙にはあると主張し、一方で、**一元論**はそれを否定します。**神経一元論**は、意識という物は脳全体あるいは脳のいくつかの部位、およびそれらの活動と同一である、と主張します。でも、どちらの立場も、意識が物であることを前提にしています。すでにそのことが決定的な誤りなのです。

我々に意識がある間は意識があることを否定できない、というのは正しい。確かに、私たちは誰かに、あるいは他の何かに意識はあるかという問いで過ちを犯しかねません（それゆえ、コンピュータ、お掃除ロボット、サーモスタット、河川、銀河、その他、何であれ、そういうものに意識があるかもしれない、という考えに陥る人がいるのです）。でも、自分自身に意識があるのか、という問いで誤ることはありません。ただ、だからといって、意識の何たるかを知っていることには、あいにくなりません。知っているのは、私たちがそれ〔意識〕をもっているということだけで、言うなれば、私たちはそれ〔意識〕なのです——ただし、自分を自分のみなす者にしている私たちの自己は意識を通して定義される、ということが正しければの話ですが。

自己意識というのは、我々には意識があり、我々はそれと、つまり自分の意識とはっきり関わっている、という事態を意味します。この事態と関わりながら、そのとき意識をしていないということはありえないでしょう。つまり、我々自身のことについてもありのままを事実として受けとめるしかないのですが、この場合、私たちは意識と関わっている間は意識をしているのですから、この事態は我々自身に関わるこの問題について、もっと教えてくれることがあるのではないか、という疑問が生じます。

しかし、厳密に言えば、自己意識はこのような角度から見た場合に受ける印象より、ずっと日常的な現象なのです。私たちは絶えず自分自身の精神状態や自分の考えに対して何らかのスタンスをとりますが、そのとき自分の意識について考えているということをはっきりとは考えていません。私たちの意識の流れは、私たちの行為〔ストーリー〕に寄り添い、内容を反映させながら流れる字幕スーパーとは違うのです。意識の流れといっても、それは、あたかも私たちには内なる精神の目があって、その目をときおり意識の中の事象に向け、注意してそれを追っている、ということを意味しているのではありません。[75] このこと〔意識は意識の中の事象を注意して追っているのではないということ〕が私たちの意識を一種独特な意味で無意識的なものにしているのだろう、と古今カントをはじめとする多くの哲学者が指摘しました。だから、今日に至るまで、自己意識を伴わない意識は実は存在しない、意識と自己意識は、どういうふうにかはともかく、密接に絡み合っている、という見解が広まっているのです。要は、私たちの注意を引くことなく内で意識が進行していく、という事態を避けようとしているのです。なぜなら——私たちは意識のある状態のとき、自分が意識のある状態であることにも気づきますが——自分では気づかないのに実は意識が進行している、という事態が生じるとしたら、現実には私たちが自分の意識に気づいてしまう理由がもはや理解できなくなってしまう、という理屈からです。

もっと具体的に言いましょう。私たちは意識的に体験している考えと印象について絶えず評価しています。それらは単に、はっきりとは区切られていない意識のフィールドに突然現れて、再び消え去るのではなく、痕跡が残るほど直に、私たちによって意識的に経験されます。例えば、女友達にメールを書かなければならないことを思い出すとします。そのとき、まだ返事を書いていなかったことを恥じます。もしかしたら、彼女が先日よこしたメールの調子が変だったので、本当は返事なんて全然書きたくない、という気持ちになるかもしれません。だいたい友情など脆《もろ》いもので、返事をしないほうがいいのかもしれません。彼女にまだ返事をしていなかったという意識は、まったく日常的な状況で、多かれ少なかれ、ふいに現れるものかもしれません。でも、そういう意識をもった結果、私たちは自分の抱いた考えに対して、積極的に意識してコントロールできないまま、ただちに評価を与えてしまいます——恥ずかしい、と。羞恥のほうは、まあ言うなれば、さまざまな形や色彩で現れます。

人間の内面生活の詳しい観察者たちが無数の小説でさまざまな次元の羞恥を詳細に検討してきました。

もちろん、人はある考えや感覚的な印象に喜んだり、腹を立てたりします。美しい日の出を見て喜びますし、その日の出は別の日の出の記憶と結びついているかもしれません。ブリオッシュの味を愛《め》でることも、駅で買った水っぽいコーヒーに腹を立てることもあります。FCシャルケ04がFCバルセロナに負けて（逆でもいいんですけどね）、ズボンのポケットの中でギュッと拳《こぶし》を握ることもあります。

人間の感情世界の大きな部分は、自己意識の形をとります。その本質は、自分の内面生活を内向きの視線で探ることにあるのではなく、志向的意識と現象的意識が原則として折り合わされていることにあります。どのような意識の状態であれ、私たちの前に現れるときには、すでにある種の方法で評価が下されています。このような土台があって初めて、なぜ私たちの倫理的な価値が感情世界と結びついているのかを理解できるのです。他者が意識をもっているという意識をもち、日常的に絶えず新たに調整し直すべきシステムとしてこの仕組みを体験しているからこそ、私たちは倫理観をもつことができるのです。

精神史の意識拡張効果

自己意識についての探究の歴史は、近年ではマルセル・プルーストの『失われた時を求めて』で、ある意味では頂点に達しました。私たちが意識についてよりよく理解できるようになったのも、特に文学、おそらく教訓的な短い物語としての説話文学と抒情詩が何千年にもわたって手助けしてくれたおかげです。私たちは、ずいぶん以前から、もはや自然環境についての考えと自分自身および他者についての漠然とした考えをもつだけではなくなっているのですから、精神史の流れの中で人類はより意識した状態になっていると言えるかもしれません。それどころか、メソポタミアで最初の高度文明が生まれて以来、何千年にもわたって言語は精妙な発達を遂げ、そのおかげで私たちは意識のきめ細かさを単に探究するだけでなく、深めることができるようになったのです。心理学という学問分野が――今日でも自然科学と精神科学〔人文科学〕の間で揺れ動いていますが――自己探究というテーマが文学において飛躍を遂げた一九世紀の後半に生まれたのは、偶然ではありません。ですから、ニーチェはドイツ語圏の小説家として（並びに散文家としても抒情詩人としても）最高の一人であると同時に、我々の倫理的態度に対する批判的心理学者でもありえたのです。同様に、フロイトは精神分析に風穴を開けた一方で、神話学、文化、文学に対する深い造詣があり、そのことを最近ではエリック・カンデルなどが思い起こさせてくれました。[76]

それによると、精神史は意識の拡張と変化の歴史でもあります。意識は昔も今とまったく変わらないというような物ではありません。中性子や栗の実やにわか雨のように、自然のどこかを探せばそこにあるというわけではないのです。「意識」は、私たちの自己イメージに属する一つの概念です。私たちは自分を意識をもった精神的な生き物として描写し、それによって自分自身についてある特定のイメージを作ります。意識は、私たちがそれをどのように理解するかにまったく左右されることなく独立して存在するような現実のものではありません。その点で、月のクレーターなどとは異なります。もちろん、例えば他の生物や、まだ文化面で社会に適合していない子供たちも、色や音や味に対する印象といった意識の状態を体験しています。でも、美術館でイヴ・クライン・ブルーをひと目でそれと見抜き、文化史においてそれがもつ意味を把握できるか否かは、知覚にとって決定的な違いがあります。このような、感覚的な印象を文化や歴史の中に組み込む能力は、私たちの意識を根本的に変化させます。意識は形成されます。それはまた文学の大きなテーマであり、教養小説《ビルドゥングスロマン》というジャンルで取り扱われました。ヘーゲルの『精神現象学』は、このことに由来しています。このヘーゲルの偉大な著作は、何千年もの間に分離し、独立していったさまざまな意識の形、あるいは意識の姿を詳しく調べることで、意識の形成について哲学的に探っています。

意識の概念は自己意識の概念と結びついていますし、自己意識の側にも、以前にはなかった種々の新たな側面が形成されていく歴史があるのかもしれません。

今日、表向きは厳密に科学的に獲得されたことになっている古人類学の成果がよく取り上げられますが、それらの成果から、まるで有史以前の祖先の内面生活への洞察が得られると言わんばかりです。どのように洞察を得るかというと、例えば道具の使用と埋葬と内面生活の関連についてイメージを描くのです。しかし、道具の使用にも歴史がありますし、道具の使用はまた精神の歴史にも組み込まれています。文字にせよ、口承にせよ、言語による証拠がなければ、その歴史から何かを知ることはできません。絵という証拠は、絵のもつ役割については何も分からないのですから、それだけでは不十分です。祖先の残した洞窟絵画は、私たちに感銘を与えてくれますが、実際には何を描いたものなのかを解き明かす検証に堪えうる証拠がないばかりに、私たちにとっては根本的に謎のままなのです。言えるのは、それだけです。それ以外のことは、すべて楽しい憶測ではあっても根拠がありません。もちろん、いくつかのことは、それなりの理由から推測できます。私たちの祖先がともかくそのときにはまだ都市の神経症患者でなかったことはかなり確かですし、自己と他者の関係づけの諸形態の中でいくつかのものは歴史の一部になりましたが、それ以外の形態が完全に消滅したことも確かです。

紀元前の時代における繊細な内面生活の誕生をどう思い描くかにもよりますが、メソポタミア文明の伝承文学作品――例えば、ギルガメシュ叙事詩、あるいは、アッシリアの女神官エンヘドゥアンナによる抒情詩（神への賛歌の形式をとっています）――がどれほどのレベルであるか、驚かされるでしょう。エンヘドゥアンナは、紀元前二二〇〇年頃に（文明の揺り籠である今日のイラクにあたる地に）生き、（分かっているかぎりでは）自分の作品に署名を残した最初の人物です。

高度文明による最初の文字の証拠は、突然に天から降ってきたものではなく、そこに至るまでに自己意識を伴う内面生活の長い前史があったことをうかがわせます。そういった内面生活は、おそらく長きにわたって口伝され、洗練されていった複雑な自己描写――ホメロスによる『イリアス』や『オデュッセイア』のような叙事詩――と同時に現れたのでしょう。ですから、私たちがたまたまこの時代に生き、テクノロジーの成果を誇っているからといって、現代における内面性、自己描写能力、自己認識能力を過大評価してはなりません。

残念ながら、洞窟に描かれた絵の情景の中に自己意識の現代的形態を探し出そうとする傾向が広くあります。遅くとも一九世紀に社会学が台頭して以降、自己意識には歴史があることははっきりしているはずなのに、こういう傾向があるのは時代錯誤です。最初に自己意識の歴史という考えを明確に述べたのは、ポスト・カント派の哲学者フィヒテ、シェリング、ヘーゲルです。この考えはヘーゲルの『精神現象学』の中心をなしており、彼はこの著作で、人間の精神には全体として歴史があるが、その歴史は意識を手がかりにして生物学の延長線上で捉えるかぎり理解できない、ということを立証しようとしています。

あいにく、この歴史は——他のあらゆる現実の歴史でもそうですが——常に私たちが感じ取れるような、はっきりした前進を続けるものではありません。文学作品や言語が忘れ去られ、自己意識が過ぎ去りし過去の段階にまで後退させられてしまう例は、枚挙にいとまがありません。その理由の一つは、よくあることですが、およそ人間の自由にあります。何しろ、人間の自由の本質には、何かを忘れ、見逃し、排除できることも含まれていますから。

でも、決定的に重要なのは、私たちは単に意識しているだけでなく、私たちの日常的な生活の中でさえ意識の意識をもっていることです。私たちはそのことを知っています。なぜなら、私たちには、自分自身の信念、願望、感情、あるいは感覚的印象に対する何かしらの内面的態度があるからです。そして、それらは養い育てることができるものです。例えば、私たちはワイン通やグルメになることができますし、イヴ・クライン・ブルーをひと目で見抜くようにもなれますから。あるいは、柔道の達人になることも、和音進行をちょっと聞いただけで、それがベートーヴェンやニルヴァーナの曲だと分かるようになることもあります。また、自分自身の反応や受け取り方のパターンが分かるようにもなりますからね。でも、それだけではありません。私たちは他者が意識をもっているという意識も、同じくらい直にもっています。他者も意識しているという意識は、我々自身の意識と同じくらい根源的な事実です（ハイデガーは、このことを表す「等根源的〔gleichursprüngliche〕」という言葉を発明しました）。自己意識は、個人としての我々自身だけに向けられているのではなく、すでに他者の意識とも構造的に結びついています。私たちが意識して体験する内面的な態度（例えば、何かに対する喜びや恥ずかしさなど）をどう評価するかは、他者が私たちの内面的態度に対する内面的態度をもっている、という期待を基準にしています。私たちは最初から社会的な脈絡の中でさまざまに生きているのであって、なにもプライベートなデカルト劇場を離れて初めて、この社会的脈絡に順応する必要に迫られるのではありません。このことは誰でも、（旅行や美術館などで味わった）素晴らしい体験を分かち合おうとするような、ありふれた現象を通じて知っているでしょう。素晴らしい体験を分かち合うのは、そうしなければ、その体験がどのようなものだったかの確認ができないからです。私たちは自分の意識を他者の意識という基準に照らして養います。他者の意識とは、何かを言葉で表現するのにどうやら足るほどのまたたく間に、すでに我々の内面生活に書き込まれてしまっている基準なのです。これは、実際、私たちは言葉を他者から教わったに違いないということを考えれば明らかなことです。そして、このことは個人の意識に対してすでにある種の規律を課しており、ですから私たちは自分の考えを勝手気ままにさ迷わせる（例えば、幼児のように、好きなものやおいしいものはすべて「ママ」、あるいは動くものはすべて「ブーブ」というような音声で呼ぶ）ことは、もはやできないのです。

他者に意識があるという意識は、おそらく最初にカントが認識し、その後フィヒテが、続いてヘーゲルが、それをさらに明確に人間社会の土台として認識しました。この考えに、マルクスや社会学、精神分析の創始者たちが、それぞれのやり方で続きました。この考えは、多くの女権拡張論、中でもジュディス・バトラーのジェンダー論の土台になっています。その際、バトラーは明らかにヘーゲルの論点を引き合いに出しています。

神経《ニューロ》中心主義の時代にあって、他者も意識をもつという意識に到達する能力は「心の理論〔Theory of Mind〕」と呼ばれています。でも、これは誤解を招く表現です。というのも、「理論」という言葉が、ここでは本来の目的とは離れた意味で使われているからです。また、一九九〇年代から、この現象の生物学的基礎が発見されたということが言われています。それによると、ミラーニューロンなるものがあって、ニューロンが発火し、他者の意識的な心の状態を自分の内でシミュレーションすることで、他者の行動と感情を、言うなれば内面的に追体験するのだそうです。人は地べたであがく他者の、言うなれば痛みの幻影を感じることができますが、それは進化の過程で（つまり、偶然による遺伝子組み換えによって）ある種のニューロンがいつのまにか出現し、そのまま残ったためです。

私はミラーニューロンがあることを否定するつもりはありませんし、それがなければ自己意識にも、他者の意識に対する意識にも到達できなかったかもしれないということを否定するつもりもありません。まったく同様に、人間の精神の状態にとって重要な生物学的土台が、偶然の――つまり、それを目的にして計画的になされたのではない――遺伝子組み換えによって生まれ、その後、環境の圧力によって淘汰・選択されたことも否定するつもりはありません。この惑星に意識をもった生物がいることと、もしかしたら他の惑星にも意識をもった生物がいるかもしれないことは、宇宙という観点から見れば、偶然の産物です。つまり、特別な理由があって、そうなったわけではありません。あるものはある、それだけのことです。

それが意味するのは、私たちは宇宙と、宇宙がほとんど無限に広がっているというイメージを描くことは簡単にできるが、そこでは私たちの意識や、その意識と結びついた要求と価値判断は何の役割も果たさない、ということです。そのような宇宙は、もちろん私たちに関心がありません。私たちが「進化」と呼んでいる生物種の発生のプロセスは、意識的または意図的に操作されているのではありません。私たちのような生物がともかくも今存在していて、私たちの種の誕生が生物学的に可能だったのは、はるか大昔にある特定の機能的構造が選択され、それが生殖によって受け継がれたためです。それ以上に深い生物学的理由はありません。私たちの生存と未来は、きわめて繊細な自然環境に適応できるかどうかにかかっています。その適応にしても、いつどのような巨大災害で無に帰してしまうかもしれません。大気の成分が(ホームメイドの気候変動のせいであれ、小惑星の衝突、あるいは火山の噴火のせいであれ)変化して、もはや呼吸ができなくなったとき、宇宙も、この惑星も、自然も、私たちが存在し続けられるように配慮してはくれません。先ほども述べたとおり、私たちの精神的生活は自然・生物学的な条件と結びついています。しかし、そのことは、私たちの精神的生活が精神的生活の諸条件と同一であるということも、精神的生活が自然科学的にそれらの条件を調査することで完全に理解し、説明できるようになったということも意味してはいません。

　宇宙の真理についての無知ゆえに、人間には精神をもつ生物としての己の立場を誤って判断する傾向がありますから、神経生物学のフィールドで我々の認識が進歩すれば、それは当然、自己認識の進歩に役立ちます。なぜなら、太陽は私たちが物を見るために輝いているとか、私たちに意識と自己意識があることは、「地上で」繰り広げられる見世物をはるか彼方から文字どおり見物する神の栄光のために催される一種の精神的シンフォニーであると信じるなら、まさに相当な勘違いですから。とはいえ、我々は神経生物学の知識のおかげで、自己意識について、エンヘドゥアンナ、ホメロス、ソポクレス、龍樹〔ナーガールジュナ〕、ジェーン・オースティン、アウグスティヌス、ビンゲンのヒルデガルト、ジョルジュ・サンド、ヘーゲル、ベッティーナ・フォン・アルニム、あるいはマルクスが有していた以上の理解を手にしていると考えるなら、それは誤解です。

　なぜこれが誤解なのかは、もうおなじみの、あの考察を通して明らかになります。すでに見てきたように、私たちが色の印象と電磁波がどのように関連しているかを知っているのは、さまざまな色の印象に触れ、それらを区別することを学ぶからでしかありません（あるがままを事実として受けとめるしかないというテーゼ）。電磁波に対する我々の理解が深まったからといって、色の印象が消え去るものでもありません。私たちの体験は常に独立した次元をなしており、それなしには私たちの体験と結びつく自然科学的事実や事象を理解することはできないのです。

風車小屋の思考実験におけるモナドのように

このことは、ジョン・サールによる有益な区別を用いることで、もっとはっきりさせることができます。彼は著書『心《マインド》の再発見』〔邦訳『ディスカバー・マインド！』〕のなかで、我々の体験は**存在論的に主観的**である、と指摘しています。つまり、意識というのは内なる視点から描写でき、その内なる視点で我々は色や感情なども体験する、ということです。また、彼は**存在論的に客観的な事実**、つまり、その成立に意識が介在しないと言える事実を区別します。例えば、何かの化学反応を描写するというのは、存在論的に客観的な事実を記録するということです。

ここでサールは、意識というのは**認識論的に客観的**である、と指摘します。つまり、認識論的な観点から意識の何たるかについて知の主張〔つまり、知っていると主張〕をすることができる、ということです。でも、その際、誤ることもありえます。とはいえ、知の主張の対象となるものは存在論的に主観的であり、あるがままを事実として受けとめていくしかありません。意識を否定しようとする多くの人が混乱してしまうのは、サールによれば、認識論的に客観的であると同時に存在論的に主観的でもありうるものがあることを彼らが理解しないことによります。私たちの意識を存在論的に客観的な視点だけから捉える理由はありません。なぜなら、意識は潜在的にまったく未知の対象ではないからです。自己欺瞞に陥ったり、自己観察の仕方がひどかったりすることはあるかもしれませんし、実際よくあることですが、だからといって、私たち自身の意識が私たちにとってまったく未知の現実であるはずがありません。

自己意識それ自体が未知のものになるというのは、日常的に体験する多くの現象が、より正確な宇宙の知識に鑑みると、自分が考えていたのとはまったく違っていることが明らかになるのと同じようなことだと考えてもいいでしょう。もう一度、日の出を例として取り上げましょう。太陽の縁が地平線に見えると思うとき、それは実際は大気の化学的成分によって引き起こされている反映であり、それを蜃気楼に喩えることもできます。そうでなくとも、太陽はどのみち、私たちが見て表現しているような意味で昇っているのではありません。昇っているように見えるのは、私たちの地球が太陽のまわりをまわるとともに、自分自身を軸にしてまわってもいるからです。つまり、日の出は、ある意味で、存在しないのです。何にしろ、そういうふうに表現できることがいくつかあり、地平線や青空についても同様です。どちらも、そう見えるだけで、存在論的に客観的ではありません。

天体や大気に関する存在論的に客観的な事実を考えれば、日の出などの出来事が仮象〔見かけだけの存在〕、つまり一種の幻影としての正体を現すように見えます。しかし、これは意識の場合にはあてはまりません。意識は、そのような仮象ではありえません。むしろ、仮象の源なのです。意識がなければ、私たちは誤ることも、いつか真の確信をもつに至ることもできません。意識は立場なのであって、そこから眺めることで、そもそも私たちには何かが何らかのものであるように感じられるのです。そして、この立場を放棄することはできません。放棄したら、もはや何かを認識することができる人が誰もいなくなってしまうからです。

もし意識や自己意識があるとはどういうことかについて慣れ親しんだことがなかったら、脳や我々の種の生物学的過去に何を求めればいいのか、私たちには決して分からないでしょう。このことは、ライプニッツが有名な**風車小屋の思考実験**で述べています。この思考実験は今でも多くの人を夢中にさせていますが、彼は『モナドロジー』の第一七節で、我々の印象というのは「機械的な根拠を通して」、つまり我々の身体の中で生じる「形や動きを通して」説明することはできない、と主張しています。[77] 確かに、その当時、ライプニッツには脳生理学に関する、より正確な構造について多くを知る術はありませんでした。にもかかわらず「脳は一種のマシンである」（最近ではコンピュータと同一視されることが多いわけですが）というメタファーを導入したのですから、誤解を招く危険はあったものの、その斬新さにおいて何の不足もありませんでした。

思考実験において、ライプニッツはこの思考マシン、つまり脳に乗り込むことができると想像します。そして、これを風車小屋の中に入ることに喩えて、次のように述べています。「これを風車小屋の中にいると仮定するなら、その中に入るや否や、そこで目にするのは、互いにぶつかり合い、知覚については何ら語ることができない塊だけだ」[78]。ここには、チャーマーズの言う意識のハード・プロブレム（五一頁）の原型が登場しています。

ライプニッツは、ここから、人間の精神には内部の複雑さなどまったくなく、まさにモナド〔Monade〕（古代ギリシア語 *monas*「単一性」より）である、というかなり不当な結論を引き出しています。有名な物理学者エルヴィン・シュレーディンガー（一八八七―一九六一年）は、『精神と物質』の中で「ライプニッツの酷いモナド説」を却下して、さらにこんなことまで述べています。[79]

> 本当は意識は一つしかない。それがウパニシャッド哲学の教えである。そして、ウパニシャッド

哲学だけの教えではない。神との一体化という神秘的な体験をすれば必ずこのような解釈に行き着くが、それは強い偏見が立ちはだからないところにおいてである。つまり、西より東のほうがそのような解釈に行き着きやすいということだ。[80]

もちろん、手間暇のかかる根拠づけをしなければ、自然科学的にも、哲学的にも、このテーゼを真に受けることはほとんどできません。そのことはシュレーディンガーも分かっていたようで、だから彼は「西」からの批判に対して予防線を張ったのです。ですが、そもそも強い偏見があまりない東というのは、どこから始まるのでしょうか？　私の住んでいるボンを流れるライン川の向こう側――つまり東部――は、私の自宅のあるボン西部よりスピリチュアルなのでしょうか？　ドイツはポルトガルより東に位置していますから、ポルトガルより単一意識が多く存在しているのでしょうか？　カリフォルニアのヒッピーは、西側深くにとどまっていたから、あれほど「スピリチュアル」な存在だったのでしょうか？　残念ながら、シュレーディンガーはドイツ語圏のロマン主義が作り上げた**ユーロヒンズー教**の犠牲になっています。ユーロヒンズー教とは、インドにはもっと大きい、真の、神秘的な単一意識がある、というイメージのことですが、まるで隣人にはその人なりの意識があるということを理解するのがインド国民には難しいと言わんばかりです！　シュレーディンガー（彼自身も、彼が言うところの「西」出身ですが）が信奉する似非《えせ》神秘主義的なイメージは、彼の場合、意識のハード・プロブレムを解くことができないことに由来しています。彼は、この意識のハード・プロブレムを、自著の冒頭で次のように神経構築主義的に述べています。

世界は、我々の感覚、知覚、記憶から成る構成物だ。確かに、世界はそれ自体として我々のもとに存在していると考えれば、楽ではある。だが、世界が現に明白なものとして認識できるのは、単に存在しているからという理由だけではないようだ。世界の存在が明白になることは、まさにこの世界の非常に特別な部分で起きる非常に特別な事象と結びついている。具体的に言えば、脳の中のある種の事象と結びついているのだ。これは、きわめて奇妙な条件である。[81]

実際、これは「きわめて奇妙な条件」です。でも、それはシュレーディンガーがここで展開していることに一貫性がないからにすぎません。もし、(1)世界が我々の感覚から成る構成物で、(2)脳が世界の一部であるなら、脳も我々の感覚から成る構成物です。そうであるなら、どのようにして脳にこの構成物の基礎であれと、つまり自身は自分の感覚から構成されていない何かであれと言えるのでしょう？　どうすればいいんですか？

ライプニッツとシュレーディンガーが見逃しているのは、もし何かが時計のように純粋に機械的に動くのではないとしても、そのことによって内部に複雑性がないとは結論づけられない、ということです。精神と物質を、単純と複雑というふうに対置させることはできません。ここでは次のことを指摘するにとどめましょう。ドルトムント工科大学で研究を続ける女性哲学者ブリギッテ・ファルケンブルク（一九五三年生）が強調しているように、メンタルな現象は物理的な現象とは異なる文脈で内々に結びついているので、両者について、それぞれ文章で述べようとしても、それらを単一の学問分野で統合することはできません。精神も物質も、それぞれ複雑なのです。ですから、ファルケンブルクは、条件を変えた上でライプニッツのテーゼを維持します。すなわち、精神的なものと身体的なものは原則として異なる物差しで測定され、したがって比較不可能である、と述べるのです[82]。

私はライプニッツをシュレーディンガーの非難から守ろうとしているわけではありません。ライプニッツの意識論は見当外れだと思っています。というのも、彼は原則として存在するすべてのものにある種の意識がある、とまで述べていますから。こういう立場を、**汎心論**と呼びます。注意しておきますが、この立場は今日でも多くの支持者を得ており、彼らは驚くほどの緻密さで汎心論を擁護したり、あるいは厳密に規定したりします。中でも、チャーマーズは非常に先鋭化し、情報のあるところならどこでも、言い換えるなら、何らかのビットが処理されているところならどこでも、体験というものも存在しうる、という考えを抱いています。ですから、彼はサーモスタットに〔仮にぼんやりしたものであれ〕意識があるかどうかは「未解決の問い」である、としています[83]。

私たちの〔常識的な〕予想に反して、サーモスタットや光電子遮断柵、あるいは電球やにわか雨に意識めいたものがありうるのかどうか、それはもはや分からない、と言うのなら、本当に未解決なのは、いったいどこで間違えて、そんな馬鹿なことになったのか、という問いのほうでしょう。もちろん、そんなものに意識はありませんし、もし意識があるというのなら、誤った前提から出発しているか、概念について混乱した結果としか考えられません。

しかしながら、風車小屋の思考実験には一片の真理が含まれています。それが示しているのは、我々が意識している間、あるいは自己を意識している間に進行していて、何らかの形で意識および自己意識と結びつかなければならない機械的または疑似機械的（化学的）なプロセスの描写というのは、意識および自己意識の描写とは異なる原則に則って行われる、ということです。もし私がイオンチャンネルとニューロンのネットワークについて話すなら、自己意識について話すときとはまったく違った考察をすることが前提になります。なぜなら、自己意識は社会という文脈の中に埋め込まれていますが、脳のプロセスの場合、社会的な文脈はないからです。こういう言い方をして差し支えなければ——内部で情報処理が起こるだけなのです。真に社会的な相互関係にはさまざまな人が関わりますが、彼らがまとめて私の脳に現れることはありません。私はその人たちを吸い込んだりはしませんから。つまり、社会的に相互作用を及ぼし合う外に向けられた意識を脳内プロセスの描写に凝縮させて描くことはできない、ということです。もう一度、ホグレーベのアフォリズム〔格言〕を引用します。「精神は外にあるが、内に出現する」[84]。

バイオが常にテクノよりもよいわけではない

意識の内容のいくらかは我々の頭蓋冠の外にある、というテーゼは、**外在主義**と呼ばれます。外在主義の重要なバリエーションは**社会外在主義**で、それによると、我々の意識の内容のいくらかは他者の意識と接触することによってしか生まれない、ということになります。このテーゼの過激なバリエーションは**社会的相互作用論**で、他者の意識との接触なしには我々は自己意識をもつことがまったくできない、と主張します。この考えは、ジョージ・ハーバート・ミード（一八六三―一九三一年）に由来するもので、最近では名声を誇る心理学者ヴォルフガング・プリンツ（一九四二年生）による『鏡の中の自分』の改訂版で採用されています。[85]

外在主義の生みの親であるアメリカの哲学者ヒラリー・パトナム（一九二六―二〇一六年）は、第二次世界大戦後の世界で最も重要な哲学者の一人です。一般的には、映画「マトリックス」三部作で間接的に知られています。というのも、『理性・真理・歴史』の第一章「水槽の中の脳」で、私たちは皆、電気的に刺激された脳にすぎず、自分とは無関係な現実の幻影にうまく騙されているのだ、という恐ろしいビジョンを展開していて、[86]このイメージが「マトリックス」に取り入れられ、全編を通じて描かれたからです。パトナムは、脳をコンピュータになぞらえて、そこで意識あるいは精神がソフトウェアのように作動するのだ、という考えを提唱した最初の人間の一人です。このテーゼを、**コンピュータ機能主義**と呼びます。

パトナムは、外在主義をもともとは言語哲学に導入しました。そして、それを意識の哲学に役立てたのです。言語哲学の中心的なテーマは、どうして我々の使う単語はそもそも何かを意味するのか、という問いです。なぜなら、我々が名前をつけた物、我々が話す事柄は、そう名づけてくれ、そう話してくれ、とは要求していませんから。だから、さまざまな異なる言語があるのです。その際、人間の精神についての推定と、精神の――たいていは「外界」と呼ばれる――自然環境への関連についての推定の多くで、我々の用いる言葉の意味について部分的に混乱が見られることが明らかになりました。パトナムは、現在に至るまで、繰り返しその著書で、どの言語表現意味論が、明示的にせよ暗示的にせよ、我々自身についての考察を主導するのか、という問いを投げかけてきました。外在主義という理解しやすい手法のおかげで広範囲に及ぶ洞察が多数生まれましたし、特に、この手法を長く用いてきた人々には、「私」は脳だと考える者はほぼ誰もいない、という成果もありました。

パトナムは水について簡単な思考実験を行いましたが、これが彼を外在主義に誘《いざな》いました。いちばん簡単そうに思える問いを立ててみましょう。「水」という単語は何を意味しているでしょうか？簡単で手っ取り早い答えは、「水」という単語は水を意味し、実際の水と関連づけられている、というものです。でも、この答えはまったく当たり前ではありません。もし我々がマトリックスの中に生きていたら、言い換えるなら、私がドイツのボンではなく、宇宙ステーションの中のどこかにある、最初から電気的に刺激を受けている私の脳と同一であるのなら、この水についての問いは本当に問題になるでしょう。なぜなら、この場合、私は本物の水を一度も見たことがないわけですから。水について考える機会があるたびに、マシンは水についての概念・意見などを私にインプットするでしょう。私は自分自身を「水」という単語の意味を教えてもらっている子供だと思うかもしれません。しかし、すべてはとんでもない錯覚にすぎないのです。私は一度も水に触れたことがないのですから。

私がマトリックスの中の脳として「水」について知っていることのすべては、実は、私が接続されているマシンが作り出した私の空想、私の幻覚から知ったものでしかありません。こんなことを聞くとゾッとしますし、このようなシナリオでは何かについて本当に確信することができないことは、すぐに分かります。見かけ上の知識のすべては――おそらく我々の脳を健全に保つためだけに――マシンが我々に与える仮の印象から成り立っていることになります。美しい夢をもっている脳のほうが、エネルギー源として永遠にマシンに悪用されるだけであることまで知っている脳よりも、よい状態に保たれるのかもしれません。それに、永遠にマシンに悪用されるなどと考えていると、そんな脳は次第に慢性鬱状態に陥って、最終的には死んでしまうことでしょう。

ゾッとする話です。さらに神経《ニューロ》中心主義が、私たちは基本的には本当にタンク〔培養槽〕の中の脳なのだ、と真顔で吹き込もうとしていることをはっきり理解するなら、もっとゾッとします。神経中心主義によれば、我々は頭蓋冠の下に閉じ込められている脳なのです。進化が私たちの考えをコントロールするのです。なぜなら、我々が本当だと考えているすべてのことが説得力をもって我々に迫ってくるのは、我々が脳として結合しているバイオマシンが特定の利己的な利益を追っているからにすぎないことになるのですから。我々という名のバイオマシンは、自分のＤＮＡを残そうとし、それ以外の点では、他に何らの目的もなく、ただ生き残ることだけを考えます。そこでは生存がすべてなのです。したがって、神経中心主義は、我々は実はタンクの中の脳であり、見知らぬ〔外部の〕プロセスとマシン——進化、遺伝子、ニューロトランスミッターなど——にコントロールされているのだ、と教えます。ほとんど「マトリックス」のバイオ版です。でも、バイオが常にテクノよりもよいわけではありません。

パトナムは、もちろんここで思考を止めるわけではありません。それどころか、なぜ私たちはタンクの中の脳ではありえないのかを分かりやすく説明してくれる、一つのシナリオを思い描きます。砂浜にいるあなたの前を、たくさんのアリが行ったり来たり、奇妙な動きをしていると想像してください。見ていると、どうやらアリはウィンストン・チャーチルの肖像画を描いているようです。ここで質問です。アリはウィンストン・チャーチルを知っていて、彼の砂絵を描いたのでしょうか？　それはちょっと考えられませんね。タイプライターをでたらめに打っていたら『ファウスト』悲劇第一部のテキストになっていた、という有名なサルの話がありますが、それと同じくらい、ありえない話です。別にアリやサルを馬鹿にするわけではありませんが、彼らは私たち人間の世界を知りません。それと同じように、私たちは彼らの生きる世界を知りません。アリがフェロモンを介して互いにコミュニケーションをとっているとき、彼らが何を体験し、あるいは何を考えているのか、私たちに何が分かるというのでしょう？　サルは進化の系統において我々に近いため、私たちは彼らの仲間の一部を即座にヒューマノイド、つまりヒト類似の生物と呼びます。けれども、それは彼らの生きる世界をイメージできるという意味ではありません。

砂浜のアリは、ウィンストン・チャーチルを描くことなどできません。ウィンストン・チャーチルを知っているはずがないからです。もしチャーチルが生きていたことを彼らが知っているとしたら、それこそ奇跡です。そんな情報を、どこから仕入れたというのでしょう？　誰が彼らに説明しようなどと考え、どうやって彼らはその説明を理解したというのでしょう？

パトナムは、ここで二つのことを次のように一つにつなぎ合わせます。もし私たちがタンクの中の脳であるなら、水に関することは何も知りません。それは、アリがチャーチルを、サルが『ファウスト』を知らないのといい勝負です。タンクの中の脳は、水ときちんとしたコンタクトをしていません。つまり、水に触ったこともなければ、見たことも、飲んだこともないのです。同様に、アリもチャーチルときちんとコンタクトしていません。つまり、歴史の授業でチャーチルについて習ったこともなければ、ユーチューブやテレビのドキュメンタリー番組、あるいは本で彼を見たこともないのです。

概して次のようなことが言えます。タンクの中の哀れな脳は、自分自身が作り上げた空想の産物以外、何も知りません。つまり、その脳は言語というものを——それが我々の言語とは似ても似つかないとしても——もっていない、ということです。脳が知っている単語は、幻覚によるエピソードや対象と関係づけられているにすぎません。水も、国も、友達も、床暖房も、指も知りません。私たちが自分たちはタンクの中の脳かもしれないと考えるのは、我々の言語は我々の内で起きることを絶えず報告しているだけでなく、我々が生きる外の環境についてこそ語っている〔つまり、外界との関係づけがある〕という事実を見逃しているからにすぎません。[87] このようなテーゼが、**外在主義の基本理念**です。

もし、幼児が最初に覚える簡単な言葉には外界との関係づけがなく、幼児が作り出したメンタル・イメージに貼りつける、ただのシールのようなものだと考えるなら、またもやホムンクルスを呼び出すことになります。すると、その幼児が自分自身の精神の中にしっかり潜んでいると考えるようなもので、その幼児の前にある内なる舞台の上にイメージが現れ、その幼児だけがそれを見る、ということになります。そして、それらのイメージに、その幼児は名前用のシールを貼りつけ、若干の苦労の末、やがて自分の得た印象のひとかたまりに「ママ」、別のひとかたまりに「パパ」、また別のひとかたまりに「ビスケット」などと名前をつけていく、というわけです。

タンクの中の脳というシナリオにはゾッとしますが、私たちには自分以外の誰も近づけない内面性がある、と考えると悪い気はしません。何もかもが、そして人生のすべてが、自分がいなければ成立しない舞台の上で演じられるのであれば、どんなにいいことでしょう。私たちは、波瀾に満ちた現実のすべてが自分の死をもって終わりを告げると想像します。どんな死であれ、何もかもが危険にさらされる真の災厄《アポカリプス》であるかのように思い描くのです。でも、私たちはそれほど大したものではありません。

どのようにして間抜けなアウグストは万能を追い払おうとしたか

私たちはタンクの中の脳である、あるいは（結局は同じことですが）頭蓋骨の中の脳である、という仮説はナルシスティックな幻想です。ジークムント・フロイト（一八五六—一九三九年）は、この幻想の基本構造について、著書『トーテムとタブー』の「アニミズム・呪術および思考の万能」の章で研究しています。また、パトナムも、これと関連して、アリがチャーチルの肖像画を描くと仮定したり、あるいはまたタンクの中の脳には純粋にプライベートな言語があると仮定したりすると、結局は言葉の意味には「呪術的・魔術的」なものが潜んでいるという理論に行き着いてしまう、と述べています。[88]

フロイトは、誰かのことを考えたりすると、突然その人と電車の中で会ったり、その人から電話がかかってきたりする、という誰にでもよくある現象を例にとります。頻度の差こそあれ、私たちは何か意味ありげな予期せぬ体験をしているものです。そのとき、この惑星で起こった偶然の出来事が、あたかも自分のために用意されていたかのように感じられます。例えば、誰かと再会する待ちに待った日、予期しなかったことに突然太陽が顔を出したり、知人が亡くなった瞬間、突然雷鳴がしたりするときのことです。このような体験は、当然、深く心に響き、一見偶然に思われる出来事の背後に一つの意図や目的があって、このショー全体が〔映画『トゥルーマン・ショー』のように〕私たちと何かしらの関係があるかのような印象をもたらすかもしれません。こういうことを大げさに考えすぎると、迷信に陥ったり、あるいは精神病になることさえあります。

さて、フロイトは、人間は長い間、偶然の出来事というものがまるで霊《ゼーレ》的な関連づけを示すしるしであるかのようにして生きてきたと述べ、それを**アニミズム**と呼びました。今日では、このアニミズムは汎心論または**胚種広布説**《パンスペルミア》の形で、哲学者や自然科学者たちによって検討されています。汎心論は、すでに述べたように、すべてのものには基本的に魂《ゼーレ》が吹き込まれており、私たちの精神《ガイスト》はただ精神の基礎的な力の複雑なバリエーションであって、この精神の基礎的な力というのは〔陽子や中性子を原子核に束縛する〕強い核力〔強い相互作用〕があるのと同様に、現実のものだと考えます。胚種広布説は、この惑星に生命が生まれたのは、生命の胚種がすでに大昔からこの宇宙を飛び交っていて、ここに降ってきたからかもしれない、と考えます。

ところが、フロイトの世界観は、これ以上先には進みません。フロイトは、私たちは彼が**リビドー**と呼ぶ快楽の流れの中に立ち続ける、かなり単純なマシンだと想定していて、私たちの精神生活の本質というのは、フロイトにとっては、快楽感覚をどうにかしてうまくまとめ上げることなのです。それ以外に隠れているものはまったくありません。私たちは進化によって生まれた快楽マシンであり、リビドーの制約を超えた意図的な構造があるのだと自分自身に信じ込ませている、ということです。ですから、彼はホムンクルスのイメージを否定しますが、同時に我々は決して「家の主」ではないとも考えます。[89] もっと詳しく見れば、フロイトはひそかにホムンクルスに固執していますが、ホムンクルスを間抜け扱いしているのです。

けれども、彼はそこで立ち止まらず、恥ずかしげもなく、まったくの誇張に身を捧げます。彼は、多くの同時代人――特にニーチェ――がそうだったように、思考の万能という空想は幻想にすぎないことを見抜いたため、我々の意識的思考、私たちの「私」はもはや完全な愚か者にすぎない、と性急にも結論して次のように述べます。

その際、「私」はサーカスの間抜けなアウグスト〔ピエロ〕という馬鹿馬鹿しい役まわりを演じる。間抜けなアウグストは、サーカスの丸いステージの上では、さまざまなことが起こるが、それらは自分が指揮を執っているから起こるのだ、という信念を、その身ぶりで観客に教えようとする。だが、彼を信じてくれるのは、観客の中で最も年若い子供たちだけだ。[90]

これは、けっこう混乱していますよ。「私」が正体不明の力に弄《もてあそ》ばれるだけの〔意識的思考をもたない〕存在であるのなら、間抜けなアウグストを演じるのは誰なんでしょうか？　そもそもアウグストが間抜けと呼ばれているのは、他の大人よりちょっと抜けているというキャラクター設定のせいであって、本当に意識的思考ももたないほど愚かだからではありません。大人はみんな「私」ですが、フロイトが言うように、その「私」が意識的思考ももたないほど完全な愚か者であるのなら、少なくとも意識的思考をもって行動できるアウグストというキャラクターを演じられる大人は誰もいないことになります。こう考えてくると、「私」とは意識的思考であるという意味において、アウグストも他の大人も同格です。アウグストが間抜けだとは言えませんし、他の大人が彼より利口だとも言えません。それに、大勢の観客って、いったい誰なんでしょう？

「私」は間抜けなアウグストである、とフロイトは公言しましたが、これは「私」または自己を否定あるいは格下げするときによく使われる手です。つまり、フロイトは他の多くの人々と同様に、ホムンクルスはいないという洞察と、「私」または自己はいない――言い換えれば、「私」も自己もそれなりに使えるフィクションである――という認識まがいのものとを取り違えたのです。でも、ここでは実に分かりきった洞察が見落とされています。それは、「私」または自己はホムンクルスではないし、精神哲学の長い歴史の中で、「私」または自己について語った人間の誰一人として、そんなことは推定していない、ということです！

ですから、ここでは、もっと実りのあるようなやり方でフロイトを利用しましょう。私たちの思考は万能でも呪術でもない、というフロイトの観察結果を受け入れるために、私たちの思考はまったく影響力をもっておらず、果てしない荒海に現れる幻影の波にすぎない、と結論づける必要はありません。〔ここで〕精神というのは何にせよすべてであり、もう宇宙に広く行き渡っている、というテーゼ――思考の万能――を、**楽しいアニミズム**と名づけましょう。これは完全なる自己過大評価の表れであり、それはフロイトから学ぶことができます。これとは反対の想定、つまり、我々はせいぜい間抜けなアウグストであって、実際は自分とはまったく関係がないサーカスの公演に居合わせたにすぎない、という想定は完全なる自己過小評価です。これを——ヘーゲルの名言を思い出して——**不幸な意識**と名づけたいと思います。

ここで気づくことですが、哲学用語の「自己意識」と、今日「自尊心」という意味で用いられる「自意識」という言葉には関係があります。実際、意識を把握する働き、つまり意識を意識することは、どのような価値を意識に付与するかということと関連があります。ですから、人間の精神とは何かがテーマになると、理論を構築する際、私たちの自尊心が頻繁に——というより、フロイトを読めば分かるでしょうが、おそらくは必ず——反映されることになるのです。

自己意識に伴う問題は、まだまだたくさんあります。これらの問題が生じるのは、一方では何かについて意識し、もう一方では意識について意識するということがどうやってできるのかについての正確なイメージを描くのが難しいことに原因があります。意識と自己意識は、どのような関係にあるのでしょうか?

次の問題を考えてください。あなたは、あとからそれについて尋ねられても何も答えられないような、そんな意識的状態でいることができるでしょうか? 人というのは、どうも自分の意識的な印象をいつでも意識して体験し、それについてどんな形であれ話すことができるようです。このような診断結果は、HOT、すなわち「高次理論〔higher-order-theory〕」と呼ばれる理論分派を生み出しました。

よくよく調べてみると、これは新しい革袋に入った古いワインを再び持ち出すようなものです。この考えは、最初カントの『純粋理性批判』で詳述され、その後、彼の後継者たち、特に「私」の大家であるフィヒテ（何しろ、彼の名 Fichte には ich「私」が含まれていますから）によって、さらに展開されました。[91] カントとフィヒテは、私たちがどんな意識的な状態にも、意識についての意識という一段高次の意識をもって付き添えることが、私たちの意識の決定的な特徴だと考えています。例えば、ちょうど私はバニラヨーグルトを食べたところなので、バニラの味を感じていて、それを皆さんに伝えることができます。同様に、私は今パソコンの画面に文字が現れる様子を見ているところで、自分の指が自然とキーボードの上を動いているのを感じ、椅子と接触している感覚もあり、そしてそれらすべてについて皆さんに伝えることができます。さらに私たちは、自己意識に到達することによって、つまり自分自身の意識と関わることによって、私たちの印象を増大させ、操ることさえ、ある程度はできるのです。

しかしながら、自己意識には恐ろしい一面もあります。それについては、クライストの作品の中で描かれています。クライストはカントの思想による困惑を経験しており、それはカント危機と名づけられているほどです。クライストの「マリオネット劇場について」という素晴らしいエッセイがありますが、その中で、私たちが自分自身の意識についての意識に到達するがゆえに不安になるような現象を分析しています。エッセイでは、二人の男が保養施設のプールサイドにいるのですが、そのうちの一人（一六歳の少年）が片足を上げて、有名な《棘を抜く少年》のモチーフを思い起こさせるようなポーズをとる場面があります。《棘を抜く少年》というのは、自分の足から棘を抜こうとしている少年の彫像です（フロイトなら「フロイデ〔歓喜〕！」と叫んだことでしょう。なぜなら、棘は抜かなければならないのですから！）。

このシーンにホモセクシュアルできわどい小児愛が暗示されていることは（特にトーマス・マンの『ヴェニスに死す』で、グスタフ・フォン・アッシェンバッハが最愛のタージオのことを《棘を抜く少年》に喩えていたことを思えば）間違いありません。それはともかく、クライストが指摘する決定的なポイントは、この少年の様子を見ている年長の男が少年をあざ笑い、「そんなポーズをとっても、君が自分にそなわっていると思っている気品は見当たらない」ととぼけて少年を当惑させていることです。

足を拭こうと片方の足を膝の上に乗せた彼〔一六歳の少年〕は、大きな鏡にちらと目をやり、そこに映る自分の姿を見て、《棘を抜く少年》の彫像を思い浮かべた。彼は微笑み、私に向かって、自分が何を思い出したかを語った。実は、私もまさに彼が片足を膝に乗せた瞬間、彼と同じものを思い出していた。だが、私は、彼にそなわっている気品がどれほど確かなものなのかを確認したかったのか、それとも、彼の自慢の鼻を少しへし折ってやりたかったのか、ともかくも笑って彼にこう返事をした。「きみは幽霊《ガイスター》でも見ているんだな！」彼は真っ赤になって片足をう一度上げ、私に向かって《棘を抜く少年》のポーズをとり、気品を示そうとした。だが、その試みは、想像に難くないことだが、失敗に終わった。[92]

ちなみに、気品については、アメリカのシチュエーション・コメディ「となりのサインフェルド

〔*Seinfeld*〕」のシーズン6、エピソード1「お目つけ役〔The Chaperone〕」にも取り上げられています。会話の中で、気品は努力して獲得できるものではない、という事実が語られます。気品を努力して獲得しようとしても無駄なのです。なぜなら、気品というのは無意識のうちに身についているものであって、意識して生み出すものではありませんから。エレインという人物が、面接で手痛い経験をします。

ランディス　もちろんです。ジャッキー・O〔アメリカ第三五代大統領ジョン・F・ケネディの夫人ジャクリーン・ケネディ・オナシス〕は素晴らしい女性でした。彼女のようになるのは楽ではありませんよ。みんな彼女が大好きでした。彼女には……気品がありました。

エレイン　（感情もあらわに）そうです！　気品！

ランディス　気品のある人はそんなにいません。

エレイン　そうですね、気品って難しいわ。私にも少しは気品があると思うんです……ジャッキーほどじゃありませんけれど……。

ランディス　「少しの気品」なんてありませんよ。気品はあるか……ないか、どちらかです。

エレイン　オーケー、いいわ。私には気品は……ありません。

ランディス　それに、気品は獲得できるものではありません。

エレイン　あの、私、気品を「手に入れよう」なんて思っていません。

ランディス　気品は店で買えるようなものではありません。

エレイン　（うんざりして）もうけっこうです、分かりました、私には気品はありません、気品なんて欲しくありません……気品なんて言ったりもしません。これでいいですか？

ランディス　ありがとう、おつかれさまでした。

エレイン　はいはい、どうも。

意識を意識のほうに向けることで意識が変わることがあります。ある情景が優雅であるか、あるいは、あるポーズの意味がうまく伝わるか、それは常に、私たちがどのようにして情景やポーズの意味をより正確に理解するかにかかっており、そこでは主観的な要素が関わっています。もし自分の受けた印象の評価について少しでも疑いが生じるなら、その疑いを生じさせたのが自分自身であれ、他者であれ、印象そのものは変わってしまいます。

その背後には、きわめて一般的な問題が潜んでいます。その問題については、カントのみならずフィヒテやヘーゲルもかなり詳しく研究していて、何よりもさまざまなロマン主義者グループに影響を与えました。最終的に、この研究は近代心理学において無意識を認識するという成果につながっていきます。

三人が揃って見抜いたこの一般的な問題の本質は、意識が常に自己意識に付き添われているとは実は言えない、ということです。言い換えれば、私たちが意識している状態のすべてがリアルタイムで常に上位の評価機関のようなものに監視されているとイメージするのは正しくない、ということです。なぜなら、もし監視されているなら、その評価機関にも意識があるのか、という疑問がすぐさま生じることになるからです。そして、もしその機関にも意識があるとするなら――意識には上位の監視機関がある、と定義した以上――最初の上位機関を監視する、さらに上位の機関があることになります。すると、終わりのない厄介な理論の後退が生じます。何しろ、どの意識にも、それを意識たらしめるための別の意識が必要であることになるのですから。

もちろん、ここで次のような逃げ道を探ることもできるでしょう。「どうして、その上位機関（自己意識）がそれ自身〔自己意識自体〕を監視できることにしてはだめなのだ？　そうすれば、上位機関は、意識を監視（ないしは評価）し、同時に自分自身も監視ないしは評価する、という二つの役割を果たすことになるではないか」。

でも、これはうまくいきません。そのことは簡単なケースで説明できます。戦術を必要とするボードゲーム――ナイン・メンズ・モリスとかチェス――で自分自身と対戦すると想像してください。よくお分かりのとおり、そんな試みは失敗します。チェスなどのゲームで自分自身を相手に勝負することは、現実にはできないのです。なぜなら、いくら複雑な作戦を練っても、それを対戦相手に隠しておくことができない以上、まったく意味がないからです。これと同じことが、自分自身を監視する自己意識にも言えます。そこに、どのみち不可能な自己監視という形式を通じて自己意識を生み出すという循環論法の脅威が現れます。理論の後退に陥るか、自己監視によって自分で自分を生み出す循環論法にはまり込むか、二つに一つなのです。

循環の中の自己意識

こういう仕組みは、自己意識についての哲学理論だけでなく、日常のシチュエーションでもおなじみでしょう。海辺のペンションかどこかで食べ放題の休暇を過ごしたあとダイエットに励もうとしている姿を想像してください。あなたは今レストランにいて、その気になれば、すごくおいしそうなピッツァを注文することができます。〔つまり〕あなたには、ものすごく物足りないけれどダイエット・プランには沿っているサラダと、一方には誘惑たっぷりのピッツァという選択肢があります。すると、ここで自己意識が一枚嚙んできます。片方の肩の上で天使が、もう片方の肩の上で悪魔がささやく、というあのおなじみのイメージで、自分の意識を評価し始めます。それはほとんど自分では気づかない、ほぼ無意識の葛藤ですが、やがて決着がつき、天使と悪魔はとりあえず去っていきます。

でも、このときには天使と悪魔の後ろに別の誰かが立っていて、天使と悪魔を評価しているわけではありません。仮にそうだとしても、例えば別の声が加わって悪魔をけなすとしても、その声の後ろにさらに別の声があるわけではありません。この連鎖はいつかは途切れます。ふつうは天使と悪魔のところで途切れますね。私たちはただ内なる声に耳を傾けるのであって、その声にさらにコメントがつくということはありません。

このことをもっと厳密に述べましょう。意識とは別の、意識に付き添う自己意識というものが存在することによってのみ意識が存在するのなら、その自己意識にも意識があるのか、という問いが生まれます。たった今、定義として、意識は常に自己意識というものに付き添われる、と想定したのですから、このことは自己意識にもあてはまります。すると、すぐさま、たくさんのレベルが生まれます。すなわち、意識の意識の意識の意識の……という具合です。これは特に抜きん出た〔*par excellence*〕後退です。つまり、意識をもつためには意識の意識が必要となり、意識の意識をもつためには意識の意識の意識が必要となり、意識の意識の意識の意識をもつためには……という具合に無限に進展していく後退なのです。

このような理論には進展の芽がありません。ですから、伝統的には（特にカントとフィヒテの自己意識理論では）シンプルに自己意識で終わりにする、という想定のほうが好まれました。ところが、この理論では、自己意識は自分自身を監視できると想定されてしまうのです。そうでなければ、そもそもどうやって自己意識があることが分かるのか、ということですね。これは、**循環論法問題**と呼ばれます。つまり、自己意識は自分を中心にまわって〔循環して〕いて、自己意識が自分の存在を認識できるのは自分を中心にまわっているからにほかならない、ということです。ところが、これでは、まさに自己意識という評価機関を必要とすることなしに自分自身を意識する意識があることになります。これは、意識は上位の機関と結びついている、というもともとの推定と合致しません。

カントは、この循環問題を次のようにはっきり認識していました。自己意識をもっているのなら、我々はすでに意識の意識をもっているに違いない。我々は自己意識を何もないところから魔法のように取り出してみせることはできないし、意識の意識をもっているのだから、まだ何も分かっていないかのような立場に立って自己意識のことを説明することもできない、と。カントは、もう少し複雑な言い方をしています。

この考える「私」あるいは「それ」（物）を通して、先験的な主体〔主語〕以外の何ものでもないもの＝Xがイメージされる。Xは、主体〔主語〕の肩書き〔述部〕である思考によってのみ認識され、Xについて我々は隔離されて、決して最低限の理解さえもつことができず、Xのまわりを不動の円を描いてまわり、同時に、Xについて何らかの評価を下すためにXというイメージを絶えず用いなければならない。[93]

カントはここで、考えるとされている「私」あるいは「それ」（物）」について述べながら、それらがいったい何であるかは明らかにしていません。その理由を、我々の意識のイメージは基本的に思考の担い手をどうイメージするかにかかっているからだ、と説明しています。いったい誰が、あるいは何が思考を担っているのでしょうか？　誰が、あるいは何が我々の内で考えているのでしょうか？　私たちはそれを本当に知ることはできない、なぜなら思考の担い手をイメージして初めて思考の担い手を発見することができるからだ、というのがカントの答えです。カントによれば、人は自分のイメージの背後にまわって、そこで隠された意識の真実——意識とは不死の魂《ゼーレ》なのか、それとも脳なのか——を発見することなどできないのです。

この結論に彼の後継者たちは満足しませんでした。思考の担い手が誰であるのか、あるいは何であるのかを知ろうとしました。我々が思考する本体なのか、それとも、それが我々の内で考えているのか、と。これについては、カントの同時代人であるゲオルク・クリストフ・リヒテンベルク（一七四二―一七九九年）が検討し、次のように述べています。

我々は、我々に左右されないある種のイメージを意識する。それ以外のイメージは我々に左右される、と少なくとも信じる。境界はどこにあるのか？　我々に分かっているのは、感覚とイメージ〔表象〕と考え〔観念〕が存在する、ということだけだ。「稲妻が光る〔es blitzt〕」と同様に、「考える」の場合も「それが考える〔Es denkt〕」のように仮主語〔Es（それ）〕を使ったほうがいいだろう。[94]〔二番目の文の解釈には異説もある〕

フィヒテとヘーゲルは、もうこのあたりで社会的相互作用論という解決策を講じました。これについては先ほど触れたばかりです。この戦術は、意識は一つだけではない、と前提することで自己意識が存在する余地を残しました。フィヒテとヘーゲルは、我々が意識を理解し、自己意識をもてるのは、我々が他者の意識を知覚し、そうするとその他者が我々との相互作用の中で彼らの自己意識を我々に植え込むからだ、と主張します。

この基本理念は、（教育学や心理学などの）他の文脈で皆さんにはおなじみかもしれません。特に一般に広まっているのは「良心の声」というイメージで、教育の過程を通じて生まれる我々の内なる評価機関のことです。私たちの親や教育者は、それによって私たちの中に良心を植え込みます。良心というのは概して自己意識のような社会的人工物だということです。

ヴォルフガング・プリンツは、最近『鏡の中の自分』でこのことを洗練させ、「自己」は「他者を通じてのみ成立する」というテーゼを立てました。[95]プリンツは自身の推定において一貫して、私たちのうちの誰であろうと、あらかじめ他者の意図を学ばずして自らの意図をもつことはできない、と考えており、次のように主張します。

行動と意図は、本来、他者の内で働くものだと認められ、かつ理解される。人は自分の行動とその意図を社会にひたすら反映させ、そして、そうすることで得られたイメージを自分自身にあてはめて、そのイメージと似た制御メカニズムを自分自身の行為に応用する。[96]

私の知るかぎりでは、この理念を最初に体系的に練り上げたのはフィヒテであり、彼は次のように簡潔に述べています。「人は［…］人々の間にあって初めて人になる［…］――そもそも、人は一人では存在できない」[97]。フィヒテは、この構造を承認と名づけています。彼によると、あるとき、一人の自己であれ、と誘う要求が私たちに向けられます。この要求は制御メカニズムとして実行に移され、それによって我々は自己意識を獲得するのです。

一見すると、以上のことは総じてもっともらしく感じられますが、我々が誰であるのか、あるいはどのようなものであるべきなのかのイメージをどのように内在化・内面化させるかについて、解釈の余地を残しています。もちろん、私たちが価値や行動規範を周囲の社会環境から取り入れているというのは間違いなくそのとおりですし、そのことについては何らかの説明も必要です。

とはいえ、社会的相互作用論は度を越しています。もし私が意識をもたず、したがって自己意識もなかったとしたら、私が他者を自己意識をもった存在として認識することがどうして可能だというのでしょうか？　他者が私に向かって意識しろと要求するから彼らに意識があることを学ぶという方法では、自己意識と結びついている意識に到達することはできません。いわばまったくフォーマットされていない精神に自己意識をアップロードするのは無理があります。自己意識の数を増やしても、際限のない後退の問題も、循環問題も解消されません。

このことに最初に気づいたのは、おそらくヘーゲルでしょう。彼は『精神現象学』で、フィヒテの解決策に批判的に取り組んでいます。ヘーゲルの主張の要点は、自己意識が複数あると想定しても、自己意識をよりよく理解することはできない、ということです。何かで問題がある場合、その何かをコピーしたところで、それは解決策ではないのです！

また、社会的相互作用論に次のような質問を投げかけてもいいでしょう。なぜ石に自己意識をもたらすことはできないのでしょうか？　それは、おそらく石には自己意識のポテンシャルがまるでないからです。反応する人物であるというポテンシャルは、要求が私たちに下されるときに、すでにそなわっていなければなりません。確かに、社会的相互作用を通じて制御メカニズムは学べますし、行為プロセスや役割その他の複雑なイメージを学ぶこともできます。けれども、そのような方法では、意識と自己意識をもつことは学べません。この段階で、社会的相互作用は失敗に終わります。

でも、どうしましょう？　自己意識などまったくないのでしょうか？　自己意識を自分に理解できるようにするあらゆる試みが基本的な問題で頓挫しているから？　私たちは、意識はそれ自体を通しては説明できないことを見てきました。自己意識を一種の高次意識だと理解すると、出口のない状態、つまりアポリアに陥ります。意識というのは、人間の精神のすべての扉を開ける鍵ではありません。そのことは、意識それ自体を通して意識について説明しようとしてもうまくいかない、という事実からすでに分かっていますし、それは今度は、先におおまかに述べておいた自己意識の問題につながっていきます。もし私たちが自らを精神をもつ生き物として理解しようとするなら、私たちには意識があることを確認するだけでは不十分なのです。ですから、意識の哲学も、神経哲学も、自己認識の王国の賢者の石ではないのです。

私たちは自分自身を探す旅の途上にあります。自己認識を獲得したいなら、認識しようとしている自己とはいったい何なのか、まずは問うてみるのが自然な流れです。今、その二つの候補を検討しました――意識および自己意識です。どちらも、私たちは誰なのか、あるいは何なのか、という問いへの答え、つまり我々の自己イメージの構成要素です。人は自らを意識だと考えたり、あるいは自己意識だと考えたりすることができますし、両者の描写は関連しています。しかしながら、それだけでは当然、十分ではありません。このことは、私たちがこれまでに直面した幾重ものアポリアと袋小路によって示されています。それでも、これらの概念を理解するのに伴って現れる、いくつかの罠とアポリアをもっと詳しく眺めてみることが重要なのです。

Ⅳ
実のところ「私」とは誰あるいは何なのか？

「私」というのはうさんくさい概念で、今日では「自己」と並んで、何かを考えたり、感じたり、欲望したりするときの中央管理センターの名称として漠然と使われています。神経《ニューロ》中心主義者は、例のごとく、脳内にあることが実証されていないのだから「私」も「自己」もないのだ、と述べています。同時に、彼らの一部、中でもマインツ大学の哲学教授トーマス・メッツィンガー（一九五八年生）などは、きっぱりと、「私」というのは脳が生み出すある種の仮想現実である、と主張しています。彼の主張によれば、「私」とは目の奥についている「自我《エゴ》トンネル」から直接アクセスできる現実を覗き見ているかのような印象を私たちに伝える――彼の言葉を借りれば――「透明な自己モデル」なのです。[98]

でも、これだと矛盾が生じます。「私」は、一方では、存在しないことになっています。これはセンセーショナルなテーゼで、脳研究と進化論がそれを証明したということになっています。ですが、もう一方では、「私」は恒常的な物ではないにせよ、自我《エゴ》トンネルとして存在しているのです。メッツィンガーは、私たちは社会に合わせて幾通りにも自己モデルを作り出すことができ、それは生物の進化における非情な生存競争の中での淘汰を通じて形成された仕組みだと考えます。

まあ、そういうこともあるかもしれません。ともかく、どこかの時点でボトムアップの説明を、つまり人間の脳のような複雑な神経生物学的構成物が何百万年もの進化の過程の中で生まれたということを考慮しなければならないのは当然のことです。メッツィンガーは、生物の自己モデルを作り出す能力は「認識に関する武装競争に由来する［…］武器」[99]だと考えます。でも、彼はだからといって自己というものの存在を否認してはいません。そのため、一方では「私」も自己も存在しないという主張がなされながら、もう一方では存在しないことになっている「私」についての描写がなされ、しかもその描写がテクノメタファーや戦争メタファーでのみ目立つ、という矛盾が生じています。

私は、人間の自己モデルをニューロコンピュータによる武器であると、つまり脳がときおり起動させることができるデータ構造であると考えている。例えば、朝起きて、感覚神経からの情報と運動神経からの情報をうまく調整しなければならないときなどに、脳はこのデータ構造を起動させる。自我《エゴ》マシンが自分の現象的自己をONにすると、その瞬間、あなたがやって来る。[100]

「私」あるいは「自己」は多くの物の中の一つの物ではない、というのはまったく正しい。物の秩序の中でネズミや猫やマットレスと同列にあるのではありません。そんなことを言う人は本当にどうかしています。でも、ダーウィン進化論と戦争にほんのり染まったメタファーを盾にして、人は実は誰でもない〔ノーバディ〕のだ、と主張したところで、自分の「私」を厄介払いすることはできません。[101]仮に、中央管理センターの役割を担う生体の意識的ユーザーインターフェイスとしての「私」が仮想現実で、その仮想現実を通してトンネル状の自己モデルが生まれるのだとしたら（何と奇妙な自己描写！）、やはり「私」は存在します。

仮想現実が存在することは、水滴が存在することと同じくらい確実です。「私」は存在しない、という発見はセンセーショナルで、最新の脳研究で裏づけられていることになっていますが、なぜかくもセンセーショナルかというと、はじめに「私」というのは頭蓋冠の下に求められる物であるに違いない、という期待を煽っておいて、その上で、そこに「私」は見つからない、という科学的発見を提供するからです。でも、どうして「私」あるいは自己が物であることを期待する必要があるのでしょうか？　この期待は、すでに近代自然主義——存在するものはすべて自然科学で探究できる、という考えを前提にしています。しかし、その前提に矛盾する形で、「私」というコンセプトは保持されているのです——仮想現実という形で、ではありますが。真に問うべきは、次の問いです。どこまでが仮想現実なのか、という問いが立てられるほどうさんくさい「私」とは本当のところ何なのか、そして脳研究はどの程度までこの問いに答えることができるのか？

それに、自分には自我《エゴ》トンネルがついている、とまんまと信じ込まされていることを、メッツィンガーはどこから知ったのでしょうか？　ここには、彼がこのことを内なる意識的経験から報告している、という問題があります。これはフライトシミュレーターに乗り込むとどんな感じなのかを電話で描写するようなものです。ともかく、その描写は内なる体験を科学的な視点から説明したものではありません。ですから、意識の哲学者と神経科学者の中には、自分というものを目の奥についているトンネルとして体験する人もいるでしょう。そして、それが彼らの脳が関わることで生まれる一種の幻想であることにも（まあ、どんな幻想でもそうですが）、私は同意します。しかしながら、意識の映画館から寄せられるそのようなニュースは概念的に一貫しているか、という問題を脳研究に委ねることはできません。ここは本来、「私」の概念を発達させた哲学の持ち場でしょう。

幻想という現実

「私」は幻想かもしれない。これは、かの有名なブッダやヒュームやニーチェが抱いた古くからの疑惑です。伝統に則れば、ヒュームの考えは「私」の束説と呼ばれており、「私」の物質説とは区別されます。**「私」の束説**は、私たちはさまざまな意識の状態（つまり、考える、感じる、意図するといった状態）でありうるが、「私」というのは単にこれらの状態を合算したものである、と主張します。「私」は、状況に応じて絶えず変化し、恒常的に存在するものではありません。したがって、「私」とは一つの束なのです。これに対して、**「私」の物質説**は、「私」とは一つの実体であり、考える、感じる、意図するといった意識の状態が現れる場である、と考えます。「私」はそういった意識の状態をもてますから、その点において「私」はそれらすべての意識の状態から区別されます。物質は固有の性質の担い手なので、物質には固有の性質があります。「私」が物質であるなら、「私」が「私」の思考や感覚を担う機関であるという点で、「私」は「私」の思考や感覚と区別されることになります。この説によれば、「私」は「私」の意識の状態で終わりになるのではなく、距離を置いて、それらの意識の状態を評価するのです。

　この二つの説をめぐっては、何千年もの間、賛否両論が繰り広げられています。脳研究は、とりわけこの問題では、つまり「私」を首尾一貫して束と解釈できるかどうか、という概念的な問題では、まったく役に立っていません。「私」を脳と同一視すると、一種の物質説になります（他の物質説は「私」を魂《ゼーレ》や身体全体と同一視します）。「私」を、脳がある特定の領域で、あるいはたくさんの領域をシンクロさせることで生み出す仮想現実だと考えても、結局「私」は物質のままです。ただし、脳全体ではなく脳の一部と同一視される物質ですが。つまり、脳研究は、束説より物質説のほうに軍配を上げているのです。

現在の意識の哲学の中で大きな影響力をもつ分派は、いわゆる現象学に影響を受けています。現象学は、一九世紀に始まり、数学者で哲学者でもあったエトムント・フッサールによって哲学の学派の一つにまで高められました。**現象学**〔Phänomenologie〕（ギリシア語 *to phainomenon*「現れ」より）は仮象、現象、幻想など、およびそれらの区別を扱います。その理論では「私」は、そこに何か別のものが現れる何かとして解釈できるかぎりにおいて、最初から中心的な役割を果たします。今まさに、私にはパソコンのモニターとその他多くの物、および主観的に体験した数々の印象が現れていますが、それらはどれもてんでんばらばらに現れているのではなく、意識のフィールドにおいて、つまり私が体験している今という状態において、つながり合い、〔私のオフィスという〕一つのまとまりのあるものになっているのです。

現在の意識の哲学者の多くが――フランツ・ブレンターノ、フッサール、ハイデガー、サルトル、モーリス・メルロ＝ポンティは別として――基本的には自然主義者でありながら、同時に現象学に賛同しています。サールは、その著書で現象学の重要な基本理念を引き合いに出していますが、次のように私から見ても的確に要点をついています。

意識のすごいところは、意識をもっているという幻想を抱くと意識をもててしまうことである。

仮象と現実という通常の区分は意識には応用できず、そこが他の現象と違うところだ。[102]

ここでサールが言わんとしているのは、私たちは何かについて意識しているときに判断を誤ることがある、ということです。例えば、ひと目見たときにはハリネズミだと思ったのに実はサボテンだったとか、これは甘いと思ったけれど実はとんでもない間違いだったということがあります。しかしながら、自分が意識して何かを体験しているということは誤りようがありません。先述したように、デカルトの有名な「我思う、ゆえに我あり」という言葉の裏に隠されているのはこのことだと多くの人が確信しています。ただし、ここでデカルトが「思う（cogitare）」と表現したものを私たちの後世の概念による「私」と同一視するのは、歴史的に見て問題があります。でも、その話は別の機会に譲りましょう。

重要なのは、ふつうは精神に特徴的な事例が意識にも見られるということ、具体的に言えば、幻想も一種の現実であるということです。私が蜃気楼を見たとして、水が見えると思った場所には、もちろん水はありません。それでも、私は水という体験をし、喉の渇きを覚えて水があるように見える場所まで走っていくかもしれません。仮に、意識全体が幻想のように実体のない構造であって、純粋に自己保存のためにプログラムされた遺伝子マシンとしての我々の身体がまったく無意識のうちに生み出したものだったとしても、この幻想は存在します。そして、今後も私たち意識をもつ生物にとって決定的に重要な要素であり続けるでしょう。サールが再度述べているように、「意識は私たちの生活〔生命〕である。〔…〕つまり、意識において特別なのは、意識が重要なことほぼすべての前提になっ

「ている」[103]ことなのです。

思春期還元主義からトイレ理論へ

神経《ニューロ》中心主義が哲学を寄せつけないためにとる典型的な戦術は、まず「私」を「自然化」することです。つまり、「私」を自然科学的に説明したり理解したりできる対象の領域に編入するのです。そうして、「私」は言うなれば神秘的であるという特性を失います。**現象の自然化**とは、一見すると自然科学的に研究できそうもない現象を、その見かけに逆らって、自然科学で表現できるもの、探究可能なものとして扱うことです。したがって、ここで言う「自然な」とは、「自然科学で探究可能な」というような意味です。そして、このことはすでに多くの疑問を投げかけています。というのも、自然科学で探究可能であるとはどういうことなのかが、まったくはっきりしないからです。

この自然化のプロセスを若干異なるニュアンスで捉えているのが、還元主義です。**還元主義**とは、ここでは、自然科学では理論が構築できそうもない範囲にあるような概念を、自然科学で理論を構築できる範囲の等価な概念に戻す（ラテン語 *reducere*「還元する」より）ことです。還元が有意義に行われるためには、還元するための理由が必要になります。〔つまり〕いくつかの概念を自然科学の言葉に還元することで、ある現象についてのよりよい理解に到達できるような、対象領域についての新しい自然科学的な認識が獲得されていることが必要なのです。形而上学のような気分で簡単に還元してはいけません。何でも簡単に還元して、私たちが日常的に用いている高度に文化的な精神の言語を放棄したり、チャーチランドのように、それを雑に編まれた経験的理論（素朴心理学）にすぎないと考えたりするのは、ちょっと考えものです。

同様に、**神経還元主義**とは、神経科学では説明できそうもない現象を、神経科学で説明できるものに還元することです。このような事象の説明に使えそうな、簡単でごく日常的な例を挙げるなら、それは思春期です。ここには還元するための理由があります。思春期は、一方では、反抗する、親の権威を否定する、親にはうかがい知れないプライベート領域に引っ込む、気分にむらがあるといった、ある関連性をもった一連の行動変化として知られています。もう一方では、これらはすべて、性的な成熟に伴って産出される性ホルモンのためにホルモンバランスが変化することで生じる現象です。ここまではけっこうです。還元主義的な説明では、行動変化のシステムは神経科学的に説明可能な事象に還元できるということになるでしょう。思春期に何が起きているのかを本当にきちんと説明しようとするなら、ホルモンについての事実と、ホルモンが人間の脳に及ぼす影響を考慮しなければなりません。還元主義による解釈では、思春期の場合、それ以外のことは考慮する必要がない、ということになります。反抗や、親や教師の権威の否定は副産物であり、ホルモンバランスの変化に伴う一時的な現象にすぎないものであって、それについて客観的な検討を施すべきではない。だから、思春期に起きる行動変化という現象のすべてはホルモンバランスの変化に還元できるため、行動の変化については説明するには及ばない、ということになるのです。

ここで大事なのは、公の議論では見過ごされがちな一つの区別を考慮することです。それは、還元主義には少なくとも二種類あるということです。近年、**存在論**〔Ontologie〕(古代ギリシア語 *to on*「存在」より)は、何かが存在するというのはどういうことか、という問いに取り組んでいますが、それに対応して、**存在論的還元主義**というものがあります。存在論的還元主義は、自然には思えない現象というのは、現象として、見かけとして存在しているにすぎず、その背後には自然の事象の他には何も潜んではいない、と主張します。例を一つ挙げるなら、純水を H_2O に還元することでしょう。純水は客観的に見て H_2O でしかありませんし、純水は H_2O に存在論的に還元できる、と還元主義者は考えます。哲学者がよく例として挙げるのは体感温度を素粒子の平均運動エネルギーに還元することで、そうすると我々の温度感覚の代わりに熱力学を応用することができます。温度は素粒子システムの特性に還元され、存在論的に、客観的に我々の感覚を無視することができるのです。これに対して、**理論還元主義**は控えめで、自然科学でない言葉で描写できる現象は自然科学の言葉ならもっと適切に描写できる、と主張するだけです。

還元主義を思春期に応用しようとしても、そもそもどちらの還元主義の出番なのか、まったくはっきりしません。ホルモンバランスの変化を考慮に入れることで思春期は描写できると言いたいのでしょうか、それとも思春期は単なるホルモンバランスの変化でしかないと言いたいのでしょうか？

神経還元主義は、伝統的に、厚かましくも存在論的還元にも理論還元にも同時に手を出しています。そして、まさにこれが問題の一つなのです。神経還元主義は、その原型が一九世紀にドイツ系スイス人の科学者カール・フォークト(一八一七—一八九五年)によって提唱されました。彼は、一九世紀の中頃には今日通例となっているような形で人間の意志の自由を否定しています。フォークトは

「思考の脳に対する関係は、胆汁の肝臓に対する、あるいは尿の腎臓に対する関係と同じである」[104]という発言をして、〔悪〕名を馳せました。このようなモデルに従って思春期を存在論的に還元すると、思春期の少年が気紛れなのは単にホルモンバランスの変動のせいであるということになります。でも、これは私たちが相互に付き合っていく上で何の役に立つというのでしょう？『精神現象学』で、ヘーゲルはフォークトが提唱したようなテーゼを先取りし、皮肉を込めて厳しく退けます。同書の有名な箇所で、彼は次のように書いています。

> 脳繊維などが精神のありかと見なされることがあるが、それ自体がすでに頭で考えられた仮説にすぎず、実際にありはしないし、さわることも見ることもできない、にせの存在である。実際に存在し、目に見えるものだとすると、それは生命なき対象となるはずで、精神の存在と見なされたりはしない。〔…〕こうした考えの真髄は、理性がすべての物に行きわたり、純粋に対象としてあるものも理性である、という点にある。が、それは概念によってしかとらえられない事態で、概念のうちにしかその真理はない。そして、概念の内容が概念にまで至らず、イメージの段階にとどまっているかぎり、概念が純粋になればなるほど、それに結びつくイメージはたわいのないものになる。〔…〕精神が深みに至ろうとしてイメージまでしか至りえず、そこに踏みとどまっている状態と、イメージに埋没した意識が自分のいっていることを理解できない状態との共存は、まさしく、高いものと低いものとの結合といってよく、自然の生物において、最高度に完成した生殖の器官と放尿の器官とが素朴に結びつくのと好対照をなす事柄といえる。無限の力を

もつ無限判断が、生命の自己把握の完成に対応するとすれば、イメージに埋没する意識は、放尿の働きに対応する意識である。[105]〔『精神現象学』長谷川宏訳、作品社、一九九八年、二三四―二三五頁〕

むろん、フォークトの**思考のトイレ理論**――ヘーゲルともども、そう呼んでいいでしょう――が私たちに示そうとしているのは、我々の思考は天来の霊感ではなく自然な生体プロセスである、ということです。でも、フォークトは（カール・マルクスなどのように）宗教や神学における霊《ゼーレ》という概念を無遠慮に批判するだけではありません。彼は、それらの霊概念に対抗して脳を持ち出しました。フォークトや彼と同時代の他の神経《ニューロ》中心主義者は、激しい人種差別主義者で、女性嫌いでした――残念ながら、当時は神経中心主義者ばかりでなく、科学者や思索家の多くがそうでした。当時その著書が非常によく読まれ、それについてよく議論もされたルートヴィヒ・ビューヒナー（一八二四―一八九九年。作家ゲオルク・ビューヒナーの弟）も、その一人です。ビューヒナーは『力と物質――誰にでも分かる表現による経験主義的自然科学的考察』（一八五五年）において、「コーカサス人種」とこれに「劣る人種」の（間にあるとされていた）行動の差異を脳生理学を基に説明しています。というのも、こういうロジックに従えば、行動の差異は脳の機能に還元されることになるからです。

ニューホランド〔オーストラリアの歴史的呼称〕の原住民には脳の高次機能を司る部分がほとんど欠如しており、彼らからはいかなる知性の能力も、いかなる文化の意味も、いかなる倫理の適性も抜け落ちている。同じことが、いわゆるカリブ人にも言える。ニューホランド人を野生から解き放とうとするイギリス人のいかなる試みも失敗に終わった。[106]

ビューヒナーの次の台詞はいただけませんが、これと似たようなことは、今日でも少しましな形でよく言われています。

女性が男性より精神的に劣っているということは、よく知られている。それに対応するように、〔トーマス・B・〕ピーコック〔一八一二―一八八二年〕は男性の脳の平均重量値は女性のそれより少し大きいことを発見した。[107]

この論述が悲しいナンセンスでないとしたら、皮肉とほとんど紙一重です。何しろ、ビューヒナーは前掲書の同じ頁で、よりによって「精神〔*Geist*〕」という名の「救貧院医師」に言及し、この医師がピーコックの所見を裏づける研究結果を出したとされることにすがりついているのですから。

存在論的神経還元主義の大きな弱点の一つは、私たちが心理的・社会歴史的諸条件に適合させた言葉で描写している行動変化を、実のところそのまま無批判に借用し、脳にそれらの行動変化の理由を求めようとしている点です。これを、**本質主義**〔Essenzialismus〕（ラテン語 *essentia*「本質」より）とも呼びます。不変の本質というものがあり、この本質に人間は責任を負わないが、それを変えることもできない、と想定します。どんなに説得してもホルモンバランスの変化を止められないのと同様に、脳の事象もどれほど説得しても変えられません。女性の脳というものがあったとしても、そのことは社会的な女性解放運動という事象を通しても何も変えられません。女性は女性特有の脳というものに縛りつけられることになるのです。事実はそうでないことを、ここで詳しくお話しする必要はないでしょう。

事実として、思春期というものがホルモンバランスの変化に伴って起きることを、私たちは知っています。この知識は、倫理面でも重要性をもっています。こういう知識があると、子供たち、というより思春期にある者としての私たち自身を、よりよく理解できるからです。でも、知識があるからといって、さまざまな現象が根本において消え去ったり、もはや何の影響ももたなくなったりするわけではありません。

ですから、一般論として、神経中心主義は理論還元主義を選択するほうがずっといいのです。つまり、思春期のような現象は神経科学で説明したほうが理解しやすいかもしれない、と主張するだけにしておいたほうがいいということです。この点に関しても反論はあるでしょう。でも、人間の自由をメカニズムとしてすっかり見通す神を気取る傾向がある精神中心主義を、多少なりとも自制させることにはなります。

「私」は神である

　さて、以上のことを経て、いよいよ「私」、すなわち地上の小さな神の話になります。「私」については、今日多くのことが語られています。テーマは、利己主義はどの程度正当化されるべきかという問いであったり、「私」株式会社〔ドイツ労働市場改革、通称「ハルツⅡ」で実施された政策で、失業者が「私」株式会社（Ich-AG）と呼ばれる独立自営業を始める場合、三年間、失業手当に準じた補助金を受け取れるようにした〕であったり、その他いろいろあります。神経《ニューロ》中心主義者は、「私」を脳と同一視すべきか、それとも「私」の存在を否定すべきかの間で揺れ動いています。というのも、還元主義ではどのバリエーションを使っても、あまりうまく「私」に対応できそうもないことが分かると、彼らはせっぱつまって「私」の存在を否定するという選択肢に手を出すからです。でも、いったい誰、あるいは何なのでしょうね、この「私」というのは？

　このあたりで、ちょっと精神の歴史に目をやってみるのもいいでしょう。〔ドイツ語で〕人称代名詞「わたし〔ich〕」を「私〔das Ich〕」あるいは「この私〔dieses Ich〕」という名詞にした最初の一人は、中世の哲学者マイスター・エックハルト（一二六〇—一三二八年）と呼ばれる人です。（Magister〔大学修士〕の訳語としての）「マイスター」というのは、ここでは哲学と神学の教授というほどの意味です。マイスター・エックハルトは、ケルンで異端であるとして訴えられ、アヴィニョンでの宗教裁判の最中に亡くなりましたが、彼の死後も審理は続き、その教えの中心をなすものが異端として断罪されました。彼がその当時の教会の権威をあまりありがたく思わなかった理由の一つは、彼がもっていた「私」のコンセプトにあるかもしれません。後世、このコンセプトの中に啓蒙主義の萌芽が認められました。これによって、啓蒙という概念が（近代のものと考えられている多くのこと、つまり古代にも中世にも関係がないと考えられている多くのことと同様に）早くも中世において見出せることも分かります。ある有名な説教で――いいですか、裁判でこの説教は有罪にはされなかったんですよ――マイスター・エックハルトは次のように語っています。

> ですから、私は神にお願いします。私を「神」と貸し借りなしの状態にしてください。なぜなら、我々が神を創造物の土台として理解するかぎり、私の本質的な存在は神の上にあるからです。［…］でも、仮に私が存在していなかったら、「神」もまた存在していなかったでしょう。神が「神」である原因は、私なのです。私がいなかったら、神もまた「神」ではなかったでしょう。［…］このようにしていきづまりを突破することで、私と神が一つであることが私に課されるのです。[108]

つまり、他の大方のケースでもそうですが、「私」の発見というのは、自然を学び、神を見つけられなかった自称無神論者が教会に逆らって近代をもたらした、といったものではありません。そのような歴史トンデモ話はすでに見てきましたし、それらは自然科学的世界像というイデオロギーの確固たる一部なのです。でも、それは単に歴史を知らないだけです。もっとも、そんなことは神経中心主義にとっては大したことではありません。なぜなら、神経中心主義は、真の精神の歴史などというものはなく、しょせんは生物学的進化があるだけだ、という主張もしているのですから。そうすると、精神の歴史とは**文化的進化**にすぎないことになります。つまり、ダーウィン進化論という手法で記述できる生物学的進化をわざわざ別の手法を用いてその記述を続けたもの、言うなれば生物進化の別バージョンによる続編の一つということです。神経中心主義はさまざまな予防線を張っていますが、こういう解釈もその布石の一つです。なぜなら、そうしておかないと、私たちの自己描写の歴史における飛躍の数々が脳神経繊維についての洞察によって得られたものではないことに、神経中心主義の信奉者が気づいてしまうからです。

　マイスター・エックハルトは「魂《ゼーレ》の根底」という説を提唱し、私たちの内には「魂の小さな火花」があると考えました。[109] これは彼の「私」理論と関連があります。彼の考えはかなり急進的で、簡単な思索の上に成り立っています。ちょっとコーヒーカップのことを考えてみましょう。私はちょうどコーヒーカップを見ているところです。私とコーヒーカップの間には、一つの関係が成り立っています。見る、という関係です。何かを見るということは、感覚の助けを借りて何かを認識するということです。つまり、私はコーヒーカップを認識しています。では、ここで質問です。私はこの認識と同一でしょうか、それとも、私はこの認識の中のどこかに、私のアイデンティティを把握できるような形で登場するのでしょうか？　まあ、私はコーヒーカップではありません。それは確かです。では、私はコーヒーカップを認識する誰かになるのでしょうか？　それもはっきりしません。なぜなら、私というのはコーヒーカップを認識しているその誰かと厳密には同一視できませんから。私はコーヒーカップの他にも多くのことを認識していますので、もしも同一視できるとするなら、たくさんのものの中からコーヒーカップを認識でき、かつ、他のものも認識できる誰か、ということになります。電気スタンドを認識するときも、私はやはり私なのです。

こういうわけで、私はいろいろなものを認識できます。そして、生きているかぎり、私がこれからまだまだどれだけのものを認識するか、というのは答えの出せない問いです。ここで、私がコーヒーカップを認識するのと同様に、私は私を認識することができる、と推定してみましょう。もし私＝脳であるなら、それは完全に可能です。私は自分というものを、例えばＭＲＩの画像の中に認識します。なるほど、確かに神経科学者は、そんなことはまだ無理だ、まだ「私」は発見されていないのだから、と言っています。どのようにして多くの情報の流れが私たちの知覚のレベルで一つの統一性をもつことができるのかは、よく分かっていません。これは**統合問題**として知られています。認識にとって重要なプロセスのすべてがどのように束ねられれば、それらのプロセスにおいて「私」が認識されるのかが未解明であることは言うまでもありません。しかし、それらの問題が解決された未来を推定してみましょう。そうすると、私の「私」がＭＲＩの画像の中で揺らめくのが見えるかもしれません。でも、その「私」は、まだ私たちが求めている「私」ではないでしょう。ここで認識された「私」というのは、コーヒーカップを認識した誰か〔「私」〕が厳密には私でないのと同様に、私ではありません。

彼の基本的な考えを基に、私はここで話を脳にまで拡大させましたが、つまりマイスター・エックハルトは「私」の非物質性という急進的なテーマを発見したのです。この考えは、近代における自律〔*Autonomie*〕の概念、つまり自分で自分を律する法を作る〔Selbstgesetzgebung〕（ギリシア語 *autos*「自分で」と *nomos*「法」より）という概念の背後に潜んでいます。マイスター・エックハルトが述べていることは、「私」は「私」が認識するどのような事物とも厳密に同一ではありえない、ということにとどまりません。彼は、この基本に立って、やがて「私」を「神同様」と考えるに至りました。なぜなら、彼の考えによれば、すべての事物と神の精神を区別することは、一神教の根本的洞察の一つだからです。

この考えをすべて受け入れ、世界から神を抹消するなら、すべてを知る「私」というものがいて、それは純粋に中立的な立場で全体としての現実を認識し、その現実から秘密を引き出そうと努めている、というイメージにかなり早くたどりつくことになります。このきわめて神学的なモデルは、近代初期の科学的理解の根底に横たわっているもので、実のところこの事実は歴史的にはよく研究されており、周知のことになっていますが、今日では忘却の彼方に追いやられてしまっています。「私」は神同様であるだけでは飽き足らず、神であろうとし、神に取って代わるために、神を世界像から抹消しようとするからです。

けれども、神を本当に抹消し、決して再び秘密裏に神学と手を結ばないようにするためには、別の「私」の概念、本当に近代的な「私」という概念を発展させることが前提になります。そうでないと、神から解放された創造物という考えが常に残り、そこにはあるべきものが欠けている、と感じてしまうのです。パラドクスは、近代における科学的世界像というのが、実のところすべてをキリスト・ユダヤ・イスラム一神教から取り込みながら、徹底的に神から自然を切り離し、この世界という見世物《スペクタクル》を神のように見物する者の席に、思考し、批判的に吟味する「私」を据えていることにあります。これに相当するのは、マックス・ヴェーバーの「世界の脱魔術化」のテーゼです。ヴェーバーの考えでは、脱魔術化というのは特別に近代的な現象ではなく、新たに見出した砂漠の神の名の下で多神教の呪術に背を向け、そうして自然を魔術から解放する旧約聖書の預言者に端を発するものです。すべての魔術は神の管理下にあることになります。このようにして、それ自体は意味が空疎で、私たちにはせいぜいその成り行きを眺めるしかない自然、という観念が生まれます。

自然科学的世界像の神学ファンタジーを最も分かりやすく説明しているのは、すでに紹介したアメリカのテレビ・ドキュメンタリー番組『コスモス』のリブート版です。二〇一四年三月から、ドイツでも『我々のコスモス——旅はさらに続く』というタイトルで放送されています。進行役の天体物理学者ニール・ドグラース・タイソンは、このシリーズで宇宙船に乗り、思いのままに高速で時空を移動して、ビッグバンやはるか彼方の銀河について視聴者に語ります。彼の宇宙船は、思いのままに小さくなることもでき、さまざまなスケールで宇宙を可視化します。彼は意味深長にも自分の宇宙船を「イマジネーションの船」と名づけますが、本当のところこの船は、厳密に言えば、科学的なストーリーよりもニール・ドグラース・タイソンのイマジネーションを多く伝えています。確かに、自然科学とそのストーリーが、セス・マクファーレンのアニメーションで追体験できるかのように説明されます（皆さんの中には、彼をテレビアニメ『ファミリー・ガイ』の生みの親としてご存じのかたもいるでしょう）。いろいろな面で、このシリーズは知の情報伝達の成功例として、お手本とすべき番組です。わが国のテレビ番組には、こういうシリーズがもっとあってほしいものですが、イデオロギーは少なめに願いたいものです。

でも、ちょっとどうかと思われる点が、シリーズ1の、とあるシーンに特によく表れています。それは地球の年齢に関する場面です。進行役は、イマジネーションの船に乗り込み、グランドキャニオンの崖の縁にいます。化石が含まれている隠れた地層を視聴者に見せるため、彼は——あたかもモーセか、地上に降り立った小さな神のように——両手を高々と上げます。すると、地層は旧約聖書の物語に出てくるような轟音とともに、ばらばらに分かれ、隠れていた宝物が顔を出します。こういうシーンを見ていると、このシリーズの他の多くの場面でもそうなのですが、進行役は、あらゆる場所、創造のどんな時代にも自在に赴き、どんなスケールにも自在になれる神であるかのように思わずにはいられません。さらに、進行役は魔法を使います。というのも、誰かが意志の力でグランドキャニオンの地層を分解したり、（他のシリーズでの話ですが）マンハッタンの重力を1Gから100Gに上げ、それからすぐさま元の1Gに戻すことで、消火栓が自重で潰れ、（噴き出した水に乗って）家具運搬の作業員が通りを飛んでいくようにするなどというのは、もう魔法と言うしかないでしょう。イマジネーションの船は、思考の万能というファンタジーの実例なのです。

「私」の背後に潜む思考というのは、一見、思いもよらない場所で役割を果たしています。中でも、「私」は絶対的客観の近代的な解釈の背後で効果を発揮します。**絶対的客観**とは、何かを認識する際に欠かせない、その種特有の条件（私たちの五感がそれにあたります）をそなえた知的観察者が存在しないかのようにして宇宙を観察するスタンスだと言えるでしょう。立場との関わりによる影響が少なければ少ないほど、認識はより客観的とみなされます。

もう何度もご登場願っているトマス・ネーゲルは、かの有名な「どこでもないところからの眺め」というメタファーでこのことを的確に言い表しました。私も、これに関わることを『なぜ世界は存在しないのか』で「観察者のいない世界」として書いています。[110] 自然科学は絶対的客観を求めるべきだ、と考える人は大勢います。すると、認識における理想とは、私たちの立場がもはや登場しない世界像を作ることかもしれません。このような世界像においては、私たちは——この世界像の他のすべての出演者と同じように——自然法則に従うしかない生物種として描写されるのが関の山でしょう。

ネーゲルは、私たちが自分の立場を度外視できることを否定する気はさらさらありません。すでに触れたように、彼はそのことを倫理の基本だとさえ考えています。何か物がある場合、それは単に自分のためだけにあるのではない、ということが私には分かっているのです。そうでなければ、自分のものだとやみくもに主張せずに他者と分かち合おうとはしません。他者の立場に立って、自分自身が今まさに何を望み、状況をどう判断しているのか〔という自分の立場〕から目を転じる能力がないとしたら、そもそもどうして倫理的または政治的に重要な決定というものが存在するのかは決して理解できないでしょう。すると、市民や社会の他のメンバーが利己的な生存競争を繰り広げた結果、先に利己主義のところで触れたように、人は自分の立場を放棄できるという幻想が生まれた、と想定するのがせいいっぱいでしょう。自分たちの確信や信念が利益と結びついていることを批判的に分析する能力は、自分の立場を理論的に度外視する能力と関連しています。この能力は伝統的に理性と呼ばれます。

ネーゲルが指摘しているのは、絶対的客観という理想があっても、だからといって、それが私たちの立場とはもはや無縁であることにはまったくならない、ということです。むしろ、この理想は、きわめて奇妙な別の立場——立場がないという立場——に関わってきます。そんな立場をとることは、実際のところ誰にもできません。立場自体が矛盾をはらんでいるからです。ですから、この立場は、求めはするけれども基本的に絶対到達できない奇妙な理想のままで終わるしかありません。この事実は、しっかり意識しておく必要があります。さもないと、知らない間に自分を神という神学的役割に置いてしまうことになりますから。

ほぼ忘れ去られていた「私」哲学の巨匠

ここまで述べたことを、「私」哲学の巨匠ヨハン・ゴットリープ・フィヒテほど詳しく研究した人はいないでしょう。フィヒテは当時、カントを介してその名を知られるようになりました。彼のデビュー作『あらゆる啓示批判の試み』は、一七九二年にカントと同じ出版業者を通して匿名で世に出されたため、当時、世間ではカントの新著だと信じられていました。そうして、フィヒテは一七九四年、イェーナ大学で教授としての最初のポストを得ます。一七九九年、有名な無神論論争に巻き込まれて退官することになりますが、そのとき、当時イェーナ大学の監督官でもあったゲーテにとって、フィヒテはいろいろな理由で悩みの種でした。ゲーテの考えは、神なることは我々の中より自然の中に求めよ、というものでしたから、「私」を地上の小さな神とする考えをさほど評価しませんでした。

デビュー作のタイトルが示しているように、フィヒテは決して、わけも分からずに無神論に近づいたわけではないでしょう。ところで、フィヒテは、ベルリンのフリードリヒ゠ヴィルヘルム大学――現在のフンボルト大学――の初代総長を務め、生前、社会的にも政治的にも活発に活動していました。彼は一八世紀における典型的な下層階級出身の天才で、封建領主の慈悲によって認められ、庇護されました。現代になって、フィヒテの名は、現在の倫理学において（特にアメリカおよびライプツィヒ大学の哲学者ゼバスティアン・レドゥル（一九六七年生）によって）再発見されます。なぜなら、フィヒテは「私」の自律性と、他者を通してそれが承認されることに関連を見出した最初の哲学者だからです。そのため、彼は先に論じた社会的相互作用論（一九二頁）の発案者でもあり、彼はこの理論の上に自身の法哲学と国家哲学を構築しました。

　けれども、彼がとりわけ有名なのは、そもそも誰が、あるいは何が「私」なのか、という問いを発したことによります。この文脈で、彼は自身が「知識学〔知の学問〕」と名づけた哲学体系を発展させました。彼の基本的な思想は分かりやすいものですが、彼は生涯を通じて、なぜ多くの人々がこの理念を理解しようとしないのか、と訝《いぶか》しんでいました。フィヒテの著作は一読しただけでは理解しづらいのですが、そうなったのは、よりにもよって、興味をもつ人なら誰にでも分かるようにと余計な概念を用いたり、他人の思想・著述からの借用を避けたりすることに努めたからでした。彼の考えを分かりやすく再構築するために、現在では少しばかりの翻訳作業が必要とされています。

　さて、**知の学問の基本思想**です。知〔知（ってい）ること〕にはさまざまな領域があり、それらのうちの基本的なものを私たちは早くも小学校で教わります。算数、地理、国語、体育、等々です。そこで教わるのは、例えば1＋1とか、綴り方とか、首都の名前といった内容だけではありません。そこでは、どうやって学ぶのかも学びます。ですから、こういう疑問が湧いてくるかもしれません。どの知の領域にも共通するものはないのだろうか？　要するに何かを学ぶということなのだから、それらを互いに結びつけるような何らかの共通の形があるに違いない、と。つまり、個々に伝える内容は違っていても、すべての知の領域は何らかの関連があるように思われるのです。フィヒテは、内容の違いはあっても、知〔知（ってい）ること〕には全体として共通する形があるに違いない、と考えました。

まさにこれが彼の出発点です。彼の知の学問は、知の形式と内容は実際にどのように関連があるのかを模索するものでした。彼の行った問題提起は、少なくともプラトン哲学と同じくらい古いもので、私たちが使う数学〔Mathematik〕という言葉に、その面影を残しているほどです。この言葉は、古代ギリシア語で「学ぶ」を意味する“manthanomai”という動詞を含んでいるのですから。プラトンにとって数学の授業で重要なのは、小さなステップを重ねていくことで一つの洞察に導かれることを通じて、学ぶとはどういうことなのかを学ぶことであり、プラトンによれば、それは誰であれ、教わることで身につけられることなのです。この考えを、プラトンは対話篇『メノン』において、無教養な奴隷が地理についての基本的な認識を少しずつ教わっていく様子を描いて説明しています。つまり、フィヒテは、プラトンと同様、私たち誰にでも理性がそなわっていることを示そうとしているのです。このことは、我々は他者から何かを学べるということを意味します。なぜなら、何かを知る能力をすべての人々が共有しているのですから。これは、**理性普遍説**と呼ばれていて、啓蒙の基本前提の一つです。

さらにフィヒテは、すべての知の形式は、私たちにはそもそも何かを理解する能力があるということに由来する、したがって、たとえ絶対的客観を求める場合であっても、その結果は理解できなくてはならないし、理解できるに違いない、と推定します。つまり、絶対的客観は、その極限においても、私たちと結びついたままなのです。フィヒテは、こういう背景のもとで、「私」だけでなく「私たち」についても述べていますが、これをヘーゲルがよく引用される次のような一文で取り上げました。「私たちである私と、私である私たち[111]」。

フィヒテが研究する絶対的客観の極限において、「私」と「私でないもの」の区別が生じます。そうして、「私」は何か絶対的なもの、「私でないもの」から完全に切り離されたものになります（ラテン語 *absolutum* は「切り離された」という意味です）。厳密に言うとフィヒテは三つの原則を打ち立てていて、それらは「私」哲学の支柱になるものです。今日「私」について語るなら、このことを念頭に置いておくべきです。なぜなら、フィヒテの基本思想はフロイトやサルトルにまで影響を与えているからであり、現在使われている心理学用語にも、その響きが残っています。この歴史を見落とすと、「私」なんて誰でも知っているじゃないか、私たちの脳のような自然な何かなんだろう、と簡単に考えてしまいます。けれども、私たちはフィヒテについても、フロイトについても、サルトルについても、そしてもしかしたら自分自身についてさえも、これ以上ないほどひどい誤解をしているのかもしれません。フィヒテは、生前そのような体験をして、知の学問に当初寄せられた非常に批判的な反応について、明らかに失望しながら次のように書いています。「ほとんどの人は、自分を「私」と考えるより、月の溶岩のかけらだと考えるほうが簡単らしい[112]」。

知の学問〔知識学〕の三本柱

知の学問の三つの原則を、ごく簡単に見ていきましょう。というのも、それらは「私」というのが実はどういうものなのかを教えてくれるからです。

知の学問の第一原則は、「「私」＝「私」」です。[113] もちろん、これは陳腐に聞こえます。でも、だんだん分かるでしょうが、そうではありません。皆さんは、いちいち教えてもらわなくても、すべてのものはそのもの自体と同一視できる、と思っているかもしれません。それは、**トートロジー**と呼ばれます。でも、次のようなものは、どうでしょう？

丸い正方形＝丸い正方形

あるいは、

フランスの現国王＝フランスの現国王

何かをそれ自体と同一視するためには、その何かがそもそも存在しうることが必要なようです。丸い正方形など存在しませんし、今のフランスに国王はいません（ニコラ・サルコジは特殊なケースでしたが……）。でも、「私」というのは、さしあたり何かを知っているその人というほどの意味ですから、「私」に対しては、このような問題は生じません。私たちは知の学問について詳しく述べようとしていて、どうすればさまざまな知の領域を関連づけることができるのかを考えていこうとしているのです。そうすると、「私」とは、何かを知っている誰かがいる、という状況を表す呼称であることになります〔つまり、「私」とは、何かを知っている誰か＝知の主体です〕。このことには反論できません。なぜなら、もし何らかの理由を挙げて、何かを知っている誰かなどいないと強く主張する人がいたとしたら、その人自身は、そのような理由が存在することを知っている誰かである！　ということになりますから。これはデカルトのコギトを軽量化したフィヒテ・バージョンです。「我思う、ゆえに我あり」は、フィヒテの手にかかると、「「私」＝「私」」、まさに「「私」は「私」」となるのです。つまり、第一原則は、知〔識〕の領域には、それがそれ自体であると同一視できるものが少なくとも一つあり、それは「私」であるということを保証します。私がロンドンでは今ちょうど雨が降っていることを知っていて、2＋2＝4であることも知っているからといって、私が二つの実体――雨が降っていることを知っている実体と、2＋2＝4であることを知っている実体――に分かれるわけではありません。

知の学問の第二原則は、いくらか単純化して書くなら、「「私」≠「私でないもの」」です。この原則の背後には、まさに絶対的客観という考えが潜んでいます。「私」でないものは、フィヒテの言によれば、確かに「私」ではないのです。何かを知っている誰かではないもの――例えば、石、草原、ニュートリノ、銀河、等々――は、すべて「私でないもの」という概念の中にまとめることができます〔「私」とは、何かを知っている誰かのことですから〕。物や事実の中で、誰かがそれらについて何かを知っている場合にだけ存在するような物や事実は、このカテゴリーには含みません。フィヒテはまた「私でないもの」というカテゴリーを「自然」とも呼びましたが、これはその当時、「私」を自然から排除してはならないと考えるゲーテから特に異議を申し立てられました。ところが、歴史的に見ると、フィヒテはここでひとまず勝利しています、というのも、彼は第二原則によって、「私でないもの」としての自然、つまり絶対的客観という考えをまとめ上げたからです。でも、彼は自然が単にそのまま存在するとは考えず、「私」の形態をしていないあらゆるものの総体としての自然という概念は「私」を度外視した結果として生まれたもの〔抽象の産物〕だと考えました。

このようにして「私」を自然から〔言ってみれば〕救うことが、実はフィヒテの意図でした。ところが、救おうとしたことで逆に自然を「私」の走行レーンから一掃したため、どうすれば「私」が再び自然に属することができるのかが分からなくなってしまったのです。

「自然」とは絶対的客観という旗印の下に探究すべきすべてのものである、と解するかぎり、私たちは今でもこのジレンマに悩まされます。このことは私たちの主観的立場には、定義により、あてはまりません。こうして、「私」は自然と徹底的に対立し、それゆえ次の幕ですぐさま「私」を削除しようとする誘惑が現れるのです。まさにこれこそが目標である、と神経中心主義《ニューロ》は考えます。何しろ、「私」の形をしたものすべてを神経化学の言葉や進化心理学の言葉に翻訳することを試み、「私」という外観を消し去るように説明するのが、神経中心主義ですから。

でも、フィヒテなら、激しくこれに抵抗したことでしょう——それも、もっともな理由からです。絶対的客観というコンセプトによって、自然は統一された概念になっています。しかし、そのコンセプト自体が、その事実を見落としているのですから。簡単な思考訓練をしてみましょう。プロトン、ボソン、フォトン、ニューロンに共通するものは何でしょうか？　ふむ、どれも「オン」の音で終わっているというだけではありませんね〔単にそういうことなら、マロンというのも素粒子モデルに加えたいところです〕。〔先の四つは自然に属するという点で共通していますが〕他にも、分子、銀河、ビッグバン、重力、バクテリア、クマムシ、超新星、時空も自然に属しています。では、もう一度、質問します。これらの事物、法則、あるいは事実のすべてがどういう点で共通しているから、私たちはこれらが同じ領域に属すると認識できるのでしょうか？

フィヒテの答えは、こうです——それらは、我々が絶対的客観という立場から描写するという点で共通している。となると、これらの対象、法則、事実は、すべて一つの理論の枠内で関連しているということを意味しています。〔しかし〕厳密には、これまでのところ、そのような理論はありませんん。何か特定の自然科学として承認されているような、自然についての統一理論はないのです。物理学は、それをなしえていません。では、絶対的客観モードで探究できる自然の統一領域があるという確証を、私たちはどこから得ているのでしょうか？

この問いに答える鍵は、絶対的客観という立場それ自体が、そもそも絶対的客観という立場からは調べられない、ということです。絶対的客観という考えは、何かを調べる際、私たちが私たち自身を度外視することで生まれるものです。だからといって、私たちが消え去るわけではありません。ただ、場外に引っ込んでいるだけです。

フィヒテの意図に完全に沿う形で、最近ネーゲルとサールが、まさにこの考えを再形成しました。

この二人は、客観という理想は、それ自体は絶対的に客観的ではありえない一つの立場から形作られている、と指摘します。それは私たちの立場であり、私たちの立場というのは決してなくなりません。つまり、「私」と「私でないもの」は区別される、ということです。「私」が内包する主観性の問題は、何を「私」とみなし、何を「私でないもの」とみなすべきかについての理論を形成します。その理論は、最初に研究室で作り上げられるのではなく、社会的関連の中で作り上げられますが、この点はネーゲルもサールも強調していません。でも、フィヒテはすでに知っていました。

だからといって、絶対的客観が存在しないわけでも、ニュートリノなどが「社会的に構成」されているわけでもありません。ニュートリノは実際に存在しますし、その存在が理論的に予言され、のちに実際に発見されたことは、二〇世紀の科学史において画期的な一頁でした。しかしながら、前段の議論から導かれる結論は、絶対的客観しかないということはありえない、というものです。すべてを包括するが「私」は登場しない世界像というのは、まったくもって完全ではありえません。第一、すべてを包括する世界観というものは、どのみち成り立ちません――これが拙著『なぜ世界は存在しないのか』の主題でした。もっとも、今はこのことに深入りする必要はありません。今必要なのはごく簡単な洞察で、何が自然に属するのかについての想定は、ある一つの立場・観点からなされるものである、というものです。この立場・観点というのは、近代科学の数々の手法で訓練されてきた絶対的客観モードで物や事実を調べます。でも、これらの手法と絶対的客観の枠組み自体は、これらの手法を自らに応用することでは調べられません。自然科学を研究対象とする自然科学というものはないのです。ですから、現在までのところ、ナンセンス極まる神経ナントカ学――神経ドイツ学、神経社会学、神経神学など——というものはありますが、神経神経科学というものはまだありません。そんなものがあったら、神経神経神経科学という上位の切り札を出さなければならないことになるでしょう。

こういった背景を踏まえた上で、いよいよ**知の学問の第三原則**に向き合いましょう。この原則は、我々二一世紀の原住民にも分かるように私が説明できるまでは、とにかく皆さんの口の中で転がして余韻を味わっていただくしかないような代物です。いいですか、「私は「私」の中で、分かち合える「私」に対して、分かち合える「私でないもの」を対立させる」というものです[114]。この原則には、三人の主役がいます。

1 「私」
2 分かち合える「私」
3 分かち合える「私でないもの」

奇妙に感じることと思います。でも、簡単に言い換えることができるのです。「私」というのは、分かち合える「私」とは異なり、皆さんも私もともにもっている一般的な状況、すなわち、私たちが何かを知ることができるという状況のことです。ここでは、近頃とかく曖昧にされることが多い、知ること〔*Wissen*（知っていること、知識）〕とイメージすること〔*Vorstellung*（表象）〕の重大な違いを、ちょっと思い浮かべることが大切です。

プラトンから現在の認識論に至るまで――現在の認識論は、とりわけ知〔知（ってい）ること〕とはいったい何か、という問いに集中的に取り組んでいます――**知の標準定義**ということが言われています。この定義によると、知とは、その正当性が証明されている確信のことです。その背後には、プラトンが認識論の原典である対話篇『テアイテトス』で初めて展開した、次のような考えが潜んでいます。まず、内容が誤っている何かを知っているということがありうるか、ちょっと考えてみてください。私はアンゲラ・メルケルには人差し指が一七本あることを知っている、ということはありうるでしょうか？　私がそんなことを知っているわけがないでしょう、だって彼女には人差し指が〔今のところ〕二本しかないんですよ！　これが、**真実性の条件**と呼ばれるものです。それは、真実である何かでなければ、知〔ってい〕ることにはならない、ということです。知っていると言えるのは、事実だけ、すなわち真実だけです。

次の質問です。あなたはまったく確信をもてないものについて、知っていると言えるでしょうか？　私があなたに「私は1＋1＝2だと知っている」と言ったとしましょう。あなたは「本当にそう信じているの？」と問い返すかもしれません。すると、私はあなたに「全然確信はもっていない」と告げるかもしれません。これは変でしょう。もし何かを知っていると言うのなら、そのことに対して確信をもっているということです。ですから、何千年にもわたって、知っている〔知識〕、確信している〔確信〕、信じている〔信念〕の関係と違いについて議論が交わされているのです。ハイレベルの確信をもって真実だと考えていることでなければ、どんなことであれ知っていることにはなりません〔これを確信の条件と呼びます〕。何かを知っているとき、私ならその内容に関して賭けても構いません。

ここで、皆さんは、しかしながら絶対に間違っていないということはありえない、と指摘するでしょう。もちろん、私たちは何かを知っているつもりでも間違えていることがあります。同じように、実は自分では何も知らないことを知っているように人々に吹き込むことができます。だから、イデオロギーがあるのです。

この点をカバーするのが、知の三番目の条件、**正当化の条件**です。これは、何かについて疑いが生じたとき、すぐにもっともな理由で擁護できなければ、その何かを知〔ってい〕ることにはならない、というものです。「アンゲラ・メルケルが今どこにいるか知っている」と私が言って、もしあなたがそれに疑問を呈したとしたら、私は、たった今、彼女がベルリンでスピーチしているのをテレビのライブ放送で見たとか、知り合いの女性が電話をくれて、首相がボディーガードを引き連れて買い物をしているのを見たと教えてくれたなどと言って切り返すことができます。何かを知〔ってい〕ることは、その何かを真実だとみなせるもっともな理由を挙げられることを前提にしています。ですから、少なくとも次のように言うことができるのです――何かを知〔ってい〕るとは、真実である何かを、正当な理由を挙げ、相当な確信をもって真実だと考えることである、と。

ここで大切なのは、知〔ってい〕ることを誰かと分かち合うのはごく簡単なことだ、ということです。私が妻に電話して、ペットの犬がまだリビングで寝ているかどうか尋ねたなら、妻はリビングまで見に行って確かめることができます。妻は、ちょっと様子を見に行って（彼女が知〔ってい〕ることのための、もっともな理由です）、犬がリビングで寝ているのを知ることができます。そして、妻がそのことを私に伝えてくれると、私たちは知〔ってい〕ることを分かち合う〔共有する〕わけです。知

〔ってい〕ること〔知識〕は伝達を通じて分かち合う〔teilen〕ことができます。ドイツ語の「伝達する〔mitteilen〕」には「分かち与える」という意味もありますから。これ〔つまり知識のこと〕を、フィヒテは分かち合える「私でないもの」と呼んでいます。

しかしながら、私が妻と分かち合えないのは、妻がこの場面で抱くイメージです。リビングに入って犬を見るとき、彼女はある観点から犬を見ることになります。彼女は犬に対してある特定の感情をもっていますし、私ならまったく気にとめないかもしれない特定の事物に目をとめます。なぜなら、彼女には私とは異なる〔行動や思考などに際しての〕基本前提があり、私とは異なる経験をもっているからです。もっとも、そういったことの多くは無意識的ですが。私たちが抱くイメージは、一つの基本前提に埋め込まれています。サールの言葉を借りるなら、大方は意識されることなく流れ去る可能性と推定のレパートリーに埋め込まれていると言えます。[115]

別の誰かであるというのはどういうことか、それがイメージできないと言うときには、まさにこのことが関係しています。**イメージ**という言葉は、感覚的印象が処理されるとき、または感覚的に処理された印象が想像力の助けを借りて呼び起こされるときに進行する心理的エピソードのことである、と解釈できます。イメージという概念は、またもや厄介な問題を突きつけてきますが、イメージとは、ある人がその人個人に特化された、あらゆるシチュエーション――例えば、ある時間に、ある場所にいる、というシチュエーションなど――を基にアクセスできる情報のことである、と解釈するなら、その問題は避けられます。妻が具体的にどんなことをイメージしているのかは私には分かりませんし、その逆も言えます。たとえ、ある人のことをよく知っていても、その人の思い描く世界に、この意味で入り込み、その世界を――〔スパイク・ジョーンズの〕映画『マルコヴィッチの穴』の主人公のように――内なる眺めから体験することはできません。

ですから、イメージを伝達することはできますが、分かち合うことはできません。それに対して、知〔知〔ってい〕ること〕は伝達することができるし、分かち合うこともできます。このことは、知という概念から簡単に導くことができます。知の概念について、ここでもう一度、要約しましょう。つまり、こういうことです。私は誰か他の人が知っているのと同じことを知ることができる、それは、私とその人がともに同じ事実を真実だと承認し、そのためのもっともな理由をもっていることで可能になります。すると、私たちは知〔ってい〕ることにおいて、同じ立場にいることになります。しかし、私は他の人が抱くのと同じイメージを抱くことはできません。なぜなら、同じイメージを抱こうと思ったら、私はその人でなければならないからです。

フィヒテの「私」哲学では、知が重要なテーマであり、何といっても知の学問が中心です。そうすることで、彼は当時早くも、我々が何かを知ることができるのは、感覚受容体の神経の先端が刺激されることで我々の内に生じるイメージ〔表象〕があるからである、という推定に抗議していました。当時、この推定と似たような考えが流布していて、私たちの知全体を疑問視するために利用されていました。でも、知〔ってい〕ること〔知識〕とイメージしていること〔表象〕を取り違えているから、そんなことになるのです。

つまり、フィヒテの第三原則はしごく簡単で、何かを知っている人は、それによって分かち合える状態に移されている、と言っているわけです。知〔知〔ってい〕ること〕は、伝達する〔分かち与える」ことも、分かち合うこともできる、普遍的なものです。「私」というのは、知の普遍的な次元を表すためにフィヒテが名づけた呼称です。「私」というのは、普遍的な知〔知（ってい）ること〕の主体です。それに対して、「分かち合える「私」」とは、何かを知っている者が多く存在しうること〔つまり、多くの人が同じことを知りうる状況〕を表す、フィヒテがつけた呼称です。「分かち合える「私でないもの」」とは、絶対的客観モードで知ることができるすべてを意味します。

ここまで述べたことは、すべてしごくもっともに思われるでしょう。現代の学問文化を正当化するためにフィヒテを任命するといいかもしれません。つまり、現代の学問文化が脳と取り違えている――ということは「分かち合える「私でないもの」」と取り違えてしまっている「私」を科学に取り込み、それについて議論をめぐらせることで学問文化を豊かにするのです。そうすると、ともかくも一九世紀が始まろうとしていた頃くらいの状況にはなるでしょう。神経《ニューロ》中心主義は、それ以前の状況に落ち込んでいます。けれども、哲学は当時、そこで立ち止まることなく、ある意味では、そこから本当に速度を上げて進み始めたのです。

人間の中で自然が目を覚ます

それでは、「私」の問題とは何なのでしょうか？　もう知っているではないですか。「私」とは、知の主体なのです。「私」であるということは、何かを知っていて、その何かを伝達する〔分かち与える」ことができるということです。それは、「私」というものが私自身から独立して存在していて、ホムンクルスのように脳に棲んでいるということを意味していません。ですから、すでに明らかになっていますが、「私」は脳ではないのです。

ところが、フィヒテの「私」哲学は次の疑問によって崩壊してしまいます。それでは「私」は自然といったいどういう関係にあるのか、という問いです。フィヒテの生前、ロマン主義時代の思索の巨人シェリングが、この決定的な異議を最初に申し立てました——ところで、この異議申し立てがあったおかげで、のちの実存主義も、マルクス主義も、近代の深層心理学も成立できました。でも、それだけではありません。シェリングの弟子に、ヨハネス・ミュラー（一八〇一—一八五八年）という人物がいます。チャールズ・ダーウィンと並んで（ダーウィンほどではないにしても）一九世紀で最も偉大な生物学者の一人とみなされており、彼が定式化した**特殊神経エネルギーの法則**は今日でも神経科学の教科書に載っています。この法則によれば、外部刺激の客観的構造が知覚を決定するのではなく、むしろ刺激された感覚器官（すなわち当該の神経細胞）のほうが、刺激が（見る、聞く、味わうなどのうちの）どのモードで知覚として処理されるのかを決定するのです。ミュラーがこのように考えるに至ったのは、シェリングのフィヒテ批判を真剣に受けとめたからです。そして、この批判は自然哲学（古代ギリシアに始まるタレスらの自然哲学とは異なり、一九世紀ドイツにおける「自然哲学」のこと）と呼ばれる思想につながっていきます。

自然哲学は、自然界の進化の過程のどこかで、自然界の進化を理解できる生物が生まれることができるとしたら、自然とはどういう性質であるべきか、という問いを立てます。この種の考えは、今日では人間原理というキーワードで知られています。**人間原理**〔anthropische Prinzip〕（ギリシア語 *ho anthropos*「人間」より）は、私たちが観察できる宇宙は、その宇宙を観察する生物に明らかに適している、という考えと関連しています。なぜなら、私たちはその宇宙の中で進化した生物だから、というのです。このことは、メタフォリックに、人間の中の自然がいわば目を覚まし、それ自身の意識に到達する、と表現されます。ネーゲルが明らかにシェリングに準拠しながら自著『精神と宇宙』で再び取り入れた、原ロマン主義的なメタファーです[116]。

事実、私たちが自然を理解できるというのは、注目に値する事態です。まさに驚くべきことと考えていいでしょう。なぜなら、自然法則の謎を紐解き始めるような精神をもつ生物が進化してくることを自然が文字どおり待っていたことを示す証拠はないのですから。何はともあれ、精神をもつ生物が存在する必要は必ずしもなさそうです。つまり、この惑星で別の形の生物進化が進み、この惑星における自然や自分たち自身の立ち位置を把握しようとする精神をもった生物がまったく生まれない、というシナリオを簡単に思い描くことができます。

ここで、進化が精神をもつ生物を生み出した、と言うなら、それは言うまでもなく誤解を招く表現です。「進化」とは、進化論で種の誕生のプロセスを記述するときに用いる呼び名にすぎません。進化生物学者のリチャード・ドーキンスは『盲目の時計職人』の中で進化を「盲目の時計職人」と呼びましたが、そういうことではありません[117]。なぜなら、進化は時計職人ではないし、また何かの職人でもないからです。進化は主体ではないし、盲目の意図をもった誰かでもありません。ただ、それまでの他のどんな理論よりも進化論によってうまく説明がつく、種の誕生の複雑なプロセスの総称にすぎないのです。

ところが、進化はあんなことやこんなことをするとか、進化の結果ああなった、こうなったという記述が時々見受けられます。これはナンセンスです。進化のせいで、ある種の結果が招かれるわけではありません。せいぜいのところ、降り注ぐ宇宙線や細胞分裂の際に起きた、まったく自然なプロセスによって生じる遺伝子の突然変異の結果、表現型、すなわち種に特有な外見上の形態の変化がもたらされるくらいでしょう。仮に環境が――これまで地球が何度も遭遇してきたような――大災害などで大変動するとしたら、変異した遺伝子をもつ生物が生き残り、子孫を残したりできるかもしれません。こうしたダーウィン進化論の基本理念は、よく知られています。

「進化」という言葉を使うと、さまざまなプロセスの間に一種の意図――個や種の生存というような盲目の意図ですが――そのようなものが働いているかのような印象がもたらされがちです。しかし、そのせいで、心ならずも、進化とは意図的に導かれるプロセスとして、例えば生存競争としてイメージされます。種の誕生に関する説明において、進化生物学がそれまでの説より決定的に先に進めたのは、いかなる意図の存在も推定しないからです。二〇世紀に生物学が飛躍的な進歩を遂げ、DNAの証明や解析などがなされたおかげで、盲目の時計職人の存在が不必要であることは明らかになっています。意図に満ち溢れた神の座に、盲目の時計職人や進化といった代替神を据えようとするメタファーは、進化論には不要なのです。

フィヒテの「私」哲学とは対照的に、シェリングの自然哲学は、自らを「私」と同定し、そうすることで自然に関する知識を手に入れることができる精神をもつ生物というものは天から降ってくるわけではない、と主張します。私たちはサルの肉体に固定され、あるいは閉じ込められた「私」という天使ではないのです。でも、さしあたり、このことが意味するのは、私たちが自らを「私」と同定するために必要な生物学的条件がある、ということだけです。でも、その条件は、私たちの知〔識〕の文化を必ずしも妨げません。

人間の精神を「私」というスローガンの下で自己探究する過程で自然が発見され、それは一九世紀における大きなテーマの一つになりました。なぜなら、自然は「私」に、言うなれば襲いかかることができるからです。一九世紀の自然哲学と、その後継者――マルクス主義や精神分析も含みます――は、「私」は完全に自律している、という考えに異議を唱えました――「私」には病がある、「私」が知〔識〕の幅や奥行きを広げることができるのは、「私」が「私」に付随する自然条件に煩わされないとき、ないしは、それらの条件によって混乱させられないときだけだ、というのです。自然とは実は「私」を度外視した結果として生まれたものにすぎない、というフィヒテのテーゼ〔の真意〕に反して、私でないもののような形をした盲目の自然というものが本当に存在していて、その私でないもののような形をした盲目の自然が、いかなる明確な意図もないままに、意識をもった生物を生み出した、という印象が生じてきます。フィヒテは、これ〔＝神の存在を無視したような自然観〕について、基本的に自分の考えを述べていません。しかし、ゲーテとシェリングがフィヒテを非難したのも、フィヒテとは別の思索の道を選んだのも、まさにこのことが原因でした。

「それはちょっとパパにやらせなさい」――フロイトと「シュトロームベルク」

こういう背景のもと、ジークムント・フロイトもまた影響力のある「私〔自我〕」の概念を展開させました。そのコンセプトが明瞭に説明されているのが一九二三年に発表した『自我とエス』で、有名な「自我」、「超自我」、「エス」という概念を中心にして、意識と無意識の違いについて、はっきりと述べています。ここでフロイトは、「私〔自我〕」というものを知の普遍的な次元としては捉えておらず、私たちの精神《ゼーレ》生活の一側面、あるいは決定機関〔または担当部局〕とみなしています。彼は「我々はそれぞれの個人に精神的なプロセスの一貫性のある組織があると思い描き、そしてそれをその人の「私〔自我〕」と呼ぶ」と述べています。[118]「私」は心理学の対象になります。それは哲学においてニーチェによって用意されたプロセスであり、フロイトはニーチェを読んだのです。

フロイトは、実際、精神疾患の原因をいち早く生理学に求め始めていたために、彼は実は一種の神経科学者であるとする考えが、たびたび登場します。フロイトが一八九五年に発表した「心理学草案」がその根拠として挙げられ、そこでは彼の命名による「ニューロン理論」が生物学的な基礎づけのもとで展開されています。〔さらに〕現在では、脳で進行しているプロセスの大半は意識的に体験することはできないが、私たちの意識的な生活を可能にしていることが分かっていますから、自然科学的にその正しさが証明された精神分析の土台が、というより、それに代わるものがこれで見つかったと考えられています。

しかしながら、フロイトが精神分析を見出したのは、私たちが自分自身および他者に対する自らの内面的態度をどのように描写するかによって明らかになる精神生活の構造があることを理解したからです。さらに、それを基に彼は精神療法を確立しましたが、自分自身および他者に対する内面的態度を詳細に描写して、それらの態度がいかにして苦痛として体験され、いかにしてそれを変えることができるかを問うことに、この療法の本質がありました。治療に際しては器質的プロセスへの介入――例えば、抗鬱剤の投与――が必要な場合もありますが、いつもというわけではまったくありません。自己描写と意識的生活の質には関連があります。このつながりがすべての場合において神経カクテルによってコントロールされているのか、あるいは、神経伝達物質の放出の土台になっている生化学的法則性と、意識的体験の自己描写において現れる法則性とが、何らかの規則性をもって相関関係にあるのか、現在のところ、事実上、誰にも分かっていません。どんな特殊な生化学的基盤がヨーロッパ征服というナポレオンの野望と対応しているのかは――このような質問の仕方が適切なら、ですが――純粋に憶測の問題なのです。

精神分析は十分に科学的ではないとして、フロイトは歴史の中で断続的ではありますが繰り返し批判されています。しかし、その批判は、またもや、何をもって「科学」と言うのかに左右されます。ともかく、精神分析は今日でも定評ある治療法の一つです。そして、フロイトと、彼の後継者であるフランスの精神分析家で、哲学者でもあるジャック・ラカン（一九〇一―一九八一年）は、人間を監視する専門家委員会の存在、つまり「科学」という名の絶対に客観的な女神に忠誠を誓う科学者たちの介在を受け入れる自己描写のあり方にも批判的に取り組んでいます。精神分析は、絶対的客観に到達できるというような科学の理想は誤りだと批判します。そのため、精神分析は万人に好まれるわけではありません。

フロイトと精神分析は、神経中心主義《ニューロ》においても繰り返し言及され、先駆者として尊敬されています。ですから、フロイトが「私」をどのように理解していたのか、「私」を脳と同一視しようとしていたのか、このあたりで少し詳しく見てみるのも悪くないでしょう。フロイトの言う「私」とは実際どんなもので、本書との関連ではどのような洞察が重要なのでしょうか？

フロイトが行った区別で最も重要なのは、心理的なものを意識的なものと無意識的なものに分けたことであり、彼はその区別を「精神分析の基本前提」[119]と呼んでいます。したがって、意識によって私たちの精神の生活（心理的なもの）が使い尽くされてしまうことはありません。この区別は今日でも覆《くつがえ》されてはいません。ただ、その正確な理解をめぐっては、激しい議論が交わされています。決定的に重要なのは、フロイトによれば、無意識的なものは器質的なプロセスから生じるのではなく、心理的なものに属する、ということです。もちろん、私の感覚受容体に光子があたり、それを情報へと処理する神経生物学的プロセスというのは、私がそのプロセスをプロセスそのものとして感じるのではなく、そのプロセスの結果だけを私の意識的な印象として体験する、という意味において、無意識的です。〔例えば〕手をじっと眺めるとき、私はそのとき繰り広げられている神経生物学的プロセスを同時に見るわけではありません。

しかしながら、このプロセスは、フロイトの意味するところによると、無意識的ではありません。彼が無意識的とするのは、あるイメージや願望を検閲するために自ら築き上げた抵抗を放棄することによって到達することが可能になるものです。だからといって、ここで今すぐ抑圧された性的な空想や、かの〔悪〕名高いエディプス・コンプレックスのことを思い浮かべる必要はありません。ごく日常的な経験を考えれば十分です。

　空港でターミナルから飛行機のところまで行くバスに乗り込む、と想像しましょう。バスに乗り込むと、空いている席が一つ、目にとまります。その席に向かって歩く間、あなたには他の乗客が目に入ります。そのうちの何人かは、すでにターミナルにいたときに目をとめていた人かもしれません。気になる人もいれば（どういう意味でかは知りませんよ）、気にならない人もいます。「そして、知覚という活動そのものは、どういう理由で何かが知覚されたりされなかったりするのか、そのことについては何の情報も与えてくれない」[120]。ですから、人は自らの行動をリードする、ふさわしい理屈を作り上げます。例えば、途方に暮れた感じのあの年配の女性なら、自分がたった今まで向かっていた、あの座席に座ってもまあいいだろうとか、さっきからずっとビジネスパートナーと電話していて、まるで自分は偉いんだと皆に誇示しているような印象が拭《ぬぐ》えない、あの感じの悪い男の横には立ちたくないよなとか、そういうことです。ともかく、あまり好ましくない、言うなれば、すぐに脇にやってしまいたいようなさまざまな思いが頭の中を駆けめぐります。このような考えは、フロイトによれば、無意識からのメッセージです。これらの評価モデルがあるから、私たちは特定の物に目をとめたり、また、特定の人々に関心をもち、その人々に対する何らかの内面的な評価態度をもったりするのです。

　どこかのヨハネスが、強引に割り込んで飛行機に搭乗しようとする短パン姿の旅行者に腹を立てている、と想像してみましょう。彼は必要ならば、その割り込み男のことでクレームをつけて自分の腹立ちを正当化するかもしれません。もしかしたら、明らかにバカンスに出かけるところらしい短パン姿の何者かが皆を押しのけていくことに、カッとするかもしれません。ヨハネスが自分自身に、あるいは他の旅行客に自分の不平不満を披露している間、実は自分はバカンスに行きたいのに出張でマヨルカ島のパルマに飛ばないといけないのだ、という思いが彼の心にふとひらめきます。さらに、彼には自分の脚のことで嫌な経験があって、そのため絶対に短パン姿で旅行したり、そもそも人前に出たりしないのかもしれません。でも、こういう考えは、ほんの一瞬ひらめくだけで、割り込み男に対する不満という一見もっともな理由のある内面的態度に取って代わられます。

精神分析の基本理念は、このように私たちが日常的に行う正当化のための釈明には自分自身と他者に対する内面的態度がはっきり表明されるが、その釈明は常に経験に根ざしており、その中のいくつかは自分では忘れたと思っているものだ、というものです。ですが、実はそれらの経験が私たちを決定しているのです。まさにそれらの経験に対する抵抗を、私たちが築き上げるからです。無意識というのは、かつて私たちの人生において意識したことのあるイメージに対する抵抗が展開されることによって生じ、そしてそれを通して初めて、人格のようなもの、あるいはフロイトがいくつかの保留条件付きで名づけた「性格」のようなものが生まれるのです[121]。「私」とは、この文脈では、私たちが合理的に体験した正当性の根拠づけのための話、つまり、私たちが自分の内面的態度にはきわめて正当な理由があると考える、そのレベル〔領域〕を意味します。ですから、「私」は自らがこのように存在するのも合理的な理由があってのことだとみなす真摯な共演者としても登場するのです。

このことは、誰でも知っている現象を考えると、よく分かります。例えば、職場を考えてみましょう。そうですね、ワンフロアオフィスです。すると、皆さんはたぶん同じことを連想するでしょう。今、テレビのコメディドラマ・シリーズ「シュトロームベルク〔*Stromberg*〕」、イギリス版やアメリカ版の『ザ・オフィス〔*The Office*〕』、ドイツではあまり有名ではありませんが、フランスの『ル・ビュロー〔*Le Bureau*〕』〔どれもリッキー・ジャーヴェイスによる原作のバリエーション〕のことを考えているでしょうね。これらのドラマでは、職場での心理的な力関係がテーマになっています。「シュトロームベルク」に登場するワンフロアオフィスは、カピトルという架空の保険会社の一部です。遅くとも『劇場版シュトロームベルク』で、「カピトル」とはドイツの資本主義をもじった名前であることがはっきりします。ドイツの社会市場経済は、アンゲラ・メルケルがよく口にする「ドイツの住民」の安全欲求にアピールします。資本主義は、一種の保険のようなものです。というわけで、「シュトロームベルク」は〔登場する会社の名前によって〕すでに無意識のイメージを表現しているのです。無意識は、このシリーズでは絶えず飛び出してきます――だから、おかしいのですが。劇場版でコメディの要素が頂点に達するのは、社長をはじめとする重役連中が役員会パーティーと称して娼婦たちとともに乱痴気騒ぎに及ぶところです。

　ワンフロアオフィスの話に戻って、思いきり簡単な質問をしてみましょう。このオフィスで働く人は皆、すべての従業員の評価を書き込んでいる一種の心理地図のようなものを作っていますよね、と。もし誰かがその評価判断を耳にしたなら、職場全員の序列を別の形で書き込むことでしょう。法的に規制された序列――会社の中で定まっているポジション――とはまた別に、それと部分的に重なり合いますが、必ず心理的序列というものがあります。このことは、心理的序列から完全に独立しているような純粋に法的に規制された序列というものはなく、この二つはしばしば互いにつながっているということが分かってくると、いっそう明らかになってきます（いじめ、ストレス、セクハラ、性差別、官僚主義など、要するに企業心理学について交わされる議論を考えれば十分でしょう）。「シュトロームベルク」では、登場人物がカメラに向かって話す、という形で彼らへの短いインタビューがたびたび行われますが、そこから心理的序列が偏在していることがはっきり分かります。心理的序列の証拠が録画されるのですから、その序列はカピトル社の日常につきまといます。それぞれの登場人物が自分の評価に照らしてオフィスでの社会的序列について述べるのですが、その中で、それらの評価が必ずしも合理的ではないことが巧妙に明かされていきます。

ここで明らかなように、フロイトのモデルにおいて、「私」というのは、私たちの社会的相互作用を描写するレベル〔領域〕に与えられた名称です。このレベルでは、私たちの描写は正当であり、もっともな理由に支えられているように見えます。これはフロイトの科学に対する理解にも対応しています。一九一五年に発表された論文「欲動とその運命」の冒頭で、彼は次のように書いています。

科学は明確に定義された基本概念の上に構築されるべきである、という主張をよく耳にする。現実には、そのような定義では、たとえそれが最も厳密な定義であっても、どんな科学も始まらない。科学的活動の本質は、むしろ現象の描写にあり、現象を分類し、配置し、関係づけをし続けることである。描写する段階においてさえ、どこからか引き出した、ある抽象的理念――間違いなく新たな経験〔＝観察〕だけから引き出したものではない抽象的理念――を素材に適用してしまうことは避けられない。[122]

欲動はどのようにして難しい事実と遭遇するのか

現代哲学では、フロイトが「私」と呼んでいるものの構造の中で私たちの**合理性**〔Rationalität〕（ラテン語 *ratio*「合理」より）を説明するために、たくさんのモデルが作られました。アメリカの哲学者ロバート・ブランダム（一九五〇年生）は、「理由を与え、求めるゲーム」という言い方をして、「私」というものをこのゲームの参加者に対する一般名称として解釈することを主張しています。[123]「私」であるということは、自分自身と他者に対する内面的態度をもっともな理由で裏づけし、正当化するという描写レベル〔領域〕にアクセスできるということです。

残念ながら、フロイトには「私」をホムンクルスのように扱う傾向がよく見られます。彼の考えでは、刺激を受けて私たちの中に知覚が生じることによって、ホムンクルスが舞台に現れます。「知識はすべて外部知覚に由来する、という法則は証明される定めにあるかのようだ[124]」と彼は述べています。フロイトは、このテーゼを裏づけるために、「脳解剖学[125]」を利用して、「私」というのは解剖学的に実証可能な表面だと考えます。これがいかに混乱したことになるかは、次の文章が示しています。まったく理解不能なパッセージですが、ここでフロイトははっきりと「私」というのはホムンクルスだと説明しています。

「私」は何より身体的なもので、それは表面に存在する実体であるだけでなく、それ自身が表面の投射だ。解剖学的にこれと類似するものを求めるなら、解剖学者の言う「脳の小人」と同一視するのが最もふさわしいかもしれない。それは、脳皮質の中で逆立ちをし、かかとを上に伸ばして後ろを眺め、周知のように左に言語中枢をもっている。[126]

ここでフロイトは臆面もなく「私」を具象化しています。しかしながら、この具象化は、「私」を社会的機能として理解する、つまり正当化のための釈明という観点から社会的相互作用を描写するレベル〔領域〕として理解する、というブランダムの提案のおかげで避けることができます。すると、もうすでに「私」の束説と「私」の物質説の間にある小道を進んでいることになります。というのも、「私」というものが描写レベル〔領域〕だとすれば、それはメンタル状態の束でもなければ、担い手でもないからです。

もっとも、ブランダムは、「私」は大勢の中の単なる一中立的プレーヤーではない、という事態に取り組んでいるのではありません。どの「私」も、他のプレーヤーとは簡単に分かち合えない立場からゲーム全体を描写しています。その理由は、私たちの誰もがそれぞれ他のプレーヤーとは異なる経験基盤を伴う異なる理論をもっていて、それらの理論は「理由を与え、求めるゲーム」の中で相互比較によってしか調整されえない性質のものだからなのですが、理由はそれだけではありません。むしろ、フロイトから学べるように、私たちの経験の一つ一つには他者が下した評価が添えられるため、私たちがそれらの評価とセットになった経験を一つの習慣として自分の中で引き継ぐことで「私」が個人的なものになるからです。それゆえ、フロイトは「私〔自我〕」の他に、さらに「超私〔超自我〕」と「それ〔エス〕」を導入したのです。

「私の理想型」または「理想型の私」と表現される「超自我」は、特定のふるまいや内面的態度を許容範囲あるいは必要とみなすことで、私たちが「私」としての自己をどのように描写するのかを決定します。「超自我」は、私たちが──他者に対する感情的態度として正当だと「私〔自我〕」に思わせることを許すに足る──もっともな理由として何を承認するのかを確定します。私たちが過去の（子供時代だけではありません）何らかの体験のせいで、ある特定の状況が訪れるたびに、ある特定の感じ方をする、という事実を認めるのは難しいことですが、それは、そうすると「私」がもっともな理由の管理人として担当している意識的なコントロールを放棄することになるためです。何らかの感情に襲われることもあるでしょうが、その際、どうすれば自分の感情の、言うなれば犠牲にならずに済むのかを習得することが、自己認識の役割です。

それに対して、「それ〔エス〕」はフロイトが欲動につけた名前で、彼は性欲動（エロス）と死の欲動を区別しています。性欲動は自己の保存を追求し、死の欲動は自己の抹消を追求します。さらにフロイトは、どちらの欲動も生物学的に実証できると考えました。「もっと単純な生き物」にも「私」と「エス」の区別があることを彼は認めています。「その区別は外界の影響によって必然的に表れるものだから[127]」というのが、その理由です。彼は、このレベル〔領域〕で「私」を我々の内面生活が現実と接触することを可能にしている知覚に分類していますが、その一方で「エス」はエス自身とは無関係の現実が承認されることに対して一つの内面世界を形成することで潜在的に逆らいます。

ここでフロイトの頭に浮かんでいることとは、的外れなイメージに走ることなく、わりとすんなり再構築できます。しかしながら、フロイトは「私〔自我〕」、「超私〔超自我〕」、「それ〔エス〕」の三つは、文字どおり身体の部位であるかのように特定の局所に限定できると考え、実際、その考えを「局所論〔topisch〕」（ギリシア語 *topos*「場所」より）と呼んでいました。

私たちの確信や意見とは無関係に事実であることについて、私たちは確信と意見をもちます。何かを知覚することとは——我々の知覚を通して変化させることはできず、理解するだけである——そのような事実と接触することを意味します。このことは、ドイツ語で知覚を意味する“Wahrnehmung”という言葉の中に感じ取れます。この言葉は、人が何かを本当〔wahr〕と受け取る〔nehmen〕こと、つまり、何か本当のこと、事実をつかみとることを示しているのです。また、知覚に相当する言葉の語源としてラテン語の“perceptio”をもっている言語（英語やフランス語など）では、何かを集める、あるいはつかみとる、という概念が表されています。ですから、フロイトの言う「私」は、彼が名づけるところの**現実原則**、つまり、私たちがその存在や実現に関与していない事実と接触する、という状況を象徴しています。

その存在に私たちがまったく関与していない事実のことを、**難しい現実**と呼んでもいいでしょう。難しい現実のいくつかは、私たちの感覚受容体に対する働きかけがあることで知覚できます。難しい現実の定義は、無制限に使えるわけではありません。例えば、ナポレオンが自らを帝位につけたという事実は、現在生きている誰かがその実現に関与したかどうかとは無関係に、ともかく存在しています。実際にいつ、私たちとは関係なく何かが存在するのかを厳密に述べるのは、まったく簡単ではありません。でも、その問題はこのくらいにしておきましょう。ここで決定的に重要なただ一つのことは、「私」は何らかの場〔状況、局面〕で事実と遭遇し、そしてその事実のいくつかは「私」がまずその存在を認めておくべき難しい現実である、ということです。

それに対して、「それ〔エス〕」は欲動を象徴し、難しい現実とは無関係でいられます。ですから、私たちは難しい現実のいくつかを変えることができるのです。例えば、私たちの前に巨大な山塊が立ち塞がり、スイスからイタリアに（あるいはイタリアからスイスに）行くのを難しくしています。そこで、少しでも早く隣国に行きたい私たちは、ゴッタルドベーストンネルを掘ります。でも、どうして早く隣国に行きたいのでしょうか？　そうですね、隣国とビジネスをしたい、隣国で食事をしたい、美術館に行きたい、知り合いがよその土地に住んでいて、その人に会いたいなど、理由はいろいろでしょう。

私たちは現実を変え、新たな現実を作り上げます。なぜなら、私たちには欲動があるからです。欲動がなかったら、私たちは大して長生きしない現実の覗き窓でしょう。動物は、自ら決定して動けるという点で、多くの植物と区別されます。私たちは移動への衝動を推進力として体験します。それゆえ、フロイトは、「それ〔エス〕」というのは知覚によって刺激され、知覚に反応する一種のエネルギーセンターである、と考えました。フロイトにとって、「私〔自我〕」は言うなれば「エス」の目と耳です。「私」というのは「それ〔エス〕」の一部である、とフロイトは明言しています。余談ですが、これだけで、すでに彼の言っている「私」と「エス」の区別が難しくなってきます。「私〔自我〕」、

「超私〔超自我〕」、「それ〔エス〕」の間には、思った以上に深い結びつきがあるのです。というのも、フロイトによれば、「超自我」とは「内面世界の、つまり「エス」の代理人[128]」であり、「自我」に「エス」の願望を評価した上で伝えるものだからです。「個々の精神生活で最も深いものに属していたものが、理想の形成を通して、我々の評価という意味で、人間精神の最も高いものになる[129]」と彼は述べています。奇妙な仕組みです。

とはいえ、フロイトが「欲動」と呼ぶものが、「知覚」とは違って、変化に向かわせる力として理解できることは、はっきりしています。知覚は、いかなる変化も欲さず、単にすべてを受け入れます。それに対して、「それ〔エス〕」は私たちをある状態から次の状態へと駆り立てます。しかしながら、その状態の変化は「私〔自我〕」を通して表されるため、一定の形、すなわち具体的な願望という形をとります。

ここで再び例を挙げましょう。グローバル化された豊かな社会の一員である皆さんは、スーパーに行き、どの牛乳を買おうかと考えます。その際、牛乳パックの色や模様から、いろいろな空想をします（ふむ、これは絶対、バイエルンに行ったとき朝食で飲んだ牛乳と同じ味がするだろうな、するとシュタルンベルク湖畔にいるような気分になれるな）。どの牛乳を買おうかと考えた瞬間、「それ〔エス〕」のエネルギー（うん、絶対おいしい！）と「超私〔超自我〕」のエネルギー（高すぎる！ 牛乳は太る！）の損得の見積もりが始まります。フロイトのいささか古風なニュアンスを帯びた人間像の中だと、意識の映画に同期して起きる前意識と無意識の音なき声は、むしろこんな感じになるでしょう。「ふむ、他人には言えんが、ママのおっぱいを思い出すな、子供の頃は、ママが大好き、ママがいちばんだったな」とエスがささやきます。すると、「お前は太ってるぞ、痩せなきゃだめだ。さもないとママの息子にふさわしくないぞ」と「超自我」が怒鳴るのです。まあ、フロイトなら、こんな感じで見るでしょう。皆さんが真似る必要はありませんが。

エディプスと牛乳パック

さまざまな牛乳パックは常にそれらへの評価と結びついて知覚されますが、その評価というのは必ずしも目の前にある事実と関係があるわけではありません。私たちの知覚はあらゆる種類の願望や欲望のシステムに埋め込まれており、人生において知覚が願望とは無縁の、純粋な状態で登場することは決してありません。例えば、研究室でタンパク質の研究をしている科学者でさえ、ありのままの事実を知覚あるいは認識するためには、自分の願望を度外視する必要があります。でも、自分の願望を度外視するためには、まさに度外視したいと望む必要があります。科学者であろうと決めた以上、できるかぎり、この決定〔科学者であること〕の枠内に自分の欲動を配置しなければなりません。私たちは会話の中で、日常的に受け入れられている理由を基にして、私たちの生についてさまざまに主張を交わします。意識的に体験されるそのような生、すなわち「私」は、主張によって支えられるという意味で、「「エス」の特別に区分された一部分」[130]なのです。なぜなら、私たちは確かにありとあらゆることを知覚しますが、何に集中し、何には集中しないのかの選択がどのようにして行われるのか、それを知覚することはできないからです。ですから、フロイトは「私」を「哀れなもの」[131]と呼んでいるのです。なぜなら、「私」は単なるユーザーインターフェイスであって、そこには一方では知覚が、他方では欲動が映し出されるけれども、それらはすぐさま「超自我」によってフィルターにかけられ、評価されるからです。

フロイトが提示した知覚と欲動の区別——現実と願望の区別——では、残念なことに、すべてがあまりにも混乱しており、よく見ると理論体系が崩壊しているほどです。例えば、どうして「エス」は単に区分されていない唯一の欲動——言うなれば、私たちが感じる情動的感情、私たちを休みなく駆り立てる情動的な興奮と不安——ではない、と言うのでしょうか？ それはこういうことです——フロイトは「私」を「エス」の一部分だと解釈し、「エス」に目をはめ込みました。それ自体は鈍《にぶ》くて愚かな「エス」は、その目を使って自分を固着できる現実を求めてあたりを見まわす、というのです。これは、フロイトが「対象備給」〔カセクシス。精神的エネルギーが特定の活動、観念、物、人などに向け続けられること〕と呼ぶ状態です。すると、ご覧なさい、あそこに母の乳房があるではないですか。「エス」が固着する母の乳房です——そして、文学、映画、テレビ（「エディプッシ〔*Ödipussi*〕」シリーズ）で何百回と戯画化されて登場する、私たちの性欲動に関する精神分析的解説が、我々には母親やその未来の身代わり、あるいは父親やその未来の身代わりと寝たい、という深い願望があることを指摘しながら、延々と続くのです。

でも、「私」が「エス」の一部分である、というのはどういうことなのでしょうか？ 別の問い方をすると、もし「エス」が無意識的であり、「エス」のメッセージあるいは衝動はフィルターにかけられただけで、意識をもった「私」のところに届くとするなら、どのようにして「私」は「エス」の一部分でありうるのでしょうか？　「私」自体が無意識的で欲動的でなければならないことになります。ですが、そうすると「私」はもはや知覚を担当することができないでしょう。現実原則は快楽原則の中に崩れ落ち、精神分析という学問はこんなふうに長くつ下のピッピになってしまいます。

　2かける3は4になる、
　ヴィデヴィディヴィットたす3は9になる、
　私は自分の世界を作るの、
　ヴィディヴィデ、私の好きなように。

フロイトは自ら「精神分析は、「私」が次第に「エス」を征服していくことを可能にする道具である」[132]と説明しています。でも、彼の〔理論〕モデルのどこに、それが書いてあるのでしょうか？　精神分析家は話し相手として、ある人物に歩み寄りますが、その人物にとって精神分析家は外界の代弁者、すなわち「私〔自我〕」なのでしょうか、それとも良心の声、すなわち「超自我」なのでしょうか？　それとも「エス」であるとか？　「エス」がすでに「私」であるなら――だって、「私」は「エス」の一部分である、とフロイトは言っていますよ――どうやって「私」に「エス」を征服しろというのでしょう？

このように、いくつかのことが混乱しているのがお分かりでしょう。生前、哲学の側からの異議申し立てに対して答えたように、今フロイトが生きていたら、「私〔自我〕」、「超私〔超自我〕」、「それ〔エス〕」の関係は臨床経験から得た知見だ、と答えるでしょう。でも、専門家の経験とやらにひきこもってしまう、このような主張は、フロイト自身が掲げる〔「私」の知覚は「エス」の願望に影響されるという〕前提に鑑みても、説得力をもちません。「私」について筋の通らない理論モデルを示しても、心理療法の現場で目撃したことだとか、当世ではこちらのほうが一般的ですが——脳スキャン画像で確認したことだと主張し、それを口実に言い逃れをすることはできません。そんなところに、理論的に逸脱し、矛盾したものは絶対に見えませんから。そこにあると思って探すから、そこに見えると思うだけのことです。

それでも、フロイトは見当外れなことを言っているわけではありません。とはいえ、彼の考えは近代化する必要があります。この場合は、特に、「私」というのは有機体と自然環境（外界）の相互作用によって形成される生物学的実体であるとか、長い文化史の結果として〔「私」の他に〕「超私〔超自我〕」まで生まれたとか、そういう間違った想定からフロイトの考えを解き放ってやることを意味します。なぜなら、そのような想定のせいで、とんでもない神話が生まれてしまったからです。もちろん、そのおかげで私たちは数々の真の洞察を得られましたし、また多くの芸術作品も生まれたのですが。フロイトがいなかったら、シュルレアリスムも、アレハンドロ・ホドロフスキーの映画も、ウッディ・アレンその他、たくさんの芸術作品もなかったでしょう。彼自身は一九世紀の男性ですから、男女の性、特に女性というものについて当時の男たちが抱いていたイメージを部分的にでも信奉していたでしょうが、それでも、彼がいなかったら、おそらく性の解放もなかったでしょう。

精神分析のおかげで、マイノリティないしは抑圧されているグループの政治的復権が格段に進みました。私たちは、性的願望を抑圧しているという事実と向き合ったおかげで、いや、もっと言えば、私たちの誰もが非難されるべき性的倒錯や犯罪の範疇には簡単に分類できないような性的空想を抱いているという事実と向き合ったおかげで、今日では（何はともあれ、多くの西洋諸国では）ようやく、同性愛を病気と考えることも、女性をエデンの園のヘビ同然に私たちと神の声の間に割って入る誘惑者（あるいは逆に、男の欲情を映すだけの潜在的不感症者）と考えることもなくなりました。結局のところ、フロイトは性を私たち自身を構成する中心的要素として認識するためのスペースを作り出したのです。

　フロイトに端を発する精神分析ですが、二〇世紀には、そこからさまざまな分派が生まれ、新たな解放論につながりました。その一つが、**ジェンダー論**です。この考えは、基本的に、身体を調べて男か女かを特定するだけでは完全には説明できない性役割〔ジェンダーロール〕があることを前提にしています。今日、最も有名なジェンダー論の運動家は、アメリカの哲学者ジュディス・バトラーでしょう。バトラーは、女性的または男性的な要素を――例えばホルモンを「女性的」と「男性的」に分類することで――人間の身体の仕組みに求めようとすること自体が、多くの場合、すでに特定の性役割のイメージを我々がどう身体に関連づけているかによって決定されている、と述べています。[133]

　このような考えに則れば、フロイトの精神分析も、似非《えせ》生物学的ディテールにおいては、ただ性役割について想定しただけのものであって、厳しく見るとけっこう馬鹿げているということが、かなり早く暴かれます。例えば、「超私〔超自我〕」は内在化された父親を代表するのか、それとも内在化された両親を代表するのか、それについてはフロイト自身、決して確信をもっていません。フロイトは「超自我」が母親由来である可能性を考えませんでした。それは、おそらく単に彼が宗教的、倫理的なイメージというのは男性によって主張されるものだと思っていたからでしょう。そもそも、彼の著述の中には家父長的な推定がひしめいていて、彼は神話を作り上げることで、それらを支えています。

神話の形成というのは自己認識から逃げるための典型的なやり方で、今日でも行われており、たいていは過激ダーウィン進化論に感染させられています。「私」とはいったい誰なのか、あるいは何なのかと問い、その問いに対して、「私」が歴史的にどのように記述されてきたのかについても教えてくれる一貫性のある答えを構築する代わりに、現実には認識しようのない過去が持ち出されるのです。そのような過去はかなり大昔であり、証拠となる発掘品は二、三の頭蓋骨や槍の先端、せいぜい洞窟画くらいでなければなりません。それなら、その過去からどのようにして我々が生まれたのかについて、かなり好き勝手な話をすることができるからです。

まさに、これが神話なのです。**神話の政治的中心機能**は、太古の昔を思い描くことによって、現在の社会全体の状況についてのイメージを作ることです。その過去について実際に分かっていることが少なければ少ないほど、思いのままにイメージを作ることができます。フロイト自身、名著『モーセと一神教』の中で、次のような話を披露しています。それによると、私たちには良心があって、客観的な倫理の戒律があり、したがって善と悪があると考えるのは、太古の民の群れが砂漠でモーセを打ち殺したためです。モーセを殺した反動で良心の呵責が生まれたというわけです。

よく知られているように、フロイトは自己形成、すなわち「私」の育成における本質的なテーマは、男性が自分の父親を殺して母親と寝ることを欲することにある、と考えます。よく議論にのぼる**エディプス・コンプレックス**です。カール・グスタフ・ユング（一八七五―一九六一年）は、エディプス・コンプレックスの少女版として、エレクトラ・コンプレックスというものを付け加えました。もっとも、フロイトは、一九三一年に発表した論考『女性の性愛について』で詳しく述べているように、ユングのアイデアには賛成しませんでした。このようなテーマは、実際、神話を題材にした過去の作品の中に多く見られます。もちろん、ソポクレスの悲劇『オイディプス王〔エディプス王〕』は、その代表です。

現在、進化の過程で有益であることがはっきりした価値を判断基準にして善悪を決めるのが一般的です。したがって、生存に役立ったものが「善」であり、ホモ・サピエンスの生存を脅かしたものが「悪」ないしは「劣」ということになります。特に議論されているのは、なぜ**利他主義**が登場したのか、つまり、なぜ生物は自分の幸せを、あるいは自分の命さえ他者のために犠牲にするのか、そもそもなぜ生物は他者の幸せに関心をもつのか、ということです。この問いの前提となっているのは、どの生物も本来利己的である、という想定です。このようにして、利己主義と利他主義の対立が生まれます。

こうした状況を背景に、進化生物学者リチャード・ドーキンスは、非常に注目を集めた著書『利己的な遺伝子』の中で、なぜ我々はどこかの他人より親族のほうが道徳的に自分と近しいと考えるのかを説明しようとしています。[134] 彼は、人を利己主義に走らせているものは、その人個人ではなく（つまり私やあなたではなく）、私たちを代表する特定の遺伝子だと考えます。この遺伝子はその人の親族にもあるので、自分の利益を犠牲にしてでも、この遺伝子を守ろうとするのです。そう考えれば、どうして私たちはふつう自分の子が死ぬより他人が死ぬほうがましだと考えるのかを理解できるというのです（でも、養子の場合はどうなるのでしょう？――この説が投げかける問題の一つです）。

　でも、どうしてそうだと分かるのでしょうか？　日常的で、社会的秩序が保たれた、大なり小なり平和な状況の中で尋ねられれば、多くの人は、見ず知らずの他人より家族や親族を守る、と即答するでしょう。ところが、これは普遍的な真理というわけではありません（おまけに、親族といっても皆が同じ遺伝子プールに属しているわけでもありません……）。反証のために、最近の事例を一つ挙げましょう。二〇一四年八月末まで、イスラム教シーア派の住民（トルクメン人）が多数を占める〔イラク北部の町〕アミルリは過激派組織イスラム国に制圧されており、住民は大量虐殺の危機にさらされていました。制圧されていた間、イラクのヘリコプターが何度もこの町に飛来し、食糧の確保と傷病者の搬送を行っていました。現地に住む歯科医がすべての傷病者の世話にあたっていましたが、彼の家族はアミルリにとどまっていました。彼は『シュピーゲル』誌の取材に対して、「自分は意図的に家族をヘリコプターに同乗させないんだ。さもないとパニックが起きる[135]」と述べました。医者が自分の家族を救おうとしてコネを利用したら、住民は皆、もうおしまいだ、と思ったことでしょう。このように、世間一般の基準に則ると、利他的にふるまい、自分の親族より公共の福利を優先する、という事例はたくさんあります（その逆の事例もたくさんありますが）。どうして遺伝子の利己主義が規定路線であり、利他主義は説明するのが難しい例外だというのでしょう？

ポイントは、類人猿あるいは人間の祖先が先史時代に何らかのふるまいをしたか、したとしたら、どのようにふるまったのか、どの原則に従い、どの原則に従わなかったのか、そういうことを私たちに教えてくれるデータがまったくない、ということです。私たちは、ともすれば、自分の属する社会で平均的であるふるまい（あるいは平均的だと思われているふるまい）についての適当な推定を過去に投影し、それを進化生物学の事実と組み合わせます。そうすると、神話は学問のように見えますし、直接世間の批判にさらされることもなくなります。これは簡単に見破れる、批判に対する抵抗力をつける戦術です。これが防御戦術であることは、中立的な学問に口先だけの卑劣な支持表明をすることで隠蔽されます。何しろ、中立的な学問は権威を退け、普遍的な人間理性に信を置くことになっていますから。

私たちには利己的な傾向があるというわけではありません。一方で、私たちには何としても他者を気遣い、自分を犠牲にする傾向があるというわけでもありません。そこに人間の自由があります。つまり、私たちは、他者にもそれぞれの立場があることを理解することによって、自分の立場を度外視する〔自分の立場から距離を置く〕ことができます。この洞察は精神を「私」として自己描写することに関連しており、それはフィヒテが指摘した重要なポイントです。「私」というのは（私やあなたのように）個別的なものであると同時に（私たちの誰もが「私」であるように）一般的なものでもあります。ですから、もう皆さんもお分かりのように、「私」は脳でも、遺伝子でも、ましてや遺伝子プールでもあるはずがないのです。

ある種の性質をもった脳がなかったら、私たちは「私」という次元を歴史の中で作り上げることができなかったでしょう。脳は、「私」が巻き込まれている人間活動が存在するための必要条件です。でも、「私」の発見は、自己認識という歴史的な事象の枠内で起こっているのです。

ここまでのところで、私はヨーロッパにおいてギリシア哲学まで遡る歴史の中の基本的支柱の何本かを再現しました。「私」というのは哲学的概念であり、私たちが自分自身を描写する中で機能を果たします。「私」は、私たちの自己イメージに属しています。大切なのは、この描写に取り組み、どの推定が適切なのかを問い、それらの推定を一貫性のある自己イメージにまとめ上げられるかどうか、ということなのです。

「私」が導入されたのは、そうすれば、良くふるまうとは、あるいは悪くふるまうとはどういうことかが理解しやすくなるからでもあります。善と悪の概念を、有益と有害、あるいは利他的と利己的という概念ペアに置き換えて、善と悪の概念を廃してしまおうとしても、何の役にも立ちません。その背後に自己描写の新たな語彙を導入しようという意図があるだけです。でも、これら別の語彙は、よくあることですが、古い語彙の要素も自分で引き受けます。そして、例えばフロイトが行ったように、「私」は今や生物学の問題になったと示唆するために、相変わらず「私」が語られることになるのです。「私」が生物学の問題になったということは、自己描写を生物学的事実とみなすことで、人が自分自身を物にしてしまったということです。

私たちは、自分を「私」として解釈し、また自分を意識をもち、自己意識をもった状態として体験し、何かを知ったり、分かち与えたりすることができます。そのためにはある種の身体の仕組みが必要だと理解したところで、それですべてが完全に説明できるわけではありません。私たちが精神をもつ生物であるために必要な生物学的条件あるいは自然的条件を、私たちが歴史的に形作ってきた自己描写の要素と取り違えてしまうのです。このような取り違えは、イデオロギーの基本形です。そして、その背後には必ず、自由から解放されて、最終的には、いつ他者から挑発されるかもしれない自己描写という不安定な脚で立つ負担から解放されている物になろう、とする企てが潜んでいるのです。

＊訳注　二五六頁の見出し「それはちょっとパパにやらせなさい（Lass das mal den Papa machen)」は、『劇場版シュトロームベルク』のサウンドトラックで使われた歌のタイトル（二〇一四年）。シュトロームベルク役を演じたクリストフ・マリア・ヘルブストが歌っている。

V
自　由

何年か前から、ドイツでも激しく交わされてきた若干の神経科学者と哲学者の間の議論が熱を帯びています。とりわけ、私たちの意志は本当に自由か、という問いです。一時期、脳研究で新たに得られた知見から、自分で意識的に下し、自分の行動を決定することになる決断でさえ、無意識のうちにすでに脳で用意されているのではないか、と考えられていました。[136] あたかも私たちの決定権が自分の手中にはないかのようです。脳が我々を操っている、という考えはここに由来しています。

この議論は新しいものではありません。主に一九世紀と二〇世紀初頭に、我々は精神をもった生物〔知的生物〕ではあるけれども、何にせよ動物界の一員であり、人間の意志はそのことに拘束あるいは制約を受けているのではないか、という疑惑が湧き上がったときから、この議論はすでに交わされていました。人間には実は自由意志がないということの間接的な証拠を提供したのは、その当時はダーウィン進化論、発展途上の社会学、心理学、そして脳研究です。

事実、私たちがどのような決定をし、どのような人格を形成するのか、そのことに影響を与える要素はたくさん存在することが分かっています。私たちは、レストランで前菜を選んだり、スーパーでソーセージを選んだりするのと同じ意味で、自由に好みを選んだり、何かを優先したりできるわけではありません。私たちは――その一部は遺伝子に起因する――好みをもってこの世に生まれ、生きていくうちに他の人々や権威との交わりの中で、さらなる好みを作り上げていきます。そして、そのときには、結果的にそれが行動モデルとなるような選択を行っているのだ、という意識はありません。

幸い、このようなことは今ではとっくに当たり前になっていますが、間違いなく古くさい（批判にさらされなかったことがない）人間像を震撼させました。その人間像によれば、我々の生には指令センターがあり、我々自身がその中に座って、摩擦のない真空状態で、自分はどういう人間になりたいのか、何をしたいのかを完全に自由に決定できる――誰もがそのような自律した「私」なのです。当然、このモデルにはホムンクルス幻想のバリエーションが見て取れます。自分がこのような指令センターの制御者である場合にのみ自由意志がもてるということなら、実際には私たちに自由意志はないということになります。頭蓋冠の下で、あるいは魂《ゼーレ》の底部で完全に自律している小人という考えは、とにかく一貫性に欠けています。

また、意識的な決定をしているとされるものの多くが神経レベルで無意識のうちに準備されているというのは事実です。このことは、脳が私たちを操っており、その際、「私たち」は意識的に体験できるユーザーインターフェイスであって、脳は事実上のデータセンターである、という考えを支持しているように思えます。その考えに従えば、私たちがその活動を体験することがない脳部位が、私たちが意識して体験する脳活動、あるいは、その中で意識が生まれる脳活動を制御していることになります。

これは、多くの科学者と並んで脳科学者ヴォルフ・ジンガーが二〇〇四年一月八日付の『フランクフルター・アルゲマイネ・ツァイトゥング〔*FAZ*〕』紙に掲載した「誰もが自分にしかなれない」という記事で語っていることです。この記事は、かなり物議を醸《かも》しました。彼は、この考えを「神経回路網は我々を拘束する」という論文や自著の中で、さらに詳しく述べています。[137]

ひとまず、生物学的実体としての私たちの身体の仕組みとして、情報処理プロセスと意志決定プロセスの多くが私たちが気づくことなく進んでいることに反論する理由はありません。同じような書きぶりで、ノーベル賞受賞者であるダニエル・カーネマン（一九三四年生）は『ファスト&スロー』の中で、精神をもった生物としての私たちにとって、素早く考えることができ、したがってやたらに時間をかけて考えを練り上げる必要なしに決定を下せるということがいかに大切であるかを指摘しています。

　これらはすべて意識の哲学ではとっくに共有知識になっており、そこでは**技能習得のドレイファス・モデル**などを手がかりにして議論がなされています。その名が示すとおり、このモデルはカリフォルニア大学バークレー校の哲学者ヒューバート・ドレイファス（一九二九―二〇一七年）によって開発されたもので、エキスパートは与えられた状況でどのような行為がなされるべきかがすぐに分かる、その意味で、真の高度専門知識は単なる能力とは異なるものだ、と指摘しています。

　チェスにおいて能力を獲得するというのは、チェスの偉大なチャンピオンが、言うなれば、さまざまな局面を徹底的に計算するのがうまく、したがってどんどんコンピュータに似てくるということではないことは、よく分かっています。現実には、チェスにおいては直観という概念が大きな意味をもっています。優れたプレーヤーは、一つの局面でさまざまな可能性を見出し、時間の制約の中で、どういう指し手にするかを直観的に決めます。それから初めて、自分の選んだ指し手を徹底的に検討するのです。どんな指し手を計算して確かめ、どんな指し手を最初から捨てられるのか（直観に反していたから考慮しないのです）――それが、チェスプレーヤーの強さを決めるポイントの一つです。局面を計算する能力と視覚的にそれを想像する能力は疑問の余地なく必要ですが、与えられた局面の本質的構造を直観的に見抜くことをしなければ、チャンピオンといえども、今ほどにはうまくゲームを進めることができないでしょう（高速道路の運行状況を直観的に見通さなければ一区間だってまともに走れないのと似たようなものです）。

皆さんも、こんな現象をご存じでしょう。例えば、自動車運転教習所に通っている頃は、ここで習ういろいろな運転技能や法規についての知識を、上手なドライバーはいつもすべて脳裏に思い浮かべているのだろう、と考えるかもしれません。でも、ベテランドライバーになり、運転がうまくなればなるほど、そんな法規のことは思い出さなくなるものです――法規を覚えたおかげで免許が取れたのですがね。おそらく、法規の文言はドライバーの血肉になっているけれども、言葉としては忘れてしまうのでしょう。外国語の習得も同じです。いったんペラペラになると、そこで使われている文法のことをはっきり思い起こす必要はなくなり、もしかしたら文法なんて忘れてしまっているのかもしれません。つまり、ドレイファスの同僚であるサールが言ったように、私たちは**技能における無意識的バックグラウンド**をフル稼働させているに違いありません。そのため、チェスや数学問題の解析といった高度なレベルの認知的技能においてさえ、自分がフル稼働させているバックグラウンド活動のことを意識はしないのです。

このようなプロセスのおかげで、私たちはあらゆる注意の閾値の下で無意識のうちに決定を下すことができます。でも、どうしてこのことが私たちの自由、あるいは自由意志を脅かすというのでしょう？　このテーゼはもはや、遅くとも一九世紀以降は事実上当たり前になっている、単に事実として認めなければならない何かを問題にしているわけではないのです。さらなる推定が必要です。『フランクフルター・アルゲマイネ・ツァイトゥング』紙の記事の中で自由意志に疑問を呈そうとするジンガーは、次のように論証しています。

無意識に下される決定が神経決定論の支配下にあることは我々の認めるところだが、もし論拠についてこのように意識的に詳細に論ずることが神経プロセスに基づいているのなら、それ〔意識的に詳細に論ずるということ〕は、無意識的な決定の場合と同様、神経決定論の支配下にあるに違いない。[138]

彼は「遺伝子で決定された〔…〕基本的な神経回路網[139]」があり、これが意識的な決定も支配している、と想定しています。この想定によるなら、彼は神経決定論という説を自由に決定したのではないことになります。彼の脳が、その説を彼に押しつけたのです。

この考えは、説得力があるように映り、一見して容易に理解できそうに思えますが、二見すると、根拠がものすごく薄弱であることが明らかになります。では、じっくり見てみましょう！　私が言っているのは、ジンガーが引き合いに出している**浅はかな決定論**のことです。この考えは、厳密に見ると、かなり曖昧です。この考えを一言で述べるなら、自然の中で繰り広げられるあらゆる出来事は選択の余地のない自然法則に従って進行しており、自然法則が、どの時点でも、次の瞬間に何が起きるのかを厳しく拘束している、ということです。窓から放り投げるものが――重力の法則のせいで――通りに落ちるように、自然の中では、あらゆることが必然的に起きるというのです。こういう表現は確かに安直です。なぜなら、窓から放り投げたものの中には（元気な鳥やヘリウム入りの風船のように）上に向かって飛んでいくものもありますから。それでも、この考えの根幹部分は明確であるように見えます。つまり、私たちの神経プロセスは自然に属しているので、このプロセスも一定のルールに則って、たんたんと進行するしかないことになり、そうすると私たちはもはや自由ではないことになります。なぜなら、私たちは脳の基本的な神経回路網によって拘束されているか、あるいは運命を決定されていることになりますから。すると、自由意志は幻想であることになり、進化における自由意志の利点と不都合については、まだまだ議論の余地がある、ということになります。

決定論に対しては、この意味において、科学史と哲学の側から批判的論拠が多く挙げられており、すでに紹介したブリギッテ・ファルケンブルクは著書『神話決定論』の中で特に鮮明な議論を展開しています。次のような簡単な例を挙げて考えてみましょう。私たちはガリレオが落体の法則を導いて以来（もっとも、これはそれ以前から推測されていたことですが）、真空中で自由落下する大砲の球とガラスの球はどちらも同じ速さで落ちることを知っています。つまり、この知識を基にして、数学的に正確に定めることが可能な諸関係を表現する自然法則、あるいはそれらの関係の中に求められる自然法則を導くことができます。しかしながら、この自然法則は、実際に私が窓から羽を放り投げたら何が起きるのかについては何も教えてくれません。もし下から風が吹き上げ、羽が舞い上がってしまったら？　それに、実際には羽と大砲の球は、まったく同じ速さでは落ちません。まったく同じ速さで落ちるのは、真空の中だけです。このことからすぐに分かるのは、自然法則が例外なく適用できるのは特定の理想的な条件を実現したときだけだ、ということです。自然法則は、自然の中で、あらゆる瞬間に実際に何が起きるのか、あるいは起きるに違いないのかについては語ってくれません。何かが起きるための理想的な条件を描写するだけです。ですから、自然法則についての知識だけを基にして、次の瞬間に何が起きるのかを予測することはできません。

つまり、自然法則は何が起きるべきなのかを指図しているわけではないのです。自然法則は、選択肢のないゲームのルールとは異なり、次にどの指し手が繰り出されるかを決めてはいません。それに対して、次にどの指し手が繰り出されるかが定まっているのが、劇映画です。なぜなら、劇中での出来事を早送りと巻き戻しで何度でも見ることができますし、何度見てもまったく同じ展開になるのですから。それゆえ、浅はかな決定論を**自然の劇映画理論**と呼びましょう。この理論の主張は、自然は全知の外部にいるオブザーバー（そもそもそんな者がいたら、の話ですが）の目には、上映するたびにまったく同じストーリー展開になる劇映画のように映るだろう、というものです。これは、自然はかなり複雑な機械のようなもので、常に同じ原理に従って、ある状態から次の状態に進行していく、という一般に広まってはいるけれども、かなり根拠のないイメージです。現在の物理学の知見からは、このような結論は導かれません。決定論は、せいぜいのところ形而上学的な推論であり、物理的に実証された仮説でも、実証可能な仮説でもありません。ファルケンブルクは、次のように主張しています。

> 何らかの推論にすぎない形而上学を用いて、決定論は自らを常に救っている。このことは、結局、決定論は経験的にテストできる科学的仮説ではなく、純然たる信念であることを示すだけである。[140]

ですから、ジンガーは私たちの神経プロセスは決定されていると言いますが、仮にそれが、神経プロセスは――私たちの手助けも願望も意志も関係なしに、ある状態から次の状態に変化する――自然という巨大な装置にはめ込まれているという意味なら、彼も神経プロセス云々を持ち出すことはできません。そのような考えは、自然科学的に証明された仮説ではなく、相当に乱暴な哲学的思弁です。

はっきりしているのは、私たちがどのように行動できるかを決めている自然条件というものがあり、それらの条件のいくつかは私たちには変えることができない、ということです。望むと望まざるとにかかわらず、私たちは光速に近い速さで旅することは決してできませんし、光速を超えることは絶対にできません。ともかく何らかのブリキ缶を宇宙に打ち上げて加速させる方式では無理です。だから、最近のSF映画では『インターステラー』〔クリストファー・ノーラン監督〕などのように「ワームホール」を登場させることで、いつの日か、宇宙に行き、別の惑星に住み、コロニーを作る、という我々の虚しい望みの火を絶やさないようにするしかないのです。

私たちは、自分たちが生物種として、この――実のところ素晴らしく美しい――惑星にしがみついていることを、そして遅かれ早かれ人類はいなくなるだろうということを認めたくないのです。早ければ――つまり、近い将来、私たちがもっと環境にやさしい生活に切り替えなかったなら、ということです。遅ければ――死にゆく太陽とともに、人間という知的生命もろとも、この惑星が永久に消え去ってしまうまで私たちがもちこたえたとしたら、ということです。

決定論は根拠薄弱です。そうだとすると、私たちには自由意志がある、あるいは、私たちは自由である、と想定するのは、子供でもできるくらい簡単なことなのでしょうか？

欲することを欲したくないと欲することはできるか？

でも、残念ながら、そう簡単ではないのです。自由についての混乱は、そう簡単には終わりません。自由意志には一つの重大な問題があり、それはしばしば自然科学の分野で現在進行しているある状況と性急にも同一視されます。私はこれを**自由意志のハード・プロブレム**と呼んでいます。これは一つのパラドクスなのです。つまり、一連の推定があり、その一つ一つについては受け入れざるをえないと思われるのに、全体としては検証に堪えられないような結論を導き出してしまうのです。このパラドクスの正の側面は、次のようになります。

1　私は欲することができる（これを**行為の自由**と言います）。
2　私は、自分に意志を形成することで、自分の欲することに影響を与えることができる。
3　自分に意志を形成することは、行為である。
4　つまり、自由な意志というものがある（これを**意志の自由**と言います）。

この素晴らしいニュースは、パラドクスの負の側面によって、残念ながら引っ込めることになります。

1 もし意志が自由に形成されるなら、別の意志を形成することもできるかもしれない。
2 すると、私は自分の欲することを為すことができるだけでなく、自分の欲することを選び出すこともできるに違いないだろう。
3 だが、私は自分の欲することを選び出すことができない（「私は自分の欲することを為すことができる。［…］だが、私はそれ（＝自分の欲すること）を欲することはできない」とショーペンハウアーが言ったとおりです[141]）。
4 したがって、意志は自由に形成されるのではなく、よって不自由である。

そうすると、私の行為の自由の範囲も縮小されます。なぜなら、私は自分の欲することを常にできるわけではありませんから。欲することを為すということが意志の形成の上に成り立つなら、私たちが完全に自由であることは決してないでしょう。というのも、よりにもよって私たちの意志そのものが私たちを不自由にすることになるからです。私には自分の意志を変えることはできません。そのときには、自分の意志を変えることを欲することも必要になってしまうからです。どこかで、単にそう欲するだけだ、と受け入れるしかありません。でも、そうなると、明らかに人は自由ではなく、原則として選び出すことのできない自分自身の意志によって束縛されていることになります。

二〇一〇年一一月、私は哲学の学会の関係でインドのゴアを旅していました。そのうち、私たちの乗ったタクシーの前を走るトラックに*Zinzi*という名の製品の広告が書かれているのが見えました（こうやって宣伝してあげているのに、まだ誰も私に謝礼をくれません）。そのピンク色の広告には、*Zinzi*という製品名の横に「どんな理由でもいいから見つけろ〔Find any reason〕」という印象的なフレーズが読み取れるだけでした。この文章を書くまで、私は*Zinzi*というのはソフトドリンクの名前に違いないと勝手に考えていましたが、でも、つい先ほど、これがインド産赤ワインであることが判明しました。

この話のポイントは、このフレーズがまさにこのドリンクが欲しくなる理由を私たちに提供しているわけではなく、何らかの理由を思いつくという見せかけの自由を私たちに押しつけることで、このドリンクを飲みたいという、結局は何の根拠もないその願望を正当化することを要求していることです。端的に言えば、ある何かを他のものより好むという内面の仕組みのどこかで、私たちは常に根拠のない欲望と自分の好みのモデル〔雛型〕に遭遇します。これらをベースにして、欲することを為すことはできる場合が多いのですが、欲することを欲することまではできません。私たちの内面では、いくつもの理由が前面に押し出されているようで、私たちの意志は私たちにそれらを本物の理由だと信じ込ませ、こうそそのかすのです。「どんな理由でもいいから見つけろ！」と。

このような好みのモデルの背後には無意識に進行する神経プロセスがあるとするなら（これはジンガーが推定していることです）、私たちはジンガーの立場の議論的改良バージョン、すなわち神経決定論の改良バージョンに到達しているわけです。なぜなら、私たちがとりあえずもっている根拠のない意志が、私たちの中で形成された神経的なモデルと同一視されるからです。

哲学では、自由意志のハード・プロブレムを解こうとする数多くの試みがあります。まずはっきりさせておかなければならないのは、この問題は脳とほとんど関係がない、ということです。私の意志は神経プロセスと同一なのか、それとも無意識の神経プロセスによって形成されるのか――これが、私は意志を選ぶことができず、そこにあるのを見出すことになる理由です――は、このハード・プロブレムにおいては副次的な役割しか果たしません。それゆえ、神経決定論の他にも、何千年にもわたって議論されてきた自由意志のハード・プロブレムの別バージョンがいくつもあるのです。

長い間、例えば全知の存在としての神が起きるべきことすべてを天地創造以前からすでに知っていたと教える、**神学的決定論**が中心にありました。そうだとすれば、人間としては、起きるべきことを変えることはできません。なぜなら、誰の身に何が起きるかは、そもそも生まれる前から決まっているのですから。それによれば、伝統的に論証されてきたように、私たちには自由意志（liberum arbitrium）はなく、不自由な意志（servum arbitrium）があるのです。ところで、この伝統の中に、まさにマルティン・ルターがいます。一五二五年、ルターは大著『奴隷意志論（*De servo arbitrio*）』の中で、次のようにきっぱりと主張しています。

そして、神があらかじめすべてを知っているのは偶然ではなく、神は変わることのない、そして誤ることのない永遠の意志によって、すべてを予見し、決定し、実行する、ということを知るのは一人のキリスト教徒にとって何より必要であり、救済である。この雷のような一撃で、自由な意志は打ち負かされ、滅ぼされる。[…] このことから確固たる結論が導かれる。すなわち、我々の為すことのすべて、起きることのすべては――たとえ我々の目には変えられるように映り、偶然に起きるように映っても――あなたが神の意志を考えるなら、実際には必然かつ不変に起きるのだ。[142]

ルター自身は、これを「パラドクス」と呼んでいます。というのも、「我々を通して何が起ころうとも、それは自由な意志の力で起きるのではなく、純然たる必然性から起きることになる[143]」という考えが広まることになるからです。この神学的問題を解決するために数えきれないほどの試みがなされましたし、中には細事にこだわる馬鹿馬鹿しい試みもあります。とりあえず、ここで決定的に重要なのは、決定論は必ずしも脳と関係していない、ということだけです。ルターが言ったように、神は私たちの自由を脅かすことも、あるいは私たちの自由をそもそも生じさせないようにすることもできるようです。

物理的決定論（の少なくともバリエーションの一つ）は、これに対して、物理的現実のすべてが素粒子から構成されている以上、実のところ素粒子物理学が説明する物と出来事しか存在しない、だから我々は自由ではない、と主張します（これは、よく考えると、形而上学的で、物理である必然性のない推定です）。素粒子のふるまいを理解するためにどの法則を応用するかによりますが、ここではすべてが必然性に従って、あるいは蓋然性の法則に従って――もしかしたら量子世界での偶然の一撃とともに――起こります。でも、これから見ていくように、偶然は自由とは程遠いものです。ともかく、このモデルでも私たちは自由ではありません。

神経決定論は、これに付け加えて、私たちの脳で進行する無意識の神経プロセスは、決まった神経回路網にたんたんと従い、意識的にあらゆる決定（幻想にすぎないことが見透かされる運命にありますが）が下される前に、結局は我々という立場で——つまり、意識的に経験され、誤って自律していると思われている主体という立場で——種々の決定を下す、と主張します。その主張によると、脳は私たちの立場で決定を下しますが、原則として私たちはその決定に対して、血糖値や消化プロセスに対するのと同じくらいわずかしか直接の意識的影響を及ぼさないのです。

あらゆるもの——神、物理的宇宙、あるいは私たちの脳さえも——が私たちの哀れで小さな自由を脅かしているように見えます。でも、これらは自由意志のハード・プロブレムにとってはほんの一例にすぎず、そして実は自由意志のハード・プロブレムはこれらのものとはあまり関連がありません。厳密に見ると、この問題は脳と神と宇宙が結託したよりも、ずっと面倒な問題なのです。なぜなら、このハード・プロブレムの場合、自由意志という概念は辻褄が合っているのかどうか、あるいは、自由意志という概念は最大自然数という概念と同じくらい内に矛盾をはらんでいるのかどうか、それが問題だからです。私たちの概念（ないしは小学校算数）をもっとよく見ると、最大自然数など存在しないことが分かります。もしかしたら自由意志という概念も、もっとよく見ると、存在しないのかもしれません。というのも、概念自体、辻褄が合っていませんから。ともかく、これは実際、神学的決定論、物理的決定論、神経決定論の陰に隠れたハード・プロブレムなのです。

もう一度、この問題を分かりやすく述べてみましょう。自由意志のハード・プロブレムは、私たちの下す決定は私たちがほとんどの場合、決して総括的視点から見通すことができない何らかのものによって条件づけられている、という事実から始まっています。決定を行うときに関わってくる要因において、自分の思いのままになるものはごくわずかですし、私たちはそれらの要因にまったく気づいていないかもしれません。ですから、かつてスピノザがほとんど皮肉っぽく言ったように、自由とは行為の決定理由を意識しない行為の意識なのです。[144] 換言すれば、私たちは何が私たちのすべてを正確に決定しているのかを知らないからこそ、自分は自由だと思うのです。

私たちが自分を自由だと考えるのは、すべての出来事に必要な条件を何も知らないからである、という考えは、まったく不満足なものです。なぜなら、もしそうなら、私たちの自由の本質は、私たちはあまりにも馬鹿なので、本当は自由ではないことを悟れないところにある、ということになりますから。ですから、このような皮肉な自由についての理論以上のものを求めるのは当然のことです。

「私」は片腕ギャングではない

このような自由意志のハード・プロブレムについての背景のもとで、意志という概念は哲学史に導入されました。ところが、この概念は、多くの支持を得たものの、激しい批判も受けました。現在の哲学では、ここで、私たちが行使できる、またはできない能力と可能性の話が登場します。つまり、私たちには能力と可能性がある、ということに自由の根拠を求めるのです。このアプローチを、**人間の自由の能力論**と名づけましょう。

ところが、よく見ると、能力論はそれほど役に立ちません。この理論は自由意志のパラドクスを解消するのではなく、先送りするだけなのです。問題になるのは、次のようなことです。もっと水泳がうまくなりたいと私が思っている、と仮定しましょう。この目的を達成するには、特定の行為をするか、またはしないかを決めなくてはなりません。仕事の前にひと泳ぎしようとするなら、起床時間を早めるか、一日のスケジュールをまったく変えなければなりません。もっとサラダを食べ、シュニッツェルを減らす、等々といったことをしなければなりません。基本的に、障害となることがなければ、もっと泳ぎがうまくなるんだ、と決意することができるでしょう――さまざまな理由で、うまくなれないかもしれませんが。すると、この決定を下したあとの私の人生には、シュニッツェルかサラダか、寝坊か早起きかを選ばなければならない状況が訪れるわけです。私がこのサラダ〔例えばトマトサラダ〕を選ぶことを妨げる、どんな理由もありません。その観点では、私は自分の欲することをするのに自由です。

でも、このサラダを選んだ場合、私にはまだ、このサラダを選ばないでおく自由があるのでしょうか？　明らかに、ありませんね。言ったでしょう、このサラダを選んだ、って。私はこのサラダに決めてしまったのですよ。でも、どういうふうにして、この選択は行われたのでしょうか？　このことを思い浮かべる場合、表面的には、私がサラダとシュニッツェルの間で選んだ、というふうに見えるでしょう。でも、それは私がどのサラダ、あるいはどのシュニッツェルにするかを選んだということではありません。そうではなく、私はサラダとシュニッツェルの間で選ぶのです。〔つまり〕私は行為――サラダを注文するか、シュニッツェルを注文するか――を選ぶのです。でも、そうすると、

「私の選択」はそもそも自由なのでしょうか？

　このパラドクスを避けるために、「私の選択」はまた別の行為であって、行為は自由である、などと言ってはなりません。そんなことを言えば、「選択」という行為は自由だったのか、という問題が出てきますから。自由だったのなら、さらに別の選択があったことになります。つまり、その選択行為を実施するかどうか、という選択があったことになるのです。すると、ここでも自由だったのか、自由ではなかったのかが関わってきます。選択の選択の選択……の選択をしなければならない、という終わりのない後退に遭遇してしまうわけです。どこかで、選択をするという選択をすることなしに何かを選択しなければなりません。とにかく決定しなければならないのです。

　でも、その決定は、どうやって実現するのでしょうか？　能力論は、決定とは能力を行使することだ、と言います。伝統的に、これは意志と呼ばれていますが、意志という概念につきまとう問題を避けるために、能力論は「意志」の代わりに「能力」や「可能性」と言っています。もし私が自分の思いどおりにはならない必然的な理由で自分の能力を行使するとしたら、私は自由ではありません。しかしながら、私が能力を行使する理由は私の思いのままになると考えるなら、またしても〔無限〕後退が始まります。フリッツ（意志）が自由ではないのなら、フリッツちゃん（能力）と呼ばれたとしても、彼はいっこうに自由ではありません。

　もちろん、能力論者は、私の能力の行使を強制するような必然的な条件がたくさんあるわけではない、私の能力の行使は自由であり、前もって能力の行使を私が選択しておくことはできない、と想定しています。

すると、**偶然の問題**が生じます。これは次のように考えるといいでしょう。我々の「私」はラスベガスの片腕ギャング〔＝スロットマシン〕のようなものだと想定しましょう。さらに（もちろん、そんなはずはありませんが）スロットマシンのリールを回転させたあと、どういう結果になるかは、あらかじめプログラムされていない、ということにしましょう。つまり、三つのシンボルが「サクランボ、メロン、10」になるか、「サクランボ、10、10」になるかは、まさに偶然、というわけです。すると、偶然の原則に従うなら、私たちが能力を行使するかしないかの決定はスロットマシンの結果と大差ないのかもしれません。その場合、私たちの決定は拘束されておらず、あらかじめプログラムされていないことになります。何はともあれ、決定論は誤っていることになるでしょう。

もちろん、ここに**非決定論**を持ち出す、という手もありました〔が、私はそれは採りません〕。非決定論は、出来事の中には、必要で、すべて揃って十分になる諸条件がなくても起きるものがある、と推定します。偶然の問題の本質は、私たちの行為は能力論によれば自由ということになるが、能力を行使するという決定は結局は偶然に委ねられる、ということです。

能力論者が広く用いる次の一手は、ここで、私たちには複合作用する多くの能力があると想定する、というものです。私には、水泳を上達させる能力、食習慣をコントロールする能力、睡眠習慣を変える能力があります。これらさまざまな能力を一緒に行使することで偶然性が減少される、というのです。なぜなら、それらの能力がすべて私のところで統合されることで、結果として、表向きは以前ほど偶然ではなくなり、より私に特有のものになるからです。けれども、この戦略は、結局それぞれの能力は、必要で、すべて揃って十分になる諸条件によって活性化されたりされなかったりするが、このことは個々の能力すべてについて言えることだ、という事実を覆い隠しているだけです。したがって、偶然の問題が繰り返されます。能力があればあるほど、片腕ギャングも増えるのです。

片腕ギャングは、自由ではなく、偶然マシンです。思考実験では、本当に偶然の結果を生み出す片腕ギャングが存在する――そんな片腕ギャングがいるというのは疑わしいでしょうが――と想定しましょう。その前提で思考実験をしてみれば、能力の活性化を偶然に委ねることでは、私たちは今より自由になることはできない、ということが分かりやすく説明できます。私たちが、いわば骰子《さいころ》の目のように投げられるのなら、私たちの自由のなさは、必要条件あるいは脳の神経回路網によって能力の行使を「強制」されるときと、まったく変わりません。このような考えは、ステファヌ・マラルメの素晴らしい詩「骰子一擲」で、はるかに洗練された形で詳しく述べられています。我々の能力が本当に偶然によって活性化されるのなら、それによって我々は自由になるのではなく、偶然に依存することになるのです。〔何にせよ〕運命や自然法則や偶然に依存するか否かは、自由意志のハード・プロブレムにとっては副次的な役割しか果たしません。

アメリカの哲学者で有名なキリスト教思索家のピーター・ヴァン・インワーゲン（一九四二年生）は、一九八三年に発表した『自由意志についてのエッセイ』（我々のテーマにとって影響力のある専門書の一つです）で、有益な区別を導入しました。[145] 厳密に見ていくと確かに根拠が揺らぐ点もありますが、私たちを正しい道に誘《いざな》ってくれるでしょう。ヴァン・インワーゲンは、自由意志についての議論においては大まかに言えば二つの立場をとることができる、と指摘しています。

一つは、彼が**共存論**と呼ぶものです。これは、自由と決定論は現実には共存しうる、とするテーゼです。この立場に従うなら、一方で、あらゆる出来事には大昔にまで遡ることができ、すべて揃って十分になる諸条件があり、もう一方で、私たちは自由だということになります。

もう一つの立場は、彼が**非共存論**と呼ぶもので、こちらは、自由と決定論は共存できないのだから、決定論が誤っている場合にのみ、私たちは自由であることができる、と主張します。

私の目には、非共存論は失敗のように映ります。というのも、これでは偶然の問題を解決できないからです。〔私たちの自由を擁護する〕非共存論者は、論証のどこかで、活性化され、行為の間に失われることがない能力――あるいは意志――を私たちはもっている、と想定しなければなりません。しかし、私たちの能力の活性化がどこかで片腕ギャングのように機能するとすれば、決定論に制限を設けてはいるものの、自由は救えなかったことになります。つまり、残るのは共存論だけです。ミュンヘン大学の哲学者トマス・ブッフハイム（一九五七年生）が書いたように、「何らかの要因によって、最終的に我々の活動はすべて束縛されるに違いない。さもなければ、我々の活動は、すべて偶然の産物であって、ある人物の下した決定ではないことになるだろう」[146]。

通常、非共存論者は自由を放棄したといって共存論者を非難します。個々に見ていくと、非常に多くの細かい争点があります。でも、基本となる批判は、すぐに退けることができます。共存論は、我々は自由ではなく決定〔制約〕されている、と言っているのではありません。むしろ、正しい決定論と自由は両立しうる、と主張しているのです。

私の見るところ、この議論は、実際には、自由をめぐってでもなく、自由意志をめぐってでもなく、背景にある世界像をめぐって展開されています。非共存論者が脅威とみなし、それゆえ厄介払いしたがっている決定論は、実際のところ、どのようにイメージされているのか——そこが問題なのです。

この議論には私も貢献させてもらっていますが、重要なポイントのその一は、この世の始まりから、たった一つの因果の連鎖が貫いているような、すべてを包括する現実は存在しない、ということです。そのような現実があるとしたら、それは私が拙著『なぜ世界は存在しないのか』で論拠を挙げて反論した世界像でしょう。すべてがつながっている現実、そのような世界は存在しない。その土台に立てば、自由をめぐる問題というのは、いずれにしても起こらないでしょう。宇宙とは——たった一つの時間軸に沿って、あらゆる出来事が繰り出され、あたかも時間は一つの鎖で、そこにすべての出来事が真珠のようにぶら下がっている——そのようなすべてを包括する現実ではありません。宇宙は、何であれ、そして誰であれ、そこから逃れることのできない劇映画ではないのです。

しかしながら、自由意志のハード・プロブレムというのは、そもそもそのようなこと〔自然観〕をまったく前提としていません！ 私たちが、この世の始まりから情け容赦ない匿名の自然法則に従って、先へ先へと伸ばされていく鎖にぶら下がる、ただの真珠にすぎないのか否か、それは問題になっていないのです。非共存論者を駆り立てているのは、私たちは匿名の因果の連鎖に翻弄されるただの玩具かもしれない、という恐怖です。ですが、決定論だからといって、そういった想定を受け入れる必要はまったくありません。匿名の因果の連鎖という考えは、決定論にとっては蛇足です。この考えは形而上学的な奇妙な宇宙のイメージを前提にしているため、決定論者なら誰でもこの考えを無視すべきなのです。それに、自分たちの目的には、どのみち役に立ちませんから。

理解しやすい日常的なレベルに戻って、もっと簡単な例を挙げましょう。私は昼食時、教職員食堂のビュッフェにいて、ソーセージの載ったオープンサンドにするか、パスタにするかを選ばなくてはならない、と想像してみてください（そうです、また食べ物の話です……）。私の行為の自由とは、私がオープンサンドにするか、パスタにするかを決められる、ということです。私がどちらかに決めるのを妨げるものはまったく何一つありません。それでは、私がオープンサンドをとる、と想像してみましょう。それは偶然ではありません。私は自分がなぜそうするのかを説明することができます。昨日はパスタを食べたから、オープンサンドがおいしそうに見えたから、私はベジタリアンではないから、隣のベジタリアン男を挑発したいから……。もちろんのこと、神経プロセスも起きていて、それがなかったら、いろいろ考えることはできないでしょう。もしかしたら、私の考えていることは、私の腸内フローラに棲息する微生物に操られているのかもしれません[147]。さらに言えば、神経プロセスは自然法則によって制約を受けています。なぜなら、私が考えるためには時間の存在が必要ですし、脳内でも光速を超えるスピードで情報を伝達することはできませんから。さらに、オープンサンドはカウンターに置いてあります。これは例えば地球の重力が1Gであることと関係があります。もし重力がずっと大きかったならオープンサンドはペチャンコで、私はそれを持ち上げることができないでしょうし、もし重力がはるかに小さかったならオープンサンドは食堂をふわふわ飛んでいくでしょう。

　少なくとも、ここにリストアップしたように、多くの必要条件があります。それらの条件がすべて揃うと、私はオープンサンドを選びます。そうでなければ、パスタを選んだかもしれませんし、まったく別のことをしたかもしれません。つまり、必要条件はひとまとまりになって、十分なものになるのです。必要条件がすべて揃うと、条件は充足します。私に自由があるのは、条件にある種の欠落があるからではありません。もしそうだったら、私たちは片腕ギャングのところに舞い戻ってしまうでしょう。

したがって、私には行為の自由があります。ですが、必要で、すべて揃って十分になる諸条件がなかったら、パスタではなくてオープンサンドを食べるという結果には決して結びつきません。このように、自由と決定論は共存できないものではないのです。

この考えのポイントは、すべての条件が因果関係をもっているわけでも、匿名でやみくもなわけでもない、ということです。私の行為の自由に関わるすべての条件が、言うなれば、私の背中を押して駆り立て、ついにはオープンサンドを食べるように強制する確実な原因である、ということではないのです。さらに言えば、いくつかの条件は因果関係をもちません。

簡単な例を挙げましょう。私はオープンサンドの代金を支払う必要があります。オープンサンドは商品です。でも、それは私がオープンサンドを買う原因ではなく、条件です。買うという概念は、経済という概念とまったく同様、純粋に因果関係によるものではない物の交換であり、その意味で、品物やサービスの交換価値の自由な交渉の領域を表します。これは、カール・マルクスの洞察のうち、最も単純なものの一つです。すなわち、タバコがこれこれの値段である理由は、物としてのタバコにそれだけの価値があるからではなく、交渉のプロセスがあって最後に価格が決まる、ということです。ふつう、物の値段は物自体の価値と同じではありません。交換価値が常に使用価値とは異なることがありうるのと同様です。このことは、商品自体は変わっていないのに、時間の経過とともに、その商品の値段が変わることがあるのを見るだけで分かります。倉庫で商品を保管し、じっと待っていればよいのです。商品は、その交換価値（値段）をすぐにも変えるでしょう。

私たちの行為は、常に何かの原因があってその行為が起こるわけではないから、自由なのです。それにもかかわらず、あの行為ではなく、この行為へと導く、必要で、すべて揃って十分になる諸条件をすべてリストアップすることによって、行為を完全に理解することができます。偶然ではないのです。私たちの中にはギャングもいるでしょうが、片腕ギャングはいません（カジノでは、という意味です。片腕を切断したギャングならいるかもしれませんから）。

なぜ原因と理由は同じではないのか、そしてそのことがトマトソースとどういう関係があるのか

ライプニッツ——すでに何度も登場してもらった近代初期の偉大な哲学者——は、**充足理由の原理**という有名な原理を提唱しました。この原理が述べているのは、何事も〔それが起きるのを〕充足する理由なくしては起こらず、このことが自由意志という難しい問題の背後には潜んでいる、ということです。ライプニッツの基本的な考え方はきわめて単純で、もし何かが起きるなら（例、サッカーの国際試合で開始のホイッスルが鳴る）、それが起きる一連の理由がある、ということです。その一連の

理由は、例えば次のようにリストアップすることができます。

- 二二人の（十分に元気な）選手がフィールドにいる。
- 主審がホイッスルをもっている。
- 主審は何としても定刻に試合を開始したいと思っている（なぜなら、前回その主審は開始のホイッスルを吹くのが遅すぎてＦＩＦＡ〔国際サッカー連盟〕と揉めたのだ）。
- フィールドは（コンクリートや氷などではなく）サッカーをするのにふさわしい芝生になっている。
- 観客はお行儀がよい（ビールの空き缶をフィールドに投げ入れたりしない）。
- 地球の重力が１Ｇである。

……

このリストに書かれていることは、どれもサッカーの国際試合で開始のホイッスルが鳴るために必要な条件です。これらの条件が一つでも満たされなかったら、試合開始のホイッスルは吹かれないでしょう。どの条件も、個別に見ると、それだけでは出来事が起きるのに十分な理由〔充足理由〕にはなりません。例えば、観客がお行儀よくしていても、選手がフィールドにいなければ、試合開始のホイッスルは鳴りません。また、地球の重力が１Ｇである、という条件は、（ＦＩＦＡがＩＳＳ〔国際宇宙ステーション〕をワールドカップ開催地として考えていないことからも分かるように）１Ｇでないところではサッカーの試合は開催できませんから、ここではほとんど意味がありません。

ライプニッツの原理は、ある出来事は、まさにこのリストが完全である場合にのみ起きる、と主張しているのです。もし主審がホイッスルをもっていなければ、あるいは他の条件が一つでも欠ければ、試合は始まりません。必要条件は、すべて揃って初めて、サッカーの国際試合で開始のホイッスルが鳴るための十分な理由〔充足理由〕になるのです。

しかし、ここで異議を唱える読者もいるでしょう。もし主審が試合を始める意欲を突然なくして、試合終了のホイッスルを吹いて家に帰ってしまったら、どうなるのだ、と。そう、そうしたら、別の出来事が起きるまでです。つまり、主審が家に帰ってしまう、という出来事が起こります。ですが、この場合もまた、その出来事が起きるために必要な条件のリストがあるわけで、その中には、主審が試合開始のホイッスルを吹く意欲を突然なくしてしまった、という項目とともに、主審の脳内で意欲喪失に関わる神経活動のプロセスがあった、という項目も加わるでしょう。もし主審がコカインの摂りすぎで、ここ何ヵ月かの間、極端な鬱状態にあり、それが元で試合開始のホイッスルを吹く意欲が突然失せたのなら、この主審は本当に自分の脳の神経化学に操られているということになりますが、それだってありうることです（その可能性を疑う気はさらさらありません！）。主審が突如として開始のホイッスルを吹く気をなくすということは、青天の霹靂のごとく起こったことではありません。仮に青天の霹靂だったとしても――つまり、主審がフィールドに残らずに家に帰ったのは偶然のなせる業だったとしても――、それによって、なぜ試合開始のホイッスルが鳴らなかったのかを説明するための新たな条件が加わったということになるのです。

ここまでいろいろ考えてきましたが、ポイントは、ある出来事が起きるなら、その出来事が起きるために必要な条件（理由、原因、抽象的・法的前提など）が必ず存在する、ということです。それらの条件は、ひとまとまりになって出来事の発生を充足します。したがって、私のバージョンでは、充足理由の原理が述べるところは、起きる出来事には、そのどれにも、それが起きるために必要な一連の条件があり、それらの条件はひとまとまりになって出来事の発生を充足する、ということです。

充足理由の原理は、一見、私たちの自由を制約あるいは台無しにしているようにさえ見えるかもしれません。なぜなら、この原理は、私たちは単に理由もなく何かをするのではない、と言っているのですから。また、この原理は、ある出来事が起きるための必要条件のリストが存在し、その後、外部からやって来る自由な意志がそのリストを言うなれば活性化し、その結果、その出来事が実際に起きる、ということも排除しています。これだとか、あれだとかに決定するということは、天から降って湧いたように偶然によって起きるわけではありません。それは、必要な条件がすべて揃っているという状況から生じるのです。その条件には、何か特定のことが起きることを欲している私たちの意志も含まれます。私たちが必要条件による束縛だと勘違いしているものから解放されることはありえません。もし解放されたとしても、自由になることはないでしょう。またもや、偶然に頼る片腕ギャングになるのが関の山です。

充足理由の原理が我々を不自由にしている、という印象は見せかけです。なぜその印象が見せかけなのかを知るために、まずは固い原因と理由を区別してみましょう。

匿名の固い原因とは、誰かが望むと望まざるとにかかわらず結果が生じる原因のことです。誰かが私を一〇分ほど水面下にとどめたら、私は望むと望まざるとにかかわらず、溺れ死にます。自分の脚にナイフを突き立てれば、私が望むと望まざるとにかかわらず、痛みを伴います。引力がニュートンの法則に従うなら、望むと望まざるとにかかわらず、この時間ならこれが、その時間ならあれが、というふうに地上から星や星座が観測されます。自然法則は、〔複数ある〕固い原因の間での必要かつ必然的な関係——言い換えるなら、決して侵害すべからざる関係——を示すものです。つまり、自然法則はいわば特に堅固で、決して譲歩しないのです。

これとは対照的に、理由の多くは私に何かを強制することは決してできません。例えば、オラフ——長年のチェーンスモーカーです——にようやくタバコをやめる考えうるかぎり最高の理由ができたとしましょう。その理由とは、もっと長生きできる、というものかもしれませんし、咳をするのが減り、苦しそうに見えることもほとんどなくなる、というものかもしれません。でも、だからといって、彼が必ずタバコをやめるとは限りません。タバコをやめるとしたら、それは彼自身がそう欲するからであって、そうでなければタバコを吸い続けるまでです。もちろん、彼にタバコをやめるか、牢屋に行くかと選択を迫ることで強制することはできます。しかし、それでもオラフがタバコのない自由な人生など生きている甲斐がないと思うかぎり、彼は不自由のほうを優先させることができます。**理由**の場合、誰かがその理由に従う意志があるときにだけ何かが起こります。理由は行動への動機となりますが、固い原因の場合、それは明確ではありません。何にせよ、自然法則を守るというのは、日常何かをするときの動機にはならないのです（そんな動機で何かしても、それは挑戦とは言えないでしょう。うまくいくに決まっているのですから。だから、ふつうそんなことをする人はいません。もっとも、自然法則を思いのままに変えられる全能の神様は例外かもしれませんが)。私たちは、自然法則に従おうとは考えていません。なぜなら、従わないでおこうとしたところで、まったく意味がないからです。

固い原因と理由のこのような違いを見ていると、つい自由意志のパラドクスを持ち出したくなります。そうするには、単に次のように想定すればいいのです。つまり、自然とは匿名の固い原因がたんたんと繰り出されている状況にすぎず、固い原因には結果が伴い、その結果はまたもや何かにとっての固い原因となり、その原因には結果が伴い、その結果はまた……というふうに、この繰り返しが延々と続くのだ、と。すると、この因果の歯車の中に私たちの居場所はないことになります。なぜなら、そこでは私たちの望むと望まざるとにかかわらず、ありとあらゆることが起きるからです。理由によって導かれる意志は、この因果の歯車とは矛盾しているように思えます。

私たちに心を配ってくれない無慈悲な自然の、匿名の固い原因と結果の連鎖の中に、私たちの自由は居場所を見出せません。一方で、哲学者が「理由の論理空間」と呼ぶものの中には、自然の居場所がありません。なぜなら、理由が固い原因であってはならないからです。理由には、納得したから従うのであって、強制されたから従うのではありません。そうでないと、理由は固い原因ということになってしまいます。このような意味で、アメリカの哲学者ジョン・マクダウェル(一九四二年生)は、非常に有名な著書『心と世界』の中で、「原因の論理空間」と「理由の論理空間」を区別しています。[148]

でも、本当にそれで事足りるのでしょうか? 自分が理由に従って動いているということが、いったいどうして私たちに分かるのでしょうか? もしよいアドバイスに従うようにある理由に従う、あるいは従わないということがあるなら、どうして私たちがある理由に従うということが起きるのでしょうか？　単に私たちの中の神経化学のせいでは？　だとすると、私たちは常に自分の脳に操られていることになります。ともかく、そのような印象を受けます。

しかし、この印象も私たちを欺《あざむ》いています。重要なのは、「理由と匿名の固い原因——どちらも我々の行動を同時にコントロールできる」ということを認めることなのです。例えば、神経生物学的な体質のせいで、私にはトマトソースのほうがクリームソースよりおいしく感じられる、と仮定しましょう。つまり、嗜好と関連する神経回路網がクリームソースよりトマトソースに軍配を上げている、ということになります。しかし、今日、私にはクリームソースを食べたほうがいい、もっともな理由があります。というのも、クリームソースのほうがタンパク質や脂肪分が多いし、私は栄養のことを考えて、それらを摂取したいと思っているのです。その場合、栄養面の理由のほうが主導権を握ることになるでしょう。

言い換えると、次のようになります。私がトマトソースを選ぶ、という実際の出来事を見てみましょう。まずは、この特定の出来事が実際に起きるために必要な条件が並ぶリストを作ってみます。このリストには、固い原因だけでなく、いくつかの理由も並ぶことになります。必要条件を挙げたリストの一部を紹介すると、次のようになるでしょう。

- 私の脳の神経化学が私にトマトソースを強く勧める（トマトソースのほうをおいしく感じることで、それが分かる）。
- 私の（腸内フローラの）細菌たちはトマトソースが好きだ。

―私はスパゲッティ・ポモドーロを注文すればトマトソースが食べられることを知っている。

―トマトが栽培されている。

―トマトはこれこれの値段である。

―私はスパゲッティ・ポモドーロを注文するだけのお金をもっている。

……


ここに挙げた項目のいくつかは、固い原因ではありません。トマトはこれこれの値段であるというのは、トマトが私たちの惑星で育つという事実と確かに関係があります。でも、その価格（その交換価値）自体は、自然の事実ではありません。価格はトマトのように育ちません。価格は複雑な経済システムの中で交渉によって決まるのです。

つまり、充足理由の原理は、すべての出来事が匿名の固い原因によって生じる、とは言っていないのです。ある出来事の基にある必要条件のすべてが匿名の固い原因であるなどと、そうあっさり問屋は卸《おろ》してくれませんから、私たちの惑星での出来事はそれらの原因だけを考慮すればすべて説明がつく、というものではないのです。

例えば、なぜ自動車泥棒が罰せられるのかを説明するとしましょう。その際には、必要ではあるけれども固い原因ではない条件を指摘するような言いまわしばかりが使われるでしょう。このことは、すべてを決定、監督、あるいは支配する非常に長い唯一の因果の連鎖のようなものは存在せず、代わりに、まったく把握できないほど膨大な数の必要条件と、その必要条件によって定められた膨大な数の出来事がある、ということを意味しています。我々の行動に必要な条件の多くは固い原因ではないので、我々は自由なのです。そして、偶然の入り込む余地はありませんから、我々は片腕ギャングではありません。すべてのことには一つの充足理由（出来事の発生に必要で、すべて揃って十分になる条件の集合）があり、理由もなく起きることは何一つないのです。

先ほど、私は決定論と自由は両立しうると主張しました。しかし、決定論が正しいということに、結局は反論しませんでしたか？　必ずしも反論したわけではありません！　もし決定論というのが、出来事の発生には固い原因だけがあり、それ以外の条件はない、というテーゼだとすると、決定論は実際、誤りということになります。でも、そんなことを言っては、決定論に失礼でしょう。ショーペンハウアーを介して修正されたヴォルフ・ジンガーの神経決定論あるいは神学的決定論は、正真正銘の決定論かもしれないのです。それらが本当に正しいかどうかについて論議することはできますが、その正しさは、物理学、神経科学、神学的・概念的分析などの手法を用いてのみ究明できるのです。なぜなら、決定論は物理、神経科学、神学、それぞれの分野において機能し、それらの分野の論理の枠内にあるからです。

形而上学は、ありとあらゆるもの、最大の総体、つまり世界に取り組むものです。でも、すでに詳しく述べたように、そのような最大の総体は存在しません。したがって、唯一の巨大な因果の連鎖があって、起きることのすべてがそこにぶら下がっている、などと想定する理由はないのです。ですから、決定論は形而上学のテーゼとして登場し、世界観にまで膨れ上がろうとすべきではないのです。そんなことをすると、決定論は厳密には非科学的なものになってしまいます。実際に宇宙や脳を観察することで、その主張の正しさを証明したり反証したりできなくなりますから。それに、決定論が世界観だとしたら、たった一つの巨大な因果の連鎖がある、とあらかじめ決められていることになります。唯一の因果の連鎖の存在は、物理や神経科学の前提条件でもなければ、それらの学問が今日に至るまでに得た知識から導かれるものでもありません。

伝統的に、ライプニッツの充足理由の原理は、哲学者の間で形而上学的命題の最高峰とみなされています。この原理は、すべての出来事は一つの充足理由によって決定される、と述べているのでしょうか？　この原理は、出来事についてだけでなく、文字どおり存在するものすべてについての原理なのではないでしょうか？　そう考える人さえいます。そうだとすると、この原理は厄介な意味で本当に形而上学的だということになります。だから、さっき〔充足理由の原理をまとめるとき〕「私のバージョンでは」と言ったのです。なぜなら、私のバージョンでは、この原理は形而上学的ではないからです。ガブリエル版の充足理由の原理は、宇宙について論じてはいませんし、存在するものすべてについて何の主張もしていません。単に出来事について述べているだけです。どんな出来事も、必要な条件がすべて揃って、充足することなしには生じない、と言っているのです。

考察をしていく中で突然このような重要な方向転換を行ったのは、すべての条件を網羅するような共通点を見出せると私は想定していないからです。条件のすべてが固い原因や理由ではありません。条件のリストには何でも書き込めます。無数の性質の条件があり、それらは唯一の理論、つまり形而上学的理論で包括的に理解することはできず、私たちがそれぞれの分野で専心して取り組まなければならないような条件です――そして、この取り組みは、新しい実在論が負うべき責務の一つなのです。[149]

ということで、自由意志のハード・プロブレムへの私の解答は、ひとまずは共存論に則ったものになります。すなわち、充足理由の原理という形式の中では決定論は正しいのですが、しかし私たちはそれでも自由なのです。なぜなら、自由があるから起きるのだと私たちが解釈する出来事のための条件のいくつかは、自由と呼ぶにふさわしいものだからです。

親切がいやらしく刺し、形而上学的悲観主義を打ち負かす

一つの例を挙げると、分かりやすいでしょう。ロミオがジュリエットを喜ばせようとして薔薇の花をプレゼントします。ふつう、私たちは、ロミオは自由にこれをする、と言うでしょう――ロミオが自由を制限するようなドラッグか何かの影響下にあるというような話を耳にしたなら、話は別ですが。この出来事を自由の表明だと評価するための条件を、いくつかリストアップしてみます。このリストを、**親切なリスト**と呼びましょう。

- ロミオはジュリエットが好きだ。
- ロミオは薔薇を買う小銭をもっていた。
- ロミオは、薔薇が枯れないうちに、どこに行けばジュリエットに会えるかを知っている。

―ロミオは動ける。

―ロミオはジュリエットを喜ばせるために薔薇を贈りたいと思っている。

―ロミオは他者が喜ぶと自分もうれしくなる人間だ。だが、誰よりもジュリエットが喜ぶとうれしい。

……


このリストには、ロミオの自由を制限するような強制的な要因はありません。そして、このリストは長くなります。自由に対して懐疑的な人なら、このあたりで、これらのどの項目もロミオの自由とは何の関係もないことを説得力をもって論じる必要があります。そこで、その人は対抗するための自由を奪うリストを持ち出すかもしれません。これを、**いやらしいリスト**と呼びましょう。なぜなら、このリストは、いやらしい作戦によって、自由であるという印象を傷つけるからです。


―ロミオはジュリエットが好きだ――もっぱら遺伝的素質のせいで。

―ロミオは薔薇を買う小銭をもっていた――偶然、手の中にあった（小銭はどこかの屋根から落ちてきたものだ）、それも彼が偶然よろめいて花屋の中に転がり込んだときに。

―ロミオは、薔薇が枯れないうちに、どこに行けばジュリエットに会えるかを知っている――彼がそれを知っていたのは、まったく動物的なことで、彼の神経システムは本人が気づかないままジュリエットの匂いを嗅ぎ分け、彼は本能的にジュリエットのもとに向かうのだ。

－ロミオは動ける——彼は突風に翻弄され、風の中を舞う紙きれのように移動させられるのだ。
－ロミオはジュリエットを喜ばせるために薔薇を贈りたいと思っている——だが、それは脳の損傷が原因で、ある種のホルモンが撒き散らされているからにすぎないのだ。
－ロミオは他者が喜ぶと自分もうれしくなる人間だ。だが、誰よりもジュリエットが喜ぶとうれしい——というのも、彼は長らく鬱で苦しんだ経験があり、そのため他人が喜んでいることに喜びを感じることしか彼にはできないからだ。なぜなら、そうすれば、いやでも幸せの王子様になれるのだから。

……

私たちは誰でも、自分自身の経験や他の人々との出会いの中で、自分たちの行為の真の動機が何なのかよく分からない、と感じることが、ときとしてあるでしょう。ですから、私たちは行為の説明、つまり、なぜある人物がそのようなことをするのかを理解させてくれる説明を求めます。そのときに、好意からなのか、下心からなのか、と推測することができます。好意は、親切なリストの背後に潜んでいます。すなわち、その人物には自由がある、と考えることであり、それは（ロミオがジュリエットに薔薇を贈るなどの）見るからに喜ばしい出来事の好意的な解釈です。いやらしいリストは、好意という見かけを、下心（よこしまな動機）と、あるいは自由という重荷からその人物を解放してくれる説明と取り替えます。私が路上でよろめき、誰かに突きあたったような場合は、誰も私によこしまな動機があったとは非難しないでしょう。動機という点では、私は単に自由ではなかった、どうしようもなかった、ということです。
人間の行為のあらゆる動機と、好意や自由の見かけをしたものすべてを、それらすべてを包括する、いやらしいリストと取り替えることを私たちに許すような十分に根拠のある普遍的な疑惑というのは、今のところ、まったくありません。そのような疑惑があるとしたら、ショーペンハウアーが特に顕著に提唱した**形而上学的悲観主義**の一形態でしょう。なぜなら、彼はこの世界の構造の中に自由の居場所はない、と考えていたからです。好意的な外見をもつ行為のすべてを、彼は赤裸々な生存意志ないしは繁殖意志だと理解しようとしました。『意志と表象としての世界』〔続編〕第二部（『ファウスト』に倣って〕悲劇第二部と言えるかもしれません）の第四四章「性愛の形而上学」で、彼は次のように主張しています。

恋愛、どれほど芳《かんば》しかろうと、それはすべて性欲動に根ざしており、より近く定められ、特殊化され、最も厳密な意味では、おそらく個別化された性欲動にすぎない。[150]

また、ショーペンハウアーは近代における離婚率の上昇を説明し、彼の説明によれば、その背後に隠れているのは、それ自体は何の意味もない命の循環が永遠に続くという、この世の嘆きであり、社会現象や一連の自由な意志決定などではないのです。受精が執行されたあと、愛は終わる。よくロリオの漫画のように風刺される結婚生活は、彼にとっては形而上学的失望の表現であり、その失望はといえば、自己保存という種の欲動が個人としての私たちを意のままに導くことで生じているのです。

ところで、彼はインドのカースト制を、親が子の結婚を決めるという風習ともども、正当化しようと考えていましたが、彼はこの意図を絶対に隠そうとはしませんでした[151]。

したがって、ロミオがジュリエットに薔薇を贈るのは、ただ彼女と一緒に寝たい、という動機によっています。そのとき、彼が愛に溢れたどんな動機をイメージしていようと、そんなことはショーペンハウアーにとっては何の役割も果たしません——それでも、ショーペンハウアーは、男性にはときに天才または聖者として宿命的な命の循環を断ち切る能力がある、と信じようとしました。女性については、「女について」というおぞましい論文であからさまに書いているように、「我々が幼い時期の養育者[152]」、ないしは性の誘惑者という役まわりをあてがっています。女は「その本質によって、服従するように定められている[153]」のだそうです。もしインドのカースト制度で循環の輪が失われたらどうなるか、ショーペンハウアーには明らかなのです。フランスのように、革命になるのです！

ヒンドゥスターンで女が独立していたことはかつてなく、どの女も父、夫、兄弟、あるいは息子の監督下にある。寡婦を夫の亡骸《なきがら》とともに自らも火葬に付させるのは、確かにけしからぬことだ［ショーペンハウアー、一瞬の理性のきらめき——M・G］。だが［と、すぐに前言撤回——M・G］、子供たちのためにと夫が汗水たらし、生涯かけて獲得した資産を、夫の死後、その女が情夫とともに浪費するのも、けしからぬことだ。［…］フランスでは、ルイ一三世以降、女の影響力が次第に大きくなっていったせいで、宮廷と政府が徐々に腐敗し、最初の革命を招いて、その後の大変革につながっていったのではなかったか[154]？

自由を軽蔑し、女嫌いで、それ以外の点でもあまり好感のもてる男ではなかったショーペンハウアーは、この文章で明らかなように、いやらしいリストを作る名人でもあります。時代を経た私たちには、これらのテキストは純粋にイデオロギー色のあるものであることが分かります。それは（例えば「女性」のような）本質を作り出すことで、ある種の社会構造を正当化しようとしているのです。――実際には、その構造は自由であり、したがって変革（廃止！）されることもありえます。

過激ダーウィン進化論とニューロマニアにまみれた、現在出版されている反自由の著作物が、せめて未来にはイデオロギー色のあるものだと気づかれることを願うばかりです。しかしながら、もっとよい時代が到来するまで待っているわけにもいかないので、今すぐ手をつけなければなりません。なぜなら、すべてを包括する形而上学的悲観主義に走って、親切なリストをことごとくいやらしいリストに置き換えてしまう理由はないからです。そんな要求は受け入れがたい無理難題ですし、基本的に自分自身も他者もいっさい信用しないのは似非《えせ》科学に支えられた一種のパラノイアです。

自由意志のパラドクスを解消するために、ここで言いたいのは、充足理由の原理は正しい、それにもかかわらず物理的決定論も神経決定論も正しいかもしれない（要は、正しいかどうか分からない）、ということです。しかしながら、この二つの決定論が私たちの自由を脅かすのは、すべての出来事が物理的秩序にのみ属しているとき、つまり、自然科学の言葉とリソースを用いたほうが、それ以外の方法で理解するよりも完全な形で、かつ、よりよく理解できる、という場合でしょう。これは自然主義がテーゼにするところでしょうが、このテーゼは哲学的分析というメスが入ることで、かなり根拠が薄弱であることが証明されています。[155] つまり、自由にとって問題になるような出来事は、必ずしも（固い）原因によってのみ引き起こされるのではないのだから、自然主義は正しくないのです。出来事の中には、行為者が関わることで成立するものがあります。そのような出来事には、固い原因ではない、いくつかの条件（例えば、理由）があります。ですから、行為の自由があるのです。私たちは自分の欲することを為すことができるのです。

しかしながら、私は、行為とまったく同じように自由である意志がある、と主張しているわけではありません。意志が存在する、という想定は無数の混乱の源の一つです。ですから、ニーチェは、ショーペンハウアーを批判する中で、正しく根源的な解決策を検討しました。それが、抽象的な意志というものはおそらく存在しない、意志と形容されるような能力と可能性の相互作用は存在しないだろう、という指摘です。「私は君たちの自由な意志のことを、同じく不自由な意志のことも笑い飛ばす。君たちが意志と呼ぶもの、それは私にとっては妄想なのだ。意志は存在しない」[156]と。その一方で、ニーチェは次のようにも言います。「意志」は「偽りの具象化」である[157]、と。このように、彼は当初自分にとって偉大なお手本であり、「育ての親」でもあったショーペンハウアーに対して返答しています[158]（ところで、ニーチェ自身、女嫌いで、どちらかと言えば、あまり感じのよくない同じ時代の人でしたが、言葉の天才だったため、すでに優れた散文作家だったショーペンハウアーより、いっそう魔法のヴェールをかけられています）。

このニーチェの考えは、ショーペンハウアーが意志という概念を極端に先鋭化しただけに、いっそう重要です。意志の概念の先鋭化は、特に人間の自由に関する議論においてなされました。ショーペンハウアーの決まり文句である「確かに我々は欲することを為すことができる（行為の自由）、だが自分の欲することを欲することはできない」は、いまだに影響力のあるフレーズです。そう考えるからこそ、ショーペンハウアーは、意志は我々を束縛している、いわば、我々は意志そのものに操られ、あるいは「欲される」ものであって、私たちはそれをどうすることもできない、と主張しました。つまり、意志は人間の運命であり、それは私たち人間にはそれぞれの人物としての性質があって、それがただ、あれかこれかのどちらを欲するのかを決定しているからです。

でも、そうなると、ショーペンハウアーは前もって反対者のために掘ってあった穴に自ら落ち込むことになります。というのも、彼は次のようなことを容認しているからです。意志という能力の活性化は私たちの意のままにはならないが、意志なしには私たちに行為の自由はない、ということです。さて、どうやって、何かを欲することなしに自分が欲することを為すことができるというのでしょうか？　この疑問は正当であり、まさに正しい質問です。ですが、だからといって意志が存在するということにはなりません。どうして、私たちはありとあらゆる種類のことを、欲し、望み、推し量り、ひいきし、選ぶのだ、と単純に言ってはいけないのでしょう？　どうして、「意志」、「願望」、「可能性」、「優先」、あるいは「選択」というものが――意識の背後に潜み、裏から私たちを操る――異生物のように私たちの中で作用し、影響を及ぼしている、と考えなくてはならないのでしょうか？　この種の誤った推論〔誤謬〕を、**具象化**と言います。

ちょっと「私〔自我〕」の問題に戻りましょう。ここでも同じような状況です。私たちは「私」という物を私の内部にもっている、あるいは、私たちは目の奥の穴に棲んでいる「私」という物（懐かしいホムンクルス）だと考えるかもしれません。この考えは、例えば次のような誤った推論によって「根拠づける」ことさえできるかもしれません（カントがこのような誤った推論を「誤謬推論」と呼んだのは、すでに〔第II章で〕見たとおりです）。

1 私たちは物（猫、虫、木、皿など）について考えることができる。
2 私たちは物について考えるとき、考えをもつ。
3 私たちが考えをもつとき、それらの考えをもつ何者かが存在する。
4 私たちは「わたし／ぼく〔ich〕」と言うのを好むので、その考えの担い手を「私〔das Ich（自我）〕」と名づける。
5 私たちは考えの担い手について考えることができる。
結論 ゆえに「私〔自我〕」（考えの担い手）は物である。

ここでの間違いは、私たちは物についてしか考えられないのではない、という点を見逃していることです。なぜ物についてしか考えられない、ということになるのでしょうか？ それを肯定するには、そう簡単には見つけられない――というより見つけようのない――ありとあらゆる理由が必要でしょう。

神経《ニューロ》中心主義は、私たちは多くの物の中にある一つの物であって、物以外は存在しない、ということを前提にしています。私は「私」という物で、あなたも「私」という物、私たちの周囲は素粒子だらけで、それらも物です（非常に奇妙な一面はあっても、素粒子は物です。それらは猫などとはまったく違うふるまいをします。だから、シュレーディンガーの猫の話というのは誤解を招きやすいのでしょう）。このモデルでは、私たちが物についてしか考えられないという見解になるのも当然です。なぜなら、物しか存在しないのですから。ですが、物しか存在しないというのが間違いなのです。物として簡単に通用しない価値、希望、数などが存在するからです。

根本的な勘違いは、完全に私たちから独立した家財をもつ世界がある、というイメージにあります。このイメージは、昨今、哲学者の間で流行しているメタファーである「現実を供給する家具（furniture of reality）」を彷彿させます。現実を構成する家具があるとしたら、それらはしっかりした、触れることのできる物でしょうし、不変の自然法則に従って、時間と空間の中を押していかなければならないでしょう。私たちは、肉体的な物なのですから、あらゆる物の中の単なる一つの物ということになります。そうすると、もちろんのことですが、意識、数、価値、可能性などが存在することは謎に思えます。でも、謎に思えるのは、それら自体が謎めいているからではなく、どこまでも具象化された宇宙というイメージが、とんでもない道に迷い込んだ形而上学的ファンタジーだからです。

はじめから何もかもを具象化すると、矛盾の中にはまり込んでしまいます。そうすると、私たちは性急に「私」という物を持ち出し、それを中に意志という物（あるいは、脳のさまざまな部位にある、たくさんの意志という物）が収納されている脳という物と同一視します。次のステップとして、ここで、どんな物も自由ではありえない、なぜなら、あらゆる物は、物にどういったことが生じるかを規定する自然法則に従い、互いに関連しているからだ、と私たちは考えます。でも、この建築用ブロックのような形而上学――その中では、物同士がぶつかり合ったり、ときにはくっついたままになったりします――は、人々の間で自由に行為する人間という私たちが抱く自己イメージとは、もちろん合致しません。私は、このような形而上学を、(あの有名な玩具を思い起こしつつ) **レゴ中心主義**とも呼んでいます。人は物ではないのです (プレイモービルでもレゴでもありません)。

人間の尊厳は不可侵である

〔人間は単なる物ではないという〕この考えは、重要な倫理的結論を導きます。ドイツ連邦共和国憲法の第一条には、ご存じのとおり「人間の尊厳は不可侵である。これを尊重し、および保護することは、すべての国家権力の義務である」と謳われています。もちろん、この条項は、人間の尊厳と人間の権利は概念的に結びついている、という貴重な洞察から離れないかぎり、さまざまに解釈し、根拠づけることが可能です (この洞察については、人間の尊厳が人間の権利を根拠づけているのか、それともその反対なのか、あるいは人間の権利は人間の尊厳の本質なのか、といったことについて法哲学界で激しい議論が交わされています)。

でも、ここで見落としてならないのは、人間の尊厳というのは文字どおり手で触れることはできない〔unantastbar (不可侵)〕、なぜなら物ではないから、ということです。誰も人間の尊厳に触れることはできませんし、また物を知覚するときのように目で知覚することもできません。私たちが人間の尊厳を手にしているのは、私たちが人間という物であり、その頭蓋冠の下で成長して、わが世を謳歌する脳という物が設置されているからではありません。

ここでは、カントによる有名な**尊厳と価値の区別**が役に立ちます。カントは、次のように書いています。

すべてのものには価格か尊厳がある。価格があるものには、代わりにそれと等価の別のものをあてることができる。それに対して、あらゆる価格を超越しているものには尊厳がある。一般的な人間の関心と欲求に関わるものには市場価格がある。〔…〕だが、その条件下においてのみ何かが目的それ自体でありうる、そのような条件を形成するものには、単に相対的価値、つまり価格があるのではなく、内なる価値、つまり尊厳がある。[159]

ここでカントは、何かが目的それ自体でありうるための一つの条件について述べています。この文を読むと、常に物と条件の違いについて考えてしまいます〔ドイツ語では「物（Ding）」と「条件（Bedingung）」は似ている〕。条件というものは、ある物を今の姿や状態にするものですが、すべての条件が固い原因である必要はありません。カントによれば、私たち人間に尊厳が与えられているのは、私たちが「目的の王国」[160]に住んでいるからです。目的の王国とは、我々人間の行為を我々にとって理解しやすくするために用いられる概念の体系的結合です。友情、裏切り、贈り物、連邦大統領、著作権、搾取、疎外、イデオロギー、革命、改革、歴史などが、それらの概念に属しています。これらの概念は、我々人間とは無関係に、自動的に進行する自然の事象を我々に理解できるようにするために用いられる概念とは区別されます。

カントの時代には、自然の自動的な事象と自由な行為との境界は確かに脅かされていて、それはその後のロマン主義の文学的傾向にも見ることができます。例えば、E・T・A・ホフマンの『砂男』に登場する有名な自動人形オリンピアを思い起こしてください。カントは、同じく有名な『実践理性批判』で、「自然のメカニズム」と「自由」を対置させました。その際、彼自身が、私たちは自動人形なのかもしれない、という疑惑を言葉にしています。カントは、その中心となる考えを強調しました。すなわち、「自然のメカニズム」の支配下にある物が「現実に物質的な機械である必要はない」[161]ということです。なぜなら、カントは、決定論を擁護する現在の多くの人々とは異なり、ライプニッツによって定式化された自由意志の難しい問題《ハード・プロブレム》に取り組んでいるのですから。

> ここではただ、自然法則に従って展開していく時系列における出来事を結びつける必然性が考えられているだけなのだが、この経過が生じている主体は——機械的実体が物質によって動かされているのだから——物質的自動機械〔*Automaton materiale*〕と呼ばれる、あるいは、ライプニッツとともに——機械的実体がイメージによって動かされているのだから——精神的自動機械〔*Automaton spriuale*〕と呼ばれる。そして、我々の意志の自由が後者のもの（例えば、心理的なもの、比較的なものであり、同時に先験的でない、つまり絶対的なものでないもの）にほかならないと

すれば、意志の自由は、いったん装置の紐を巻き上げると勝手に動いていく回転式串焼き機の自由より、基本的にいささかもましではないことになる。[162]

これとは反対に、カントを非正統的に解釈することで、私たちは目的の王国の住人としては、行為の目的論的な説明が許されるのなら、総じてお互いに理解し合えるという点で本当に自由である、と主張することができます。ラリーと黒パンのことを思い出してください。ラリーはカビの生えていない黒パンを買いにスーパーに行きましたよね。したがって、彼は固い原因の王国の中だけを動くのではありません。ラリーは、ものすごい突風にあおられてスーパーまで飛ばされ、気がついたらパンが置いてある棚の前にいた、というわけではないのです。ラリーは自発的にスーパーに行きます。彼の行為は、彼の一代記を構成する行為の全体システムの一要素なのです。

行為は、しばしば自然の出来事と区別されます。行為と違って、自然の出来事は目的をまったく考慮しなくても完全に理解できるからです。ですから、自然の出来事（例えば、人間の尿意）は自発的なものではありません。確かに尿意には生体における一つの機能はありますが、どこかの誰かが設定した目的はありません。

人間による文明の多くは、自分の身体にまつわる自然の出来事を排除したり、あるいは少なくとも美化したりすることに本質があります。例えば、爪や髪を切り、服を着て、鍵のかかるトイレをもち、我々がもつ自然な能力を向上させるための技術（計算機、列車など）を利用します。加えて、私たちは野生動物と共存せず、彼らにはどこか別のところにいてもらいたいと思っています。手つかずの荒野か動物園にいて、私たちを煩わせないでもらいたいのです。

人間にふさわしい尊厳ある生とは、「目的の王国」の中の生です。病気、あるいは瀕死の重病のときには、自然の出来事が私たちの生における主導権を握ります。しかし、これは神経《ニューロ》中心主義が私たちに吹き込みたがるような通常のケースではありません。私たちは病気のときだけ、固い原因と体内の神経回路網に操られるのです。環境保護や動物保護に取り組んでいる人がそのような行動をするのは、単に頭蓋冠の下でニューロンの嵐が起こり、その嵐が本人の意志に反して行動に駆り立てているからでも、その嵐が、本人が望むと望まざるとにかかわらず、共同体のために行動するような意志を植えつけるからでもありません。

人間の尊厳は不可侵です。それは、私たちが特定の種の生物や動物であるからだけではなく、まさに目的の王国に生きる動物であるからです。注意してください、私は他の動物がそこから排除されている、と言っているのではありません。ペットだって、もう私たちとともに目的の王国に暮らしています。ただ、私たちとは異なり、彼らはそのことを微塵も理解していません。もちろん、私たちも目的の王国のすべてを知っているわけではありません。見当がつかないほど多くの人と制度〔機関〕がそこに関与しているからです。ですから、目的の王国は、ときとして私たちには、自由の顕現というより、むしろ自然の暴威のように思われます。

それでも、私たち人間は、文明と精神史のおかげで、もはや基本的に固い原因に操られないことを目指し、積極的かつ意識的に働いているという意味で、他の動物種より自由です。私たちは、いわば行為のやわらかい条件を作り出すことで、自分たちを原因から部分的に解き放っています。たとえ別の動物種には別の目的の王国があると言って構わないとしても（なぜなら彼らにも社会的な秩序の体系がありますから）、彼らの目的の王国が、これは目的の王国だという認識の下で設立され、変革される、とまでは言えないでしょう。他の動物種は、我々のように反省哲学的に根拠づけられた法体系はもっていません。我々のもつ法体系は公明正大な国家組織の構造についての何千年にもわたる熟考などから生まれたもので、その熟考は古代ギリシア人によって（特にプラトンとアリストテレスが重要ですが、アイスキュロスなどの悲劇作家、トゥキュディデスやヘロドトスなどの歴史家も含みます）模範となるほど理論的に高いレベルまで練り上げられました。ここに近代の法学と国家学は連なっています。

これらの反省的思考から得られた達成があるからといって、私たちが他の動物種より価値があるというわけではありません。カントが記しているとおり、尊厳は相対的な価値ではまったくなく、したがって私たちを動物界の他の動物より上位に押し上げるものではありません。尊厳は人間の権利の土台になっているかもしれませんが、人間には尊厳があるからといって、私たちの目的の王国に詳しくない他の動物種を乱暴に扱うことは許されません。そんなことをすれば、私たちの尊厳は、相対的な価値に、他の生物との比較において私たちをよく見せている価値になってしまいます。しかし、カントによれば、尊厳は内面的価値なのです。私は、その価値は次のような事実に根差していると考えます。それは、私たちの行為が自由なのは行為を為すために必要な条件の多くが固い原因ではないからである、ということです。

神の段階？ 自然の段階？

先に（三五頁）、「自分の人間らしさを否定することほど人間らしいことはない」というスタンリー・カヴェルの金言を紹介しました。サルトルは、これと似たテーゼを提唱しています。「人間のふるまいの大部分は、自分自身を自由から免除することを意図している」というテーゼです。そして、サルトルは「人間とは、根本的に、神であろうとする欲望である[163]」と説明しています。私はこれを、**上に向かう野蛮化**と呼びます。つまり、自らを神格化することで人間は非人間的になる、ということです。

サルトルの基本理念は理解しやすいものです。彼はアンジッヒ〔即自。「自分が自分に密着して」、「それ自体」の意〕とフューールジッヒ〔対自。「自分が自分に対して」、「自分自身のために」の意〕を区別します。アンジッヒであるものは、概念的な介入にかかわらず、完全に自分自身と同一です。それは絶対的な実体をもっています。それを破壊することはできますが、自分自身についての意見や考えを変えることで変化するということはありえません。なぜなら、アンジッヒには意見や考えがないからです。石はアンジッヒに属しますし、若干の生物も間違いなくこれに属しているはずです（動物界のどの「段階」からフューールジッヒが始まるのか、現在のところ分かっていません）。それに対して、私たちがフューールジッヒに属するということは、私たちが「人間的現実」——サルトルの呼び方です——に属するということです。これは、今ではおなじみになっている考え——自分自身についての自分のイメージは（たとえ誤ったイメージであっても）自分について何かを語る——のサルトル・バージョンです。私たちは常に、自分はこうだと自分でみなしている者でもあります。もし私が自分をダンスがうまい人間だと（実はそうではないのに）みなしているなら、私は自分で自分をダンスがうまいとみなしている、その人なのです。このことは、私について何かを語ります（例えば、私は見栄っ張りでダンスが苦手なことを白状できない人間だとか、それでもダンスがうまかったらなあと願っている人間であるといったことです）。

サルトルに言わせると、人間が神という観念を作り出したのは、神とはアンジッヒとフュールジッヒが完璧に結びついた存在だからです。神は、自分について誤った意見や考えはもちませんが〔つまり、即自＝それ自体〕、石ではなく、完璧この上ない人なのです〔人であるから対自的存在である〕（ともかく哲学者は自分たちの神を、このようにイメージしています。そのせいで、この神は「哲学者の神」とも呼ばれています）。サルトルの解釈に従うなら、アンジッヒ（私たちの肉体、出自など）とフュールジッヒの間に隙間があるから、私たちは自由なのです。この隙間は、隠そうとしてさまざまな戦術を駆使しても、決して閉じることがありません。その戦術の一つが、**本質主義**です。本質主義は、一人の人間、または一つのグループは、その本質（そのエッセンス）によって、特定の行為のモデル――見かけ上は自由な行為に見える――に束縛されている、というテーゼを支持します。人種差別的な考えや性差別的な考えは、本質主義的です。同じく国家主義者も、バイエルン族やギリシア人には彼らの行為の中にはっきり表れる本質がある、と主張します。例えば、バイエルン族はビールを飲んでCSU〔キリスト教社会同盟〕に投票し、ギリシア人は腐敗していて怠け者だが、好感がもてて、極左か極右である、といったことです。

このような形のステレオタイプは海辺の砂ほどたくさんあり、本質主義的観点から他者の自由を否認することで自分自身の自由を否定することにのみ役立っています。他者が自動人形なら、彼らを自由な精神をもつ生物として扱うために私たちの自由を活用しなくても、誰もそのことで私たちを非難したりはしませんから。

このような背景のもと、カヴェルとサルトルの本質主義的モチーフを組み合わせて、二つの危険性を指摘しましょう。一つは上に向かう野蛮化で、もう一つは下に向かう野蛮化です。上に向かう野蛮化の危機が訪れるのは、私たちが神を「私」の理想として選ぶとき、つまり神のようになりたいと欲するときです。**下に向かう野蛮化**が訪れるのは、私たちが過激ダーウィン進化論に感染して、人間の行為はすべて進化生物学の手法で完全に説明できると信じるときです。

現在の社会では、上に向かう野蛮化は宗教とはそれほど結びついていません。むしろ、ポストヒューマニズムやトランスヒューマニズムの万能幻想、並びに、シリコンバレーの神々の手の内にある、すべてが絡み合うデジタル革命というイメージのほうと強く結びついています。我々人間はテクノロジーのおかげでとっくにサイボーグになっている、という考えを前提とする時代の潮流があります。私がこの文章を書くのに使っているノートパソコンは、「拡張された心〔意識〕(extended mind)」のテーゼの提唱者たちによれば、私の肝臓と同じくらい私の一部なのだそうです。このようにして、私たちは自分たちのハードウェアを拡張したかのように思い描くのです。極端なケースでは、映画『トランセンデンス』のようなシナリオを望ましいと考えて、死後、オンラインプラットフォームに自分がアップロードしてもらえることを望み、それによって刺激的なインターネットで永遠の命を保つことを期待するのです。

上に向かう野蛮化は「進歩的大脳作用」、つまり我々の文化を脳にしてしまうことによってもたらされる、と詩人で医師でもあったゴットフリート・ベンが指摘しています。これはニューロマニアに相当します。ベンは、オーストリアの神経科学者コンスタンティン・フォン・エコノモ（一八七六―一九三一年）のテーゼと批判的に取り組んでいます。フォン・エコノモは、すでに（一一四頁）登場した嗜眠性脳炎を発見したことで有名な人物です。フォン・エコノモは、精神史は脳の進化を通して理解できると推測しました。したがって、彼は文化の進歩を背後から操る一種の脳進化がある、と推定します。

注意してください、ベンはフォン・エコノモの考えに対立するのです。ベンは、フォン・エコノモの考えを、特に二〇世紀前半という不安定な近代における没落現象として、ニヒリズムとともに名指ししています。ですから、ベンは一九三二年に「ニヒリズムの後」という論文で次のように問うています――残念なことに彼は政治的にはナチズムを支持していて、うかつにもナチスを芸術擁護に力を入れている団体だと勘違いしたのです。


筆者は問う、我々にはまだ、科学的に決定された世界像に対して、創造的な自由をもつ「私（自我）」を主張する力があるのか？　経済的千年王国や政治的神話物語ではなくヨーロッパ的思索の影響力によって、唯物論的に機械的な形式世界を突破し、そして自らを絶対とする理想によって、より深い世界の姿を節度をもって構想する力が、我々にはまだあるのか？[164]

唯物論〔物質主義〕とニヒリズムの代わりに、ベンは「あらゆる唯物論から広く解放を推し進める強く意識的な礎《いしずえ》として、建設的〔構成的〕精神[165]」を据えます。ベンは「ニュートン・インペラートル、ダーウィン・レックス[166]」を合体させ、進歩的大脳作用という構造の中に抑制から解き放たれた「生成〔成長〕の知性主義的高まり[167]」、つまり上に向かう野蛮化があることを見抜いています。

このような上に向かう野蛮化は、意識や精神というのはさまざまな素材を使って実装・実現することができる機能的な構造にすぎない、と推定する**機能主義**においても有効です——シリコンバレーの時代には、シリコンチップがその例として繰り返し引っ張り出されます。機能主義はコンピュータの登場とともに担ぎ出された新しいテーゼだと思われるかもしれません。でも、注目すべきことに、ベンはここで慧眼を発揮します。一九三二年に発表した『学問の話』で、彼は神経《ニューロ》中心主義の基本構造を次のように描き出しています。その基本構造は今日に至るまで何も変わっていません。

> 大脳化の新たな段階は、その到来の兆しが見えているようだ。より冷淡で、より冷たい段階、そこでは己の存在、歴史、宇宙を把握するには、ただ二つのカテゴリーしかない。すなわち、概念と幻覚だ。ゲーテ以来、現実の崩壊は計り知れない。そのことに気づいたなら、コウノトリでさえ入水自殺をしなければならないほどである。つまり、大地が純然たる〔物理的〕動力学と純粋な関係によって破壊されているのだ。機能主義とは、いいかね、今の時代の潮流、担い手のない運動、存在しない実在なのだ[168]。

ゲーテやニーチェと同様、ベンも私たちに近代的な知性化の前史を顧みるように勧めています。『ファウスト』悲劇第二部で、ホムンクルスは「輝く玉座[169]」にぶつかって砕けることで、自分が棲むフラスコから逃げ出すことに成功します。「古典的ヴァルプルギスの夜」に登場する哲学者タレスが述べているように、ホムンクルスは「プロテウスにそそのかされて[170]」、「すべてを生みなすエロス[171]」に身を捧げ、自らを閉じ込めていたガラスを砕けさせたのです。初期のニーチェ作品は、のちにこれを「ディオニュソス的なもの[172]」と呼びますが、そう呼んだところで先に進む助けにはあまりなりません。というのも、シリコンバレーのギャングたちも、機能主義からの解放を目指し、ネバダ州の砂漠で開かれる熱狂的なイベント「バーニング・マン〔*Burning Man*〕」に集うからです。そこでは、並外れて大きな人型の像が焼かれて灰になります。まさにポストヒューマニズムが犠牲になるのです。

ゲーテは、ホムンクルスを粉々にする〔そして海に入っていく〕という描写で、シェリングの自然哲学のことをほのめかしています。シェリングは、人間の精神は知的な「私」、純粋な意識として、それ自体、魂の入っていない、「私」も意識もない自然と立ち向かっているのだ、という考えと根本的に訣別していました。シェリングとゲーテはともに、フィヒテはまさにこの立場をとっている、と考えていました。フィヒテはといえば、すでに知っているように、ゲーテ大臣の目の上のたんこぶでした。思い出してもらいたいのですが、フィヒテはイェーナ大学の教授として無神論論争に巻き込まれましたが、それは彼が、神を人間の理性の彼方にいる人物や権威としてではなく倫理的な世界秩序として理解するという一種の理性宗教を提唱していたからです。

生き生きと作用している、あの倫理的秩序こそが神である。我々には他の神は要らないし、他の神は理解できない。理性の中に、あの倫理的世界秩序から立ち去り、理由に基づいて築かれたもの〔世界秩序〕の推論によって特別な存在をもう一つ、その築かれたものの原因として推定する理由は存在しない。[173]

とはいえ、フィヒテの主張は、なぜ人間がなおも自然の生き物なのか、もはや理解できないところまで行っています。彼は私たちを、言うなれば自然の上に押し上げすぎているのです——上に向かう野蛮化の兆候です。

まさにそれに対して、ゲーテとシェリングは、(『ファウスト』第二部のプロテウスの言葉に託されていますが) 自然を単に純粋に機械的な歯車としてイメージすべきではない、と異議を唱えます。そのようなイメージは、当時、知性主義的な投射でした。もし私たちが完全に自然の一部であるなら、私たちの感情世界が冷淡な自然であるというのは奇妙なことではない、と想定しなければなりません。ですから、ゲーテとシェリングは進歩的大脳作用に対して、前論理的で、純粋に合理的なだけではない人間の先史を集結させます。言い換えれば、彼らが指摘したのは、現象的意識がなければ志向的意識はない、つまり我々は考える実体として感じもする、ということです。私たちの生は利己的な生き残り計算によって操られているという考えは、私たちには性愛に対する強い興味があると指摘すれば訂正されます。したがって、上に向かう野蛮化は、挫折の憂き目に遭うのです。

ベンは、神経中心主義《ニューロ》に反対する論拠として、当然ながら「人格の生物学的基盤は［…］かつての科学が推定したように脳にあるのではなく、生体全体にある」[174]と言及しています。でも、両極端のもう一方の側で、今日、過激ダーウィン進化論の形をとる下に向かう野蛮化の脅威が、あまりにもやすやすと迫っているのです。特に私が考えているのは、人間の「よさ」――すなわち、倫理感があること――の根拠を、サルの社会の研究を通して、利他的な社会的行動が見出されることに求めようとする試みのことです。そうすると、私たちだけが倫理感をもっているのだから、動物界の他のメンバーと区別されているとは決して言えないことになります。このことは、過去において我々が他の動物種と必ずしも友好的に付き合っていないことを正当化する言い訳に使われることがありましたし、今でもそうです。

動物行動学者のフランス・ドゥ・ヴァール（一九四八年生）などの研究者は「倫理を自然の、そして人間を他の生き物の、それぞれ対極に置く二元論」[175]は是認できないとしていますが、彼らの意見は実に真っ当です。人間を除く動物界はひたすら野蛮だが、人間は自分たちをどうやら手なずけた――というより、神様御自らに手なずけられた――というイメージは、経験的に見て支持できません。というわけで霊長類の研究は、もちろん哲学から見ても重要です。

追伸：野蛮人はいない

ただし、霊長類の研究から過激ダーウィン進化論が新たなエネルギーを得たりしないように、現在の理論的布置に至る前史について付け加えておきましょう。近代の政治哲学では、「野蛮人」は（ここでは何より一五世紀末にヨーロッパ人によって発見された南北米大陸の住人のことです）国家もなく、倫理もないような自然状態で暮らしているのか、という問題について長い議論がありました。現代の人類学によって、人間を「野蛮人」と「文明人」なるものに分類することはできないことが明らかになりました――このような分類は奴隷制度を正当化するために用いられてきたのですから。奴隷制度が倫理的な悪行であることがようやく認識されたのは、一九世紀になってからでした。この分類に代わって、今日では「対称性人類学」が登場しています。フランスの社会学者ブルーノ・ラトゥール（一九四七年生）が、著書『虚構の「近代」』の中で、そう名づけました。[176]

対称性人類学は、もはや人間を前近代的グループ（かつての「野蛮人」）と近代的グループ（かつての「文明人」）に分けることはしません。むしろ、我々の目には他者あるいは他者と思われる人々が違って見えるのとまったく同じように、彼らの目には我々はまるで違って見える、ということを前提にしています。ここでは対称性が優先されており、より高度に技術装備されているから優位である、などというわけにはいきません。

多くの人命を呑み込み、それゆえ殺人マシンの嫌疑をかけられる近代に連なる長いプロセスを経て、普遍主義には実際、代わりになるものがないことがようやく明らかになりました。**普遍主義**とは、すべての人間は根本的に同じであり、発達段階がさまざまに異なり、そのため近代の重装備を施された価値とは相容れない、根本的に異なる価値をもつさまざまな種類の人間（というより、嫌な言葉を使えば、人種）など存在しない、というテーゼのことです。

しかしながら、この洞察によって政治権力についての典型的な正当化戦術がもはや機能しなくなる、という結果がもたらされました。なぜなら、この正当化戦術は――もちろん今日に至るまで政治的にもイデオロギー的にも活用されていますが――人間は自然な状態においては無秩序で、互いに襲ったり、盗んだりするし、利己的すぎる目的のために互いを利用する傾向がある、ということを前提にしているからです。

このような「自然状態」のイデオロギー的イメージは、トマス・ホッブズが『リヴァイアサン』の悲観的ビジョンの中で非常に影響力のある書きぶりで描写しており、それは今日ではハリウッドの終末論的《アポカリプス》映画を通して知られています。エイリアンやゾンビ、想像を絶する規模の自然災害によって、あるいは単純に世界の終わりによって国家秩序が脅かされるや否や、この手の映画では、まずスーパーや他の店舗が襲撃されます。手始めに、人々は新たに手にした自由を余すところなく使い、警察の目を気にすることなく片っ端から何でもかんでも略奪します。このようなシーンが提示しているのは、国家秩序というものが私たちを、いわば私たち自身から守っている、という考えです。国家秩序がなくなると、ホッブズが有名な文で表現したように、人間は再び「人間にとっての狼」になるのです[177]。

とはいえ、今日――何はともあれ、いくつかの緯度にある地域では――万民の内に巣くっているとされる野蛮さを引き合いに出すことで国家による暴力の独占を正当化することは、公的にはもはやほとんど受け入れられないでしょう。なぜなら、そのような理屈はイデオロギー的複合概念であると、とっくの昔に見事に見透かされているからです。私たちが抱く民主主義的法治国家のイメージは、幸いにも普遍主義的な傾向をもっています。つまり、このイメージが正当化されているのは、法治国家は偶然の国家形態で、国家は私たち邪悪で野蛮な国民に対して己の権力維持を正当化するために、この形態を利用しているにすぎないと私たちがみなしているからではない、ということです。なぜなら、このモデルは私たちの政治的自由に対する要求と両立しないだろうからです。国家が、国家だけが、倫理のような行動規範を私たちに課すのは、絶えず殺戮の恐怖でお互いを脅かさなくても済むようにするためだと私たち皆が考えているのなら、私たちが自由だとそれほど感じなくても当然でしょう。自分たちは実は「悪魔の民」[178]である、という印象をもつことでしょう。

これに対して、すでにカントは有名な『永遠平和のために』で、私たちは本当に悪魔であるわけではないが、仮に悪魔だったとしても国家秩序は正当化できるに違いない、と認識していました。我々は生まれつき悪である、という想定は、なぜ制度やしきたりが善人にも悪人にも意味があるのかを理解するために用いる虚構にすぎません。

> 国家建設の問題は、どれほど難しそうに思われようと、悪魔の民にとってさえ（ただし、彼らに分別があれば、の話だが）解決できるもので、すなわち、こうするのだ。「自分たちの存続のために一般法を全体として求める多くの分別ある人間――その一人一人はといえば、自分はそのかぎりではない、とひそかに思っているのだが――彼らをうまく動かし、自分たちの憲法をもたせるのである。そして、本音では互いに反対のことを求めているにもかかわらず、彼らがその憲法を

互いに維持し、公に行動するときは、そのようなよこしまな考えをもつ者など誰もいないかのように、その憲法が機能するようにするのだ[179]」。

ポイントは、国家（つまり選ばれた国家の代表たち）は私たちが天使の民であるとも、悪魔の民であるとも前提することはできない、ということです。むしろ重要なのは、相手が善人であろうが悪人であろうが、というより善行をしようが悪行をしようが、万民にとっての政治的自由を保障することです。うれしいことに、私たちは、表現型に基づいて――例えば人種として――、あるいは（ドイツ人、ノルウェー人、中国人など）歴史民族的に――経済発展の度合いと結びつけることで――確定される人間の本質がある、というイメージから、大なり小なり解き放たれました。

とはいえ、まだまだすることはたくさんあります。例えば、ドイツ人の外見は一般にどのようなものか、というアンケートをとったなら、実際に答えを探す人が多いでしょうし、さらに悪いことには、もう答えが用意されている人も多いでしょう。でも、肝心なのは、「ドイツ人」にはこれこれこのような外見などというものはない、ということなのです。なぜなら、ドイツ人であるというのは標準的な身分なのですから。ドイツ人とは、ドイツ国籍をもつ者のことです。そのために特定の外見である必要はありません。当然、国籍は価値と結びついています。なぜなら、国籍は自由民主主義の基本規定に、その根拠をもっていますから。人権、機会均等、自由の普遍的イメージ、法の下の平等といったものはこの基本規定の一部なので、私たちには、人間はさまざまな亜種に分かれている、というイメージを取り払う大きな政治的チャンスがあるわけです。

だからといって、私たちはまだ倫理的なゴールにたどりついたわけではありません。というのも、もし我々が人権を盾にとって、他の動物種より特別扱いされることを主張し、自分の目的のために彼らを好き勝手に利用できるとしたら、我々はまたもや「野蛮人」という考えに立ち戻ったことになるからです。その場合、人は「野生動物」を文明の脅威として思い描き、ついには人間による権力の独占を動物界の他のメンバーに対して主張しかねないでしょう。

カント自身、有名な**野蛮化の論拠**を述べ、我々には「動物に対する暴力的かつ残虐な行為を慎む義務」がある、なぜなら、そのようなことをすれば人間に対する「共感」も「鈍《にぶ》く」なるからだ、と指摘しています[180]。

> （家族の一員であるかのように）長く尽くしてくれた老馬や老犬の仕事に対する感謝の念でさえ、これらの動物のことを考慮するなら、間接的には人間の義務に属するが、直接的には常に自分自身に対する人間の義務にほかならない[181]。

というわけで、私たちは人間であり続けていること、そしてそうであることによってどのような倫理的・政治的チャンスがもたらされるのかを、もっとよく理解したほうがいいでしょう。そのためには、先に簡単に触れた二重の野蛮化を伴うイデオロギーに対して、批判的態度で臨まなければなりません。大事なステップは、野蛮なものはいない、という教訓を近代から引き出すことです。私たちは、素晴らしい自己イメージをもっているという点で、基本的に自分たちを動物と区別していますが、動物だって野蛮ではありません。私たちは他の動物とは違っている——それだけのことです。私たちの尊厳がそのことに由来しているのではありません。尊厳は、私たちに生まれつきそなわっているのでも、植えつけられているのでもありません。あらかじめ課題として与えられているのです。ただし、私たちはその課題を果たしてはいません。人間はまだゴールにたどりついていないのです。

人間は砂に描いた顔ではない

私は本書で二一世紀の精神の哲学の基本線を、ざっとお話ししてきました。その際、精神の自由という概念を発展させ、我々には精神も自由もないと吹き込もうとする還元主義的・消去主義的な目論見から精神の自由の概念を守ろう、というのが私の意図でした。対するはイデオロギーで、その中心的意図は、時代から時代へと移り変わりながらも人間自身をこの世から消し去ろうとする人間の試みにある、と私は見ています。この試みは今日多くの姿をしており、中にはトランスヒューマニズムとポストヒューマニズムのまわりをまわっているものもあります。つまり、人間の時代は終わった、なぜなら我々は未来のサイボーグとして人間の生物的性質を凌駕していくのだから、という考えを中心に据えているのです。

現代のイデオロギーを助けている問題の一つは、精神科学〔人文科学〕が精神を放棄する傾向をもつようになって久しいということにあると言えるでしょう。フライブルク大学で行われた一連の講演の有名なメインタイトル「精神科学からの精神の追放[182]」が、このことを端的に言い表しています。この一連の講演の主催者で、二〇一一年に亡くなった文学者フリードリヒ・キットラーは、精神の追放を次のように説明しています。「精神」と「人間」という概念は、近代になってからできたもので、さまざまな学問分野によって確立された。そうすることで、迷信というかつての精神世界は、人間の精神というたった一つの精神に置き換えられたのだ、と。けれども、この精神は、なおも迷信として克服される運命にあります。なぜなら、精神というのは、新たなテクノロジーの秩序や新しい物の秩序に有利になるように消え去ろうとする、根拠のない構成概念だからです。

ですから、近代はしばしば新時代とも呼ばれます。なぜなら、新時代とは、とうとう終わりの時に来てしまったか、というくらいに何もかもが根本的に変わるような、そんな極端に新しいことの始まりを示唆する時代だからです。新時代は、数多くの災厄《アポカリプス》映画、文学、テレビシリーズが明らかにしているように、終わりの時であることを切望します。人は、すべてを決定してしまうような出来事が起こることを、過去のすべてが変わってしまいながらも、すべてが過去よりはましで決定的である革命が起きることを望んでいます。何よりも自由への要求がそれによって終わることを望んでいるのです。

一言で言えば、近代は解放幻想にいそしむということです。でも、それに対して、精神の自由の名において抵抗しなければなりません。真の進歩は、精神と人間の克服という欺瞞的な理想にあるのではなく、倫理と権利の秩序を私たちの洞察に照らし合わせて改善することにあります。

つまり、やがて訪れるユートピアなどないのです。私たちの生きる現代よりも自由を促すのに原則としてふさわしいポスト・ナントカ時代などありません。ポストモダンもポストヒューマニズムも、私たちが今日できるほどには自由の要求を満たすことはできません。人間の改善、それは個人としても、制度としても、私たちの手にかかっています。それを私たちから奪い取ることは誰にもできません――たとえ未来であっても。

精神科学からの精神と人間の追放には、疑わしい前史があります。というのも、事の発端にはマルティン・ハイデガーの「ヒューマニズムについての書簡」が特に関わっているからです。ハイデガーがこれを執筆したのは、彼が大都市哲学であるとして軽蔑していた実存主義に抵抗するためでした。実存主義の軍門に降るくらいなら、むしろナチズムと、非現実的で馬鹿げたドイツ人の本質というイメージを支持しようとしたのです。このことは、彼が残した通称「黒ノート」の出版によって、最近また思い起こされています[183]。ハイデガーは、精神という概念を――これは、我々の自由の本質は、自己イメージを概念と倫理に照らし合わせて歴史的にも社会的にも重要性をもつように作り上げることにある、と指摘します――、存在という概念――これは、我々を気づかぬうちに土地と結びつける働きをします――に取り替えます。彼は一九三三年から三四年にかけて「自然・歴史・国家の概念と本質について」というゼミナールなどで、「スラヴ民族」に対しては「我らドイツ人の空間の性質は、間違いなく我々に対するのとは異なる形で明らかになるだろう。セム系遊牧民〔ユダヤ人のこと〕に対しては、その性質が明らかになることは、そもそも決してあるまい」と述べています[184]。

人間の克服なるものの、もう一つの源は、フランスの社会学者で、歴史家にして哲学者であるミシェル・フーコー（一九二六―一九八四年）の『言葉と物』です。この書は、人間という概念が現代の生命科学、人間科学の中で、どのように成立し、どのように変化したのかを述べています。その最後に、とんでもないテーゼが立てられます。人間はたかだか数百年前から存在しているにすぎない、と言うのです。というのも、フーコーは人間をさまざまな学問的言語表現の接点、すなわち構成概念としかみなしていないからです。

比較的短い時間幅と地理的に限られた一部分を取り出すなら――ここでは一六世紀以降のヨーロッパ文化のことだが――、人間が生み出されてまだまもないことが確信できる。[185]

ここからフーコーは、人間の時代は終わりを迎えるかもしれない、と結論しています。それどころか、彼は「その到来はきわめてはっきり予想できるが、その形とそれが何をもたらすかについては、現時点ではまだ分からない、そのような出来事[186]」を期待しているのです。この書は、時代の終焉の見通しで、というより次のような、はっきりと賭けをするような文言で終わっています――「人間は海辺の砂に描かれた顔のように消えてしまう[187]」。私は逆のことに賭けましょう！

もちろん、人間はいつの日か、いなくなります。それは単に、アンドロイドやワープ航法の助けを借りてスタートレックの宇宙にたどりつき、太陽から遠く離れた惑星を植民地化することは私たちにはできないからです。太陽は、いつの日か消滅しますが、そのずっと前に私たちを破滅の淵に追いやってしまっていることでしょう。

人類が全体として永遠に救われるということはありません。人類には、誰もがそうであるように、終わりがあるのです。私たちは想像もつかないスケールの広がりの中に存在し、現実には自分たちの立場を判断できるほど十分に宇宙を理解してはいません。喜ばしいことに、私たちは近代において大きな進歩を遂げました。私たちは知の時代に生きています。でも、このことがさらなる前進につながるのは、自分たちは精神をもたず、人間でもなければ自由ですらない、ということがまもなく明らかになる、などという欺瞞に満ちた言動で互いに騙し合うのをやめるときだけです。

ですから、精神をもつ生物〔知的生物〕としての私たちの状況に新たな視線を投げかけるのは、今世紀に課された重要な課題です。私たちは唯物論〔物質主義〕を克服しなければなりません。唯物論は（物質エネルギーにも基づき、匿名の固い原因で成り立つ現実という意味での）宇宙に見出せるものしか存在しないと私たちに吹き込み、それゆえ意識からニューロンの嵐にまで還元することができる精神というコンセプトを必死で求めているのです。私たちは、多くの世界にある住民です。私たちは目的の王国で行動しており、そこでは自由のための一連の条件が提供されています。

現実から逃避する理由は根本的にありません。あるのは、社会的・政治的進歩を推し進める理由だけです。なぜなら、現在言葉では言い尽くせないほど多くの人々が、人間らしい暮らしをするのがきわめて困難になるほどの条件下で暮らしているのですから。人間はまだ人間にとって狼です。これが私たちの本当の問題であり、豊かな社会で皆が皆ベジタリアンになっても、瞑想講座に通っても、この問題を取り除くことはできません。ユーロヒンズー教は、現実の問題からの逃避であり、現実の問題から目を背けることにほかなりません。人間の最大の敵は今でも人間であり、このことは多くの人々から我々人間がもつ唯一の希望を奪い取ってしまいます——今まさに私たちが生きている、この人生という希望を。

ユートピアのような未来に賭ける必要はありません。私たちは、今ここにいます。そのことがすべてです。詩人のライナー・マリア・リルケは、それを『ドゥイノの悲歌』で謳い上げました。

この世にあることはすばらしい。乙女らよ、それはおんみらも知っていたのだ。
おそらくあまりにも恵まれることがすくなく墓へ沈んでいったおんみら、
都市の陋巷《ろうこう》であるいは腫物《しゅもつ》になやみ、あるいは身の落ちるにまかせていたおんみらも。
なぜならおんみらの何びとにも、ひとときはあたえられていたのだから。おそらくは
ひとときでさえなかったろう。「時」の尺度ではほとんど測れぬ
二つの刹那《せつな》のあいだの須臾《しゅゆ》のまにすぎなかったろう。しかしそのときおんみらは
存在をもったのだ。いっさいをもったのだ。全血脈にみなぎる存在を。
ただわれわれは、笑いさざめく隣人たちが
承認してはくれぬもの、うらやんではくれぬものを忘れやすいのだ。疑いようのないものとして
われわれは隣人たちに承認された幸福を高くかかげようとする。疑いようのない幸福が
われわれに顕現《けんげん》するのは、ただわれわれがそれをわれわれの内部において変化さすときだけなのに。[188]〔『ドゥイノの悲歌』(改版)、手塚富雄訳、岩波書店(岩波文庫)、二〇一〇年、「第七の悲歌」五六―五七頁〕

本当に。この世にあることは素晴らしい、でも、いつも、誰にとっても、というわけではありません。私たちがこの惑星で自由、繁栄、健康、正義の条件を改善しようとともに努めないのだとしたら、それは私たち人間自身の責任です。私たちにとって、もう一つの惑星はありませんし、すべてを今よりよくできるもう一つの人生など、本気であてにすべきではありません。だから、イデオロギー批判という意味で、ポストヒューマン時代の到来という虚しい約束に反論できる人間精神の自己イメージを描くべく努めるのは、哲学の主たる仕事なのです。ですから、私は本書を次の言葉で締めくくります。哲学者シェリングが、一七九五年二月四日に友人ヘーゲルに宛てて書いた一文です。「すべての哲学のアルファにしてオメガは、自由である[189]」。

181 Ebd., 579.

182 Kittler 1992.

183 この点については、現在までに『ディ・ヴェルト』紙に掲載された筆者による三本の論評 Gabriel 2014[2]; Gabriel 2014[3]; Gabriel 2015 を参照してください。

184 これについては引用箇所とともに、Faye 2009, Kap. 5 を参照。

185 Foucault 1997, 462.

186 Ebd.

187 Ebd.

188 Rilke 1955-1966, 709 f.

189 Schelling 1952, 22.

ってのみ可能になる個の産出にあるのだから。この目的によって結びつけられていれば、彼らは以後、互いにできるかぎりうまくやっていこうとすることになる。だが、熱烈な恋愛の本質である、かの本能的妄想によって結ばれた一対の男女は、その他の点では最も異質なものから成る一対であることがあまりにも多い。この妄想は、いつの日か消え去る運命にある。したがって、愛によって行われた結婚は、たいてい不幸な結果に終わる」。

152 Schopenhauer 1988, 527.

153 Ebd., 535.

154 Ebd., 534 f.

155 詳細に興味のある人には、Keil 1993 をお勧めします。

156 Nietzsche 2009. ここでは、*Nachgelassene Fragmente 1882-1884,* Bd. 10, 420 より引用。

157 Ebd. *Nachgelassene Fragmente 1885-1887,* Bd. 12, 26.

158 Nietzsche 1954, 287-367.

159 Kant 1999, 61.

160 Ebd.

161 Kant, Immanuel 1977 (1), 131.

162 Ebd., 131 f.

163 Sartre 1998, 972.

164 Benn: »Nach dem Nihilismus«, in: Benn 1968, 151-161. ここでは、151 より引用。

165 Ebd.

166 Benn 1968, 197.

167 Ebd.

168 Benn: »Akademie-Rede« (1932), in: Benn 1968, 433.

169 Goethe 2003, 334, Vers 8472.

170 Ebd., 334, Vers 8469.

171 Ebd., 334, Vers 8479.

172 これについて詳しくは、Nietzsche 2007 を参照。

173 Fichte 1971, 177-189. ここでは、186.

174 Benn 1968, 97.

175 De Waal 2008, 27.

176 Latour 2008.

177 Hobbes 1994, 59.

178 Kant 1971, 366.

179 Ebd.

180 Kant, Immanuel 1977 (2), 578 f. (§ 17).

129 Ebd.

130 Ebd., 305

131 Ebd., 322

132 Ebd.

133 Butler 1991 などを参照。

134 Dawkins 2014.

135 Reuter und Russell 2014.

V 自由

136 この点については、リベットの実験で有名になった神経科学者ベンジャミン・リベットの著書『マインド・タイム——脳はどのようにして意識を生み出すのか』〔Libet 2005〕を参照。実験全体に対する優れた論評と、実験に結びついた哲学的テーゼは、Mele 2014 にあります。

137 Singer 2004, 30-65.

138 Singer 2004[2].

139 Ebd.

140 Falkenburg 2012, 255.

141 Schopenhauer 1977, 82.

142 Luther, Martin: »Vom unfreien Willensvermögen«, in: Härle 2006, 219-662. ここでは、251 f.

143 Ebd., 279.

144 Spinoza 1975, 126.「つまり、自分の行動の原因を知らないということが、彼らにとっての自由という考えである」。

145 Inwagen 1983.

146 Buchheim 2004, 158-165. ここでは、162. Buchheim 2006 も参照。

147 生物学者ミヒャエル・ホッホ氏に感謝します。氏との対話で、食物摂取習慣を理解する上で決定的な役割を果たす腸内フローラの知見を基にして、自由意志に対する興味深い反論を実際に唱えることができる、という興味深い話をうかがいました。自然による決定論は、したがって胃においてすでに始まっているのです。

148 McDowell 2001.

149 新しい実在論についてもっと知りたい人は、Gabriel 2014 に収録された論文を読んでください。

150 Schopenhauer 1977, 623.

151 Ebd., 652.「愛による結婚は、個ではなく種の利益のために行われる。確かに当事者は自分たちがより幸福になれると思い込んでいるが、それは結婚の真の目的を彼ら自身が知らないだけだ。なぜなら、真の目的は、結婚によ

Ⅳ　実のところ「私」とは誰あるいは何なのか？

98　Metzinger 2010.

99　Blackmore 2012, 215.

100　Ebd.

101　Metzinger 2003.

102　Blackmore 2012, 283.

103　Ebd., 277.

104　Vogt 1971, 17.

105　Hegel 1986, 262.

106　Büchner 1855, 430.

107　Ebd., 427.

108　Meister Eckhart: »Predigt 52« in: Largier 1993, 562 f.

109　Meister Eckhart: »Predigt 48« in: Largier 1993, 509.

110　Nagel 2012; Gabriel 2013, 15.

111　Hegel 1986, 145.

112　Fichte, Johann Gottlieb: *Grundlage der gesamten Wissenschafslehre* (1802), in: Fichte, Immanuel Hermann 1971, 175.

113　Ebd., 94.

114　Ebd., 110.

115　Searle 1990, 180-202.

116　Nagel 2013. この点については、2013年10月7日『フランクフルター・アルゲマイネ・ツァイトゥング〔*FAZ*〕』紙に掲載の筆者による論評「そこで自然が目覚めた〔Da schlug die Natur die Augen auf〕」を参照してください。

117　Dawkins 2008[2].

118　Freud 2000, 286.

119　Ebd., 283.

120　Ebd., 285.

121　Ebd., 296並びにFreud 1941, 201-209なども。

122　Freud 1946, 210.

123　Brandom 2001, 26.

124　Freud 2000, 292.

125　Ebd., 293.

126　Ebd., 294.

127　Ebd., 305.

128　Ebd., 303.

73 Hogrebe 2009, 40.

Ⅲ 自己意識

74 Descartes 1992, 47 ff.

75 自己意識というのは、自分のメンタル・プロセスを観察する内なる精神《ガイスト》の目である、とするこのモデルは、20世紀の哲学において、さまざまな思索家——マルティン・ハイデガー、ルートヴィヒ・ヴィトゲンシュタイン、ギルバート・ライル、ジャック・デリダ、自己意識理論のいわゆるハイデルベルク学派、エルンスト・トゥーゲントハット（1930年生）——によって何度も論破されてきました。この議論については、特にトゥーゲントハットの名著『自己意識と自己決定——言語分析的解釈』〔Tugendhat 1979〕で、その概観を的確に把握することができます。

76 Kandel 2012.

77 Leibniz 1996, 445.

78 Ebd., 447.

79 Schrödinger 1989, 78.

80 Ebd., 79.

81 Ebd., 9.

82 Falkenburg 2012, 354 ff.

83 Chalmers 1996, 293-299.

84 Hogrebe 2009, 17.

85 Prinz 2013.

86 Putnam 1990, 15-40.

87 残念ながら、パトナムの論拠は、詳しく見ると、我々がタンクの中の脳ではないことを厳密に証明するには不十分です。詳細については、Gabriel 2008, 93-109を参照してください。

88 Freud 1991, 125-150; Putnam 1990, 17.

89 Freud 1999, 7 ff.

90 Mertens 2013, 150から引用。

91 高次理論に至るまで、フィヒテの主たる論拠を俯瞰するには、Frank 2015を強くお勧めします。

92 Kleist 1997, 949.

93 Kant 1998, 447 (A 346 / B 404).

94 Lichtenberg 1971, 412.

95 Prinz 2012, 113.

96 Ebd., 19.

97 Fichte 2013, 39 (§ 3).

ォルメにすぎない。日常、そういうことが我々に起こることはほとんどない」(ebd.) と述べています。ホムンクルスという想定が神経科学の登場より何千年も先行し、しかも文学、映画、テレビなどの日常的現象を通して延々と息づいている以上、私はカイルとは別の見方をします。

43 Nagel 2009, 62-77.

44 Aristoteles 1995, 65 (413a).

45 Kant 1999, 80 ないしは AA IV: 450 f.

46 Helmholtz 1987, 21.

47 Kandel, Schwartz und Jessell 2011, 376.

48 例えば、クラウスの次の発言も参照。「真実にとって決定的に重要なのは、結局は実験であって、自身の確信からアプリオリに導き出される慰めでも、あるいは自身の理論モデルに基づくような美しさやエレガンスでもない」(Krauss 2013, 14)。

49 Dawkins 2008, 247.

50 Ebd., 24.

51 Baker 1988, 1-18.

52 Churchland, Paul 2007, 213.

53 同名書 Churchland, Patricia 1986.

54 二人への次のインタビューなどを参照。Blackmore 2012, 75-99.

55 Linné 1781, 15 ff.

56 Platon 2011, 13 (20e).

57 Davidson 2005. このテーマを概観するには、Wild 2013 を参照。

58 Keil 2013, 159.

59 Derrida 2010, 23.

60 Ned Block in: Blackmore 2012, 44.

61 Descartes 1992, 57.

62 Kucklick 2014, 67.

63 Ebd., 90.

64 Kant 1998, 130 (A 51/ B75).

65 Ebd., 219 (A 112).

66 Dennett 1994, 288.

67 Jackson 2009, 83-96; Jackson 1986, 291-295.

68 Kandel, Schwartz und Jessell 2011, 471 ff.

69 John Searle in: Blackmore 2012, 287.

70 Jackson 2009, 93.

71 Greene 2012.

72 Keil 2012, 41.

24 Swaab 2011.

25 Ebd., 25.

26 Harris 2012.

I 精神哲学では何をテーマにするのか？

27 Russell 2004.

28 Hogrebe 2009, 17.

29 Gadamer 1990, 478.

30 Hegel 2013, 266.

31 Marx 2008, 84.

32 Sartre 1980, 10.

33 Ryle 1969, 13 ff.

34 Dawkins 2008, 252.

35 Ebd.

36 Bieri 2001, 32.

II 意 識

37 Nagel 2013. この点については、2013年10月7日『フランクフルター・アルゲマイネ・ツァイトゥング〔*FAZ*〕』紙に掲載の筆者による論評「そこで自然が目覚めた〔Da schlug die Natur die Augen auf〕」を参照してください。

38 Kant 1975, 11.

39 Ebd., 12.

40 Ebd., 13.

41 Ebd., 13 f.

42 Keil 2012, 208. カイルは、ホムンクルスの誤謬について私とは少し違った理解をしています。彼は、ホムンクルスは「近年の精神哲学で前提とされている、人間のような姿をした一つの実体であり、明示的であれ、暗黙のうちにであれ、人間の精神の働きを説明するために用いられる」（ebd., 208）と書いています。それに対して、私は、ホムンクルスの誤謬には、（意識をメンタル・イメージを構成する脳の事象と同一視すると）私たちは意識の外側、または頭蓋冠の外側にある物に直接アクセスすることはできない、という特有の考えがさらに付け加わる、と考えています。この推定の有無の違いは重要です。というのも、そのように考えたほうが、神経中心主義の認識論的テーゼと、私たちを脳と同一視するテーゼがどのように関連しているかを理解しやすいからです。カイルは、我々は脳である、というテーゼは「神経科学者によくある、時として自分を自分の脳と取り違えるという職業的デフ

原注

序　論

1 Crick und Koch 1990, 263-275.

2 Gabriel 2013 を参照。

3 Bush 1990. これについては、Hasler 2013 を参照。

4 英語より筆者が翻訳。»Now, Therefore, I, George Bush, President of the United States of America, do hereby proclaim the decade beginning January 1, 1990, as the Decade of the Brain. I call upon all public officials and the people of the United States to observe that decade with appropriate programs, ceremonies, and activities«.

5 Stahl-Busse 1999.

6 Ebd.

7 Gabriel 2013, 165 f.

8 Rilke 2007, 23.

9 Ayan 2014, 42 ff.

10 Weber 2014.

11 Schmidt 2014.『ツァイト』紙に 2014 年 4 月 16 日から 7 月 16 日（No. 17-No. 28）にかけて掲載された、新しい実在論についての一連の寄稿論文も参照。この議論の現状については、Gabriel 2014 でも概観できます。

12 Hasler 2013, 159 ff.

13 Kucklick 2014, 11.

14 Cavell 2006, 200.

15 Hubert 2014.

16 Wildermuth 2014.

17 Ebd.

18 詳しくは、Gabriel 2014 に収録の論文を参照してください。

19 Kant 1998, 865.

20 Europäische Kommission 2013. 英語より筆者が翻訳。»New *in silico* neuroscience has the potential to reveal the detailed mechanisms leading from genes to cells and circuits, and ultimately to cognition and behaviour - the biology that makes us human«.

21 Tallis 2011.

22 Platon 2001, 99.

23 Elger et al. 2004, 31-37.

hervorbrachte, München: Carl Hanser.
Weber, Christian 2014: »Der Mensch bleibt unlesbar«, in: *Süddeutsche Zeitung,* Nr. 240, 18. / 19. 10. 2014.
Wild, Markus 2013: *Tierphilosophie zur Einführung,* Hamburg: Junius.
Wildermuth, Volkart 2014: »Die Welt, wie sie scheint«, in: *Sendereihe Philosophie im Hirnscan,* 29. 5. 2014 (https://www.deutschlandfunk.de/sendereihe-philosophie-im-hirnscan-manuskript-die-welt-wie.740.de.html?dram:article_id=287724).

笹谷満・山崎庸佑・加藤尚武・飯島宗享・有田潤訳、『ショーペンハウアー全集』第2-7巻、白水社、2004年〕
—— 1977²: »Preisschrift über die Freiheit des Willens«, in: ders.: *Die beiden Grundprobleme der Ethik*, Zürich: Diogenes.〔「意志の自由について」、『倫理学の二つの根本問題』(新装復刊)、前田敬作・芦津丈夫・今村孝訳、『ショーペンハウアー全集』第9巻、白水社、2004年〕
—— 1988: »Über die Weiber«, in: ders.: *Werke in fünf Bänden. Mit Beibuch*, Zürich: Haffmans.〔ショーペンハウエル『女について』(改版)、石井正・石井立訳、角川書店(角川文庫)、1968年〕
Schrödinger, Erwin 1989: *Geist und Materie*, Zürich: Diogenes.〔エルヴィン・シュレーディンガー『精神と物質——意識と科学的世界像をめぐる考察』(改訂版)、中村量空訳、工作舎、1999年〕
Searle, John R. 1990: *Intentionalität. Eine Abhandlung zur Philosophie des Geistes*, Frankfurt am Main: Suhrkamp.〔ジョン・R・サール『志向性——心の哲学』坂本百大監訳、誠信書房、1997年〕
Singer, Wolf 2004: »Verschaltungen legen uns fest. Wir sollten aufhören, von Freiheit zu sprechen«, in: Geyer, Christian (Hrsg.): *Hirnforschung und Willensfreiheit. Zur Deutung der neuesten Experimente*, Frankfurt am Main: Suhrkamp.
—— 2004²: »Keiner kann anders, als er ist«, in: *Frankfurter Allgemeine Zeitung*, 8. 1. 2004 (https://www.faz.net/aktuell/feuilleton/hirnforschung-keiner-kann-anders-als-er-ist-1147780-p4.html).
Spinoza, Baruch 1975: *Ethik*, Leipzig: Reclam.〔スピノザ『エチカ——倫理学』全2冊(改版)、畠中尚志訳、岩波書店(岩波文庫)、2011年〕
Stahl-Busse, Brigitte 1999: »Dekade des menschlichen Gehirns«, in: *idw - Informationsdienst Wissenschaft*, 5. 11. 1999 (https://idw-online.de/pages/de/news15426).
Swaab, Dick 2011: *Wir sind unser Gehirn. Wie wir denken, leiden und lieben*, München: Droemer Knaur.
Tallis, Raymond 2011: *Aping Mankind. Neuromania, Darwinitis and the Misrepresentation of Humanity*, Abingdon / New York: Routledge.
Tugendhat, Ernst 1979: *Selbstbewußtsein und Selbstbestimmung. Sprachanalytische Interpretationen*, Frankfurt am Main: Suhrkamp.
Vogt, Karl 1971: »Physiologische Briefe: 12. Brief«, in: Wittich, Dieter (Hrsg.): *Vogt, Moleschott, Büchner. Schriften zum kleinbürgerlichen Materialismus in Deutschland*, Berlin: Akademie Verlag.
Waal, Frans de 2008: *Primaten und Philosophen. Wie die Evolution die Moral*

版)、藤沢令夫訳、岩波書店（岩波文庫)、2008 年〕
—— 2011: »Des Sokrates Apologie«, in: Eigler, Gunther (Hrsg.): *Werke,* 8 Bände, Band 2, Darmstadt: WBG.〔プラトン『ソクラテスの弁明』納富信留訳、光文社（光文社古典新訳文庫)、2012 年〕
Prinz, Wolfgang 2013: *Selbst im Spiegel. Die soziale Konstruktion von Subjektivität,* Berlin: Suhrkamp.
Putnam, Hilary 1990: *Vernunft, Wahrheit und Geschichte,* Frankfurt am Main: Suhrkamp.〔ヒラリー・パトナム『理性・真理・歴史——内在的実在論の展開』(新装版)、野本和幸・中川大・三上勝生・金子洋之訳、法政大学出版局（叢書・ウニベルシタス)、2012 年〕
Reuter, Christoph und Jacob Russell 2014: »Die Vergessenen von Amirli«, in: *Der Spiegel,* Nr. 35, 28. 5. 2014, online unter: https://www.spiegel.de/spiegel/print/d-128859935.html (Stand: 01. 4. 2015).
Rilke, Rainer Maria 1955-1966: *Sämtliche Werke,* 7 Bände, Band 1, Frankfurt am Main: Insel.〔『リルケ全集』全 9 巻＋別巻、塚越敏監修、河出書房新社、1990-91 年〕
—— 2007: *Ich lebe mein Leben in wachsenden Ringen. Fünfzig Gedichte,* Stuttgart: Reclam.
Russell, Bertrand 2004: *Die Analyse des Geistes,* Hamburg: Meiner.〔B・ラッセル『心の分析』竹尾治一郎訳、勁草書房（双書プロブレーマタ)、1993 年〕
Ryle, Gilbert 1969: *Der Begriff des Geistes,* Leipzig: Reclam.〔ギルバート・ライル『心の概念』坂本百大・井上治子・服部裕幸訳、みすず書房、1987 年〕
Sartre, Jean-Paul 1980: »Ist der Existentialismus ein Humanismus?«, in: ders.: *Drei Essays,* Frankfurt am Main: Ullstein.〔J - P・サルトル『実存主義とは何か』(増補新装)、伊吹武彦・海老坂武・石崎晴己訳、人文書院、1996 年〕
—— 1998: *Das Sein und das Nichts. Versuch einer phänomenologischen Ontologie,* Reinbek bei Hamburg: Rowohlt (= Gesammelte Werke in Einzelausgaben, Philosophische Schriften, Bd. 3).〔ジャン＝ポール・サルトル『存在と無——現象学的存在論の試み』全 3 冊、松浪信三郎訳、筑摩書房（ちくま学芸文庫)、2007-08 年〕
Schelling, Friedrich Wilhelm Joseph 1952: *Briefe von und an Hegel,* 3 Bände, Band 1, hrsg. von Johannes Hoffmeister, Hamburg: Meiner.
Schmidt, Thomas E. 2014: »Die Wirklichkeit ist anders!«, in: *Die Zeit,* Nr. 15, 3. 4. 2014 (http://www.zeit.de/2014/15/neuer-realismus).
Schopenhauer, Arthur 1977: *Die Welt als Wille und Vorstellung. Zürcher Ausgabe. Werke,* 10 Bände, Band 4, Zürich: Diogenes.〔『意志と表象としての世界』全 6 巻（新装復刊)、斎藤忍随・茅野良男・塩屋竹男・岩波哲男・

松田智雄責任編集『ルター』(「世界の名著」23)、中央公論社（中公バックス)、1979年〕

Marx, Karl 2008: *Ökonomisch-philosophische Manuskripte*, Hamburg: Felix Meiner.〔マルクス『経済学・哲学草稿』長谷川宏訳、光文社（光文社古典新訳文庫)、2010年〕

McDowell, John 2001: *Geist und Welt*, Frankfurt am Main: Suhrkamp.〔ジョン・マクダウェル『心と世界』神崎繁・河田健太郎・荒畑靖宏・村井忠康訳、勁草書房、2012年〕

Mele, Alfred R. 2014: *Free. Why Science Hasn't Disproved Free Will*, New York: Oxford University Press.

Mertens, Wolfgang 2013: *Psychoanalyse im 21. Jahrhundert. Eine Standortbestimmung*, Stuttgart: Kohlhammer.

Metzinger, Thomas 2003: *Being No One. The Self-Model Theory of Subjectivity*, Cambridge, MA: MIT Press.

—— 2010: *Der Ego-Tunnel. Eine neue Philosophie des Selbst: Von der Hirnforschung zur Bewusstseinsethik*, Berlin: Berliner Taschenbuch Verlag.〔トーマス・メッツィンガー『エゴ・トンネル——心の科学と「わたし」という謎』原塑・鹿野祐介訳、岩波書店、2015年〕

Nagel, Thomas 2005: *Die Möglichkeit des Altruismus*, Hamburg: Philo Fine Arts.

—— 2009: »Wie fühlt es sich an, eine Fledermaus zu sein?«, in: Metzinger, Thomas (Hrsg.): *Grundkurs Philosophie des Geistes*, 3 Bände, Band 1, Paderborn: Mentis.

—— 2012: *Der Blick von nirgendwo*, Frankfurt am Main: Suhrkamp.〔トマス・ネーゲル『どこでもないところからの眺め』中村昇・山田雅大・岡山敬二・齋藤宜之・新海太郎・鈴木保早訳、春秋社、2009年〕

—— 2013: *Geist und Kosmos. Warum die materialistische neodarwinistische Konzeption der Natur so gut wie sicher falsch ist*, Berlin: Suhrkamp.

Nietzsche, Friedrich 1954: »Schopenhauer als Erzieher«, in: *Werke*, 3 Bände, Band 1, München: Carl Hanser.〔「教育者としてのショーペンハウアー」、『反時代的考察』、『ニーチェ全集』第4巻、小倉志祥訳、筑摩書房（ちくま学芸文庫)、1993年〕

—— 2007: *Die Geburt der Tragödie. Oder: Griechenthum und Pessimismus*, Stuttgart: Reclam.〔『悲劇の誕生』、『ニーチェ全集』第2巻、塩屋竹男訳、筑摩書房（ちくま学芸文庫)、1993年〕

—— 2009: *Sämtliche Werke*, Kritische Studienausgabe in 15 Bänden, München: Deutscher Taschenbuch Verlag.

Platon 2001: *Der Staat*, Stuttgart: Reclam.〔プラトン『国家』全2冊（改

—— 1999: *Grundlegung zur Metaphysik der Sitten,* Hamburg: Meiner.〔イマヌエル・カント『倫理の形而上学の基礎づけ』、『実践理性批判　倫理の形而上学の基礎づけ』熊野純彦訳、作品社、2013 年〕

Keil, Geert 1993: *Kritik des Naturalismus,* Berlin und New York: De Gruyter.

—— 2012: *Willensfreiheit,* Berlin: De Gruyter.

Kittler, Friedrich A. (Hrsg.) 1992: *Austreibung des Geistes aus den Geisteswissenschaften. Programme des Poststrukturalismus,* Paderborn: Schöningh.

Kleist, Heinrich 1997: *Sämtliche Werke,* Berlin: Ullstein.〔『クライスト全集』全 3 巻＋別巻、佐藤恵三訳、沖積舎、1994-2008 年〕

Krauss, Lawrence M. 2013: *Ein Universum aus Nichts ... und warum da trotzdem etwas ist,* München: Albrecht Knaus.〔ローレンス・クラウス『宇宙が始まる前には何があったのか？』青木薫訳、文藝春秋（文春文庫）、2017 年〕

Kucklick, Christoph 2014: *Die granulare Gesellschaft. Wie das Digitale unsere Wirklichkeit auflöst,* Berlin: Ullstein.

Largier, Niklaus (Hrsg.) 1993: *Meister Eckhart. Werke,* 2 Bände, Band 1, Frankfurt am Main: Deutscher Klassiker Verlag.

Latour, Bruno 2008: *Wir sind nie modern gewesen. Versuch einer symmetrischen Anthropologie,* Frankfurt am Main: Suhrkamp.〔ブルーノ・ラトゥール『虚構の「近代」——科学人類学は警告する』川村久美子訳、新評論、2008 年〕

Leibniz, Gottfried Wilhelm 1996: »Monadologie«, in: ders.: *Kleine Schriften zur Metaphysik. Philosophische Schriften,* Band 1, Frankfurt am Main: Suhrkamp.〔ライプニッツ「モナドロジー」、『モナドロジー 他二篇』谷川多佳子・岡部英男訳、岩波書店（岩波文庫）、2019 年〕

Libet, Benjamin 2005: *Mind Time. Wie das Gehirn Bewusstsein produziert,* Frankfurt am Main: Suhrkamp.〔ベンジャミン・リベット『マインド・タイム——脳と意識の時間』下條信輔訳、岩波書店、2005 年〕

Lichtenberg, Georg Christoph 1971: *Schriften und Briefe,* 3 Bände, Band 2: *Sudelbücher II, Materialhefte, Tagebücher,* München: Carl Hanser.〔ゲオルク・クリストフ・リヒテンベルク『リヒテンベルクの雑記帳』宮田眞治編訳、作品社、2018 年〕

Linné, Carl von 1781: *Systema Naturae. Lehr-Buch über das Natur-System so weit es das Thierreich angehet,* Nürnberg: Raspe.

Luther, Martin 2006: »Vom unfreien Willensvermögen«, in: *Deutsch-Lateinische Studienausgabe,* 3 Bände, Band 1, *Der Mensch vor Gott,* hrsg. Wilfried Härle, Leipzig: Evangelische Verlagsanstalt, S. 219-662.〔「奴隷的意志」山内宣訳、

ズ『市民論』本田裕志訳、京都大学学術出版会（近代社会思想コレクション）、2008 年〕
Hogrebe, Wolfram 2009: *Riskante Lebensnähe. Die szenische Existenz des Menschen,* Berlin: Akademie Verlag.
Hubert, Martin 2014: »Teil 1: Des Menschen freier Wille«, in: *Sendereihe Philosophie im Hirnscan,* 18. 4. 2014 (https://www.deutschlandfunk.de/philosophie-im-hirnscan-manuskript-teil-1-des-menschen.740.de.html?dram:article_id=283145).
Human Brain Project 2013 (https://www.humanbrainproject.eu/discover/the-community/overview〔2019 年 7 月現在では閲覧できず〕).
Inwagen, Peter van 1983: *An Essay on Free Will,* New York: Oxford University Press.
Jackson, Frank Cameron 1986: »What Mary Didn't Know«, in: *The Journal of Philosophy,* Volume 8, Mai 1986.
—— 2009: »Epiphänomenale Qualia«, in: Metzinger, Thomas (Hrsg.): *Grundkurs Philosophie des Geistes,* 3 Bände, Band 1, Paderborn: Mentis.
Kandel, Eric 2012: *Das Zeitalter der Erkenntnis. Die Erforschung des Unbewussten in Kunst, Geist und Gehirn von der Wiener Moderne bis heute,* München: Siedler.〔エリック・R・カンデル『芸術・無意識・脳——精神の深淵へ：世紀末ウィーンから現代まで』須田年生・須田ゆり訳、九夏社、2017 年〕
Kandel, Eric, James Schwartz und Thomas Jessell 2011: *Neurowissenschaften. Eine Einführung,* Berlin: Spektrum.
Kant, Immanuel 1971: »Zum ewigen Frieden«, in: ders.: *Werke,* 9 Bände, Band 8, Abhandlungen nach 1781 (= AAVIII), Berlin: De Gruyter.〔イマヌエル・カント『永遠平和のために』池内紀訳、集英社、2015 年〕
—— 1975: *Träume eines Geistersehers. Von dem ersten Grunde des Unterschiedes der Gegenden im Raume,* Hamburg: Meiner.〔イマヌエル・カント『視霊者の夢』金森誠也訳、講談社（講談社学術文庫）、2013 年〕
—— 1977: *Kritik der praktischen Vernunft, Werke in zwölf Bänden,* Band 7, Frankfurt am Main: Suhrkamp.〔イマヌエル・カント『実践理性批判』、『実践理性批判　倫理の形而上学の基礎づけ』熊野純彦訳、作品社、2013 年〕
—— 1977²: *Die Metaphysik der Sitten, Werke in zwölf Bänden,* Band 8, Frankfurt am Main: Suhrkamp.〔『人倫の形而上学』樽井正義・池尾恭一訳、『カント全集』第 11 巻、岩波書店、2002 年〕
—— 1998: *Kritik der reinen Vernunft,* Hamburg: Meiner.〔イマヌエル・カント『純粋理性批判』熊野純彦訳、作品社、2012 年〕

—— 2013[2]: »Da schlug die Natur die Augen auf«, in: *FAZ*, 7. 10. 2013 (https://www.faz.net/aktuell/feuilleton/buecher/rezensionen/sachbuch/thomas-nagel-geist-und-kosmos-da-schlug-dienatur-die-augen-auf-12599621.html).

—— 2014: *Der Neue Realismus*, Berlin: Suhrkamp.

—— 2014[2]: »Wesentliche Bejahung des Nationalsozialismus«, in: *Die Welt*, 7. 4. 2014.

—— 2014[3]: »Der Nazi aus dem Hinterhalt«, in: *Die Welt*, 8. 3. 2014.

—— 2014[4]: »Wir haben Zugang zu den Dingen an sich«, in: *Gehirn und Geist*, Nr. 3, S. 42 ff.

—— 2015: »Wo ›Geschick‹ waltet, darf keine Schuld sein«, in: *Die Welt*, 21. 3. 2015.

Gadamer, Hans-Georg 1990: *Wahrheit und Methode. Grundzüge einer philosophischen Hermeneutik*, Tübingen: Mohr Siebeck.〔ハンス＝ゲオルク・ガダマー『真理と方法——哲学的解釈学の要綱』全３巻、轡田收・麻生建・三島憲一・北川東子・我田広之・大石紀一郎・巻田悦郎・三浦國泰訳、法政大学出版局（叢書・ウニベルシタス）、1986-2012 年〕

Goethe, Johann Wolfgang 2003: *Faust. Texte und Kommentare*, Frankfurt am Main: Insel.〔ゲーテ『ファウスト』全２冊（改版）、高橋義孝訳、新潮社（新潮文庫）、2010 年〕

Greene, Brian 2012: *Die verborgene Wirklichkeit. Paralleluniversen und die Gesetze des Kosmos*, München: Siedler.〔ブライアン・グリーン『隠れていた宇宙』全２冊、大田直子訳、早川書房（ハヤカワ文庫）、2013 年〕

Harris, Sam 2012: *Free Will*, New York: Free Press.

Hasler, Felix 2013: *Neuromythologie. Eine Streitschrift gegen die Deutungsmacht der Hirnforschung*, Bielefeld: Transcript.

Hegel, Georg Wilhelm Friedrich 1986: *Phänomenologie des Geistes*, Frankfurt am Main: Suhrkamp.〔G・W・F・ヘーゲル『精神現象学』長谷川宏訳、作品社、1998 年〕

—— 2013: *Vorlesungen über die Philosophie der Weltgeschichte. Die Vernunft in der Geschichte*, Hamburg: Meiner.〔ヘーゲル『歴史哲学講義』全２冊、長谷川宏訳、岩波書店（岩波文庫）、1994 年〕

Helmholtz, Hermann von 1987: »Über das Sehen«, in: ders.: *Abhandlungen zur Philosophie und Geometrie*, Cuxhaven: Traude Junghans.

Hobbes, Thomas 1994: *Vom Menschen - Vom Bürger. Elemente der Philosophie II und III*, Hamburg: Meiner.〔トマス・ホッブズ『人間論』本田裕志訳、京都大学学術出版会（近代社会思想コレクション）、2012 年／トマス・ホッブ

de Gruyter.
Fichte, Johann Gottlieb 1971: »Über den Grund unseres Glaubens an eine göttliche Weltregierung«, in: ders.: *Werke*, 11 Bände, Band 5: *Zur Religionsphilosophie*, Berlin: De Gruyter.〔「神の世界統治に対する私たちの信仰の根拠について」久保陽一訳、『フィヒテ全集』第11巻、哲書房、2010年〕
—— 2013: *Grundlage des Naturrechts*, Hamburg: Meiner.〔「知識学の原理による自然法の基礎」藤沢賢一郎訳、『フィヒテ全集』第6巻、哲書房、1995年〕
Foucault, Michel 1997: *Die Ordnung der Dinge. Eine Archäologie der Humanwissenschaften*, Frankfurt am Main: Suhrkamp.〔ミシェル・フーコー『言葉と物——人文科学の考古学』渡辺一民・佐々木明訳、新潮社、1974年〕
Frank, Manfred 2015: *Präreflexives Selbstbewusstsein. Vier Vorlesungen*, Stuttgart: Reclam.
Freud, Sigmund 1941: »Charakter und Analerotik« in: ders.: *Gesammelte Werke*, 18 Bände, Band 7, Frankfurt am Main: Fischer.〔「性格と肛門性愛」道籏泰三訳、『フロイト全集』第9巻、岩波書店、2007年〕
—— 1946: »Triebe und Triebschicksale« in: ders.: *Gesammelte Werke*, 18 Bände, Band 10, Frankfurt am Main: Fischer.〔ジークムント・フロイト「欲動と欲動の運命」、『メタサイコロジー論』十川幸司訳、講談社（講談社学術文庫）、2018年〕
—— 1991: *Totem und Tabu*, Frankfurt am Main: Fischer.〔「トーテムとタブー——未開人の心の生活と神経症者の心の生活における若干の一致点について」門脇健訳、『フロイト全集』第12巻、岩波書店、2009年〕
—— 1999: »Eine Schwierigkeit der Psychoanalyse«, in: *Gesammelte Werke. Werke aus den Jahren 1917-1920*, 18 Bände, Band 12, Frankfurt am Main: Fischer.〔「精神分析のある難しさ」家高洋訳、『フロイト全集』第16巻、岩波書店、2010年〕
—— 2000: »Das Ich und das Es«, in: ders.: *Studienausgabe*, 10 Bände, Band 3: *Psychologie des Unbewußten*, Frankfurt am Main: Fischer.〔ジークムント・フロイト「自我とエス」、『自我論集』竹田青嗣編、中山元訳、筑摩書房（ちくま学芸文庫）、1996年〕
Gabriel, Markus 2008: *Antike und moderne Skepsis*, Hamburg: Junius.
—— 2013: *Warum es die Welt nicht gibt*, Berlin: Ullstein.〔マルクス・ガブリエル『なぜ世界は存在しないのか』清水一浩訳、講談社（講談社選書メチエ）、2018年〕

訳、白揚社、2001 年〕
Churchland, Patricia 1986: *Neurophilosophy: Toward a Unified Science of the Mind-Brain*, Cambridge, MA: MIT Press.
Churchland, Paul 2007: »Eliminativer Materialismus und propositionale Einstellungen«, in: Metzinger, Thomas (Hrsg.): *Grundkurs Philosophie des Geistes*, 3 Bände, Band 2, Münster: Mentis.
Crick, Francis und Christof Koch 1990: »Towards a neurobiological theory of consciousness«, in: Seminars in the Neurosciences 2: S. 263-275.
Davidson, Donald 2005: »Rationale Lebewesen«, in: Perler, Dominik und Markus Wild (Hrsg.): *Der Geist der Tiere. Philosophische Texte zu einer aktuellen Diskussion*, Frankfurt am Main: Suhrkamp.
Dawkins, Richard 2008: *Der Gotteswahn*, Berlin: Ullstein.〔リチャード・ドーキンス『神は妄想である――宗教との決別』垂水雄二訳、早川書房、2007 年〕
―― 2008²: *Der blinde Uhrmacher. Warum die Erkenntnisse der Evolutionstheorie zeigen, daß das Universum nicht durch Design entstanden ist*, München: Deutscher Taschenbuch Verlag.〔リチャード・ドーキンス『盲目の時計職人――自然淘汰は偶然か？』日高敏隆監修、中嶋康裕・遠藤彰・遠藤知二・疋田努訳、早川書房、2004 年〕
―― 2014: *Das egoistische Gen*, Heidelberg: Springer.〔リチャード・ドーキンス『利己的な遺伝子』（増補新装版）、日高敏隆・岸由二・羽田節子・垂水雄二訳、紀伊國屋書店、2006 年〕
Dennett, Daniel C. 1994: *Philosophie des menschlichen Bewußtseins*, Hamburg: Hoffmann und Campe.〔ダニエル・C・デネット『解明される意識』山口泰司訳、青土社、1998 年〕
Derrida, Jacques 2010: *Das Tier, das ich also bin*, Wien: Passagen.〔ジャック・デリダ『動物を追う、ゆえに私は（動物で）ある』マリ＝ルイーズ・マレ編、鵜飼哲訳、筑摩書房、2014 年〕
Descartes, René 1992: *Meditationes de prima philosophia*, Hamburg: Meiner.〔ルネ・デカルト『省察』山田弘明訳、筑摩書房（ちくま学芸文庫）、2006 年〕
Elger, Christian E. et al. 2004: »Das Manifest. Elf führende Neurowissenschaftler über Gegenwart und Zukunft der Hirnforschung«, in: *Gehirn und Geist*, Nr. 6, S. 31-37 (https://www.spektrum.de/thema/dasmanifest/852357).
Falkenburg, Brigitte 2012: *Mythos Determinismus. Wieviel erklärt uns die Hirnforschung?*, Berlin / Heidelberg: Springer.
Fichte, Immanuel Hermann (Hrsg.) 1971: *Fichtes Werke*, Bd. I, Berlin: Walter

文献一覧

Aristoteles 1995: *Über die Seele,* Hamburg: Meiner.〔アリストテレス『心とは何か』桑子敏雄訳、講談社（講談社学術文庫）、1999 年〕

Ayan, Steve 2014: »Wir suchen an der falschen Stelle«, in: *Gehirn und Geist,* Nr. 10, S. 44-47.

Baker, Lynne Rudder 1988: »Cognitive Suicide«, in: Grimm, Robert H. et al. (Hrsg.): *Contents of Thought,* Tucson: University of Arizona Press, S. 1-18 (http://people.umass.edu/lrb/files/bak88cogS.pdf).

Benn, Gottfried 1968: *Gesammelte Werke,* Wiesbaden: Limes.

Bieri, Peter 2001: *Das Handwerk der Freiheit,* München: Carl Hanser.

Blackmore, Susan 2012: *Gespräche über Bewußtsein,* Frankfurt am Main: Suhrkamp.〔スーザン・ブラックモア『「意識」を語る』山形浩生・守岡桜訳、NTT 出版、2009 年〕

Brandom, Robert 2001: *Begründen und Begreifen. Eine Einführung in den Inferentialismus,* Frankfurt am Main: Suhrkamp.〔ロバート・ブランダム『推論主義序説』斎藤浩文訳、春秋社（現代哲学への招待）、2016 年〕

Buchheim, Thomas 2004: »Wer kann, der kann auch anders«, in Geyer, Christian: *Hirnforschung und Willensfreiheit. Zur Deutung der neuesten Experimente,* Frankfurt am Main: Suhrkamp.

—— 2006: *Unser Verlangen nach Freiheit. Kein Traum, sondern Drama mit Zukunft,* Hamburg: Meiner.

Büchner, Ludwig 1855: *Kraft und Stoff. Empirisch-naturphilosophische Studien. In allgemein-verständlicher Darstellung,* Frankfurt am Main: Meidinger.

Bush, George H. W. 1990: »Presidential Proclamation 6158«, in: Project on the Decade of the Brain, 17. 7. 1990 (https://www.loc.gov/loc/brain/proclaim.html).

Butler, Judith 1991: *Das Unbehagen der Geschlechter,* Frankfurt am Main: Suhrkamp.〔ジュディス・バトラー『ジェンダー・トラブル――フェミニズムとアイデンティティの攪乱』（新装版）、竹村和子訳、青土社、2018 年〕

Cavell, Stanley 2006: *Der Anspruch der Vernunft: Wittgenstein, Skeptizismus, Moral und Tragödie,* Frankfurt am Main: Suhrkamp.

Chalmers, David J. 1996: »What is it like to be a thermostat?«, in: ders.: *The Conscious Mind,* Oxford / New York: Oxford University Press.〔デイヴィッド・J・チャーマーズ『意識する心――脳と精神の根本理論を求めて』林一

唯物論（Materialismus） **21**, 23, 88, 335, 348
消去論的――（eliminativer ―） **114**, 117
ユーロヒンズー教（Eurohinduismus） **189**, 348
ヨーロッパ（ユーロ）中心主義（Eurozentrismus） 11, **28**

［ラ］

リスト（Liste）
いやらしい――（fiese ―） **316**-318, 320
親切な――（freundliche ―） **315**, 317, 320
利他主義（Altruismus） 123-125, 129, **275**, 276
リビドー（Libido） **199**, 200
倫理（Ethik） 42, 121, **122**, 124-126, 130, 166, 177, 178, 228, 236, 274, 325, 336, 338, 339, 341, 343, 345, 346
レゴ中心主義（Legozentrismus） **325**

［ワ］

「私」の束説（Bündeltheorie des Ichs） **219**, 264
「私」の物質説（Substanztheorie des Ichs） **219**, 264

二元論（者）（Dualismus）**59**, 62, 174
二重の偶発性（doppelte Kontingenz）**120**
ニューロマニア（Neuromanie）**44**, 45, 320, 334
人間原理（anthropisches Prinzip）**253**
認識論（Epistemologie）
　――的に客観的（epistemisch objektiv）**186**
ネオ実存主義（Neo-Existenzialismus）**38**, 53, 70, 71

［ハ］

胚種広布説（Hypothese der Panspermie）**199**
反自然主義（Antinaturalismus）21, **22**, 24
汎心論（Panpsychismus）**191**, 199
悲観主義（Pessimismus）
　形而上学的――（metaphysischer ―）315, **318**, 320
非共存論（者）（Inkompatibilismus）**301**, 302
非決定論（Indeterminismus）**299**
風車小屋の思考実験（Mühlengleichnis）186, **188**, 191
物理主義（Physikalismus）**151**, 153, 160
普遍主義（Universalismus）**339**, 341
　理性普遍説（Vernunftuniversalismus）**239**
ホムンクルスの誤謬（Homunculus-Irrtum）**88**, 91, 93
本質主義（Essenzialismus）**227**, **332**, 333

［マ］

ミクロ原理主義（Mikrofundamentalismus）**151**
命題（Proposition）**116**, 314
　――的態度（propositionale Einstellung）**116**-121, 126, 128-130, 132, 148
目的論（Teleologie）**72**-74, 77
　行為の――的説明（teleologische Handlungserklärung）**72**, 75, 77, 78, 328

［ヤ］

野蛮化（Verrohung）343
　上に向かう――（― nach oben）**331**, 333-335, 337
　下に向かう――（― nach unten）**333**, 338
　――の論拠（Verrohungsargument）**343**

真実性の条件（Wahrheitsbedingung） **247**
人新世（Anthropozän） **39**
人類学（Anthropologie） 36, 179, 339
　対称性——（symmetrische —） **339**
神話（Mythologie）
　——の政治的中心機能（politische Hauptfunktion der —） **274**
随伴現象説（Epiphänomenalismus） **160**, 161, 164
スペクトル（Spektrum）
　逆転——の問題（Problem des invertierten —） **136**
正当化の条件（Rechtfertigungsbedingung） **248**
世俗化（Säkularisierung） **59**
尊厳（Würde） 325, 326, 329, 330, 344
　——と価値の区別（Unterscheidung zwischen — und Wert） **326**
存在論（Ontologie） **224**, 225
　——的に客観的な事実（ontologisch objektive Tatsachen） **186**, 187
　——的に主観的（ontologisch subjektiv） **186**
ゾンビ（Zombie）
　哲学的——（philosophischer —） **83**

［タ］

知識学　→知の学問
知識論法（Wissensargument） **153**, 154
知の学問（知識学）（Wissenschaftslehre） 238-242, 250
　——の基本思想（Grundgedanke der —） **238**
　——の第一原則（erster Grundsatz der —） **241**
　——の第二原則（zweiter Grundsatz der —） **242**
　——の第三原則（dritter Grundsatz der —） **243**
知の標準定義（Standarddefinition des Wissens） **247**
デカルトのコギト（Cartesisches Cogito） **111**, 242
統合問題（Bindungsproblem） **232**
特殊神経エネルギーの法則（Gesetz der spezifischen Sinnesenergien） **252**
トートロジー（Tautologie） **241**

［ナ］

肉体 − 魂問題（Leib-Seele-Problem） **51**

［サ］

ジェンダー論（Gendertheorie） 183, **273**
志向姿勢のテーゼ（These von der intentionalen Einstellung） **147**
思考のトイレ理論（Toilettentheorie des Denkens） **226**
自然（Natur） 18, 19, 33, 59, 61, 62, 64, 66-69, 72-75, 82, 85, 105-108, 113, 126, 127, 150-155, 160, 164, 165, 168, 178, 184, 224, 230, 233, 234, 237, 243-245, 251-255, 286-289, 310, 327-329, 331, 336, 337, 346
　現象の——化（Naturalisierung eines Phänomens） **222**
　——の因果的ないしは法則論的閉包性（nomologische Geschlossenheit der —） **61**
　——の劇映画理論（Spielfilmtheorie der —） **288**
自然主義（者）（Naturalismus） 15, **21**-23, 62, 64, 68, 218, 220, 320, 321
自然哲学（Naturphilosophie） **252**, 254, 255, 336
実存主義（Existenzialismus） 38, 68, **69**, 78, 252, 346
社会ダーウィニズム（Sozialdarwinismus） **46**
社会的相互作用論（sozialer Interaktionismus） **192**, 211-213, 238
自由（Freiheit） 12-14, 19, 20, 28, 32, 35, 38, 39, 44, 47, 52, 79, 126, 168-170, 181, 224, 228, 277, 279, 285, 290, 292, 294-296, 300-304, 308-310, 313, 315-318, 320-322, 327, 329, 331, 333, 334, 340-342, 344-346, 348, 350
　人間の——の能力論（Fähigkeitstheorie der menschlichen —） **296**
充足理由の原理（Satz vom zureichenden Grunde） **305**, 308, 312, 314, 315, 320
主テーゼ（Hauptthese）
　カントの——（Kants —） **99**
　肯定的な——（positive —） **53**, 54
循環論法問題（Zirkelproblem） **209**
所有の条件（Besitzbedingung） **86**
進化（Evolution）
　文化的——（kulturelle —） **230**
神経一元論（Neuromonismus） **174**
神経構築主義（Neurokonstruktivismus） **31**, 95, 97, 98, 102, 189
神経（ニューロ）中心主義（者）（Neurozentrismus） 11, 12, **28**-30, 32, 33, 45, 48, 49, 53, 54, 72, 92, 120, 121, 147, 174, 183, 195, 216, 222, 226, 228-231, 243, 251, 258, 323, 329, 335, 338

技能習得のドレイファス・モデル（Dreyfus-Modell des Fähigkeitserwerbs） **284**
機能主義（Funktionalismus） **335**, 336
客観（Objektivität）
絶対的――（absolute ―） **235**, 236, 239, 240, 242-245, 251, 257
共存論（Kompatibilismus） **300**, 301, 315
偶然の問題（Zufallsproblem） **299**-301
クオリア（Qualia） **134**, 135, 137, 141, 148, 160-164, 166, 167
――消去主義（―-Eliminativismus） **148**
具象化（Reifikationen） 173, 264, **322**, 324
経験主義（者）（Empirismus） **105**, 107-109, 111, 112, 115
形而上学（Metaphysik） 39, **64**, 173, 222, 288, 294, 302, **313**-315, 318, 324, 325
自然主義的――（naturalistische ―） **64**, 65
決定論（Determinismus） 14, **164**, 167, 287-289, 294, 299-302, 304, 313-315, 320, 327
浅はかな――（naiver ―） **286**, 288
神学的――（theologischer ―） **293**, 295, 313
神経――（neuronaler ―） 286, 292, 293, **295**, 313, 320
物理的――（physikalischer ―） **294**, 295, 320
原因（Ursache）
匿名の固い――（harte anonyme ―） **308**, 310-312, 348
現実（Wirklichkeit） 21-23, 30, 31, 37, 39, 53, 54, 62-67, 69, 75, 94, 95, 100, 105, 117, 126, 137, 146, 154, 181, 186, 193, 198, 216-221, 233, 265-267, 270, 294, 302, 324, 348
難しい――（harte Wirklichkeiten） **266**, 267
現実原則（Realitätsprinzip） **266**, 271
現象学（Phänomenologie） 155, 179, 181, 213, **220**, 225
行為の自由（Handlungsfreiheit） **290**, 291, 303, 304, 321, 322
行為の説明（Handlungserklärung） **317**
構造主義（Strukturalismus） 32, **79**
行動主義（Behaviorismus） **63**
合理性（Rationalität） **263**
誤謬推論（Paralogismus） **98**, 104, 323
コンテナ・メルヘン（Containermärchen） **165**
コンピュータ機能主義（Computerfunktionalismus） **193**

一人称の視点（Standpunkt der ersten Person） **85**-87, 161
イデオロギー（Ideologie） 12, 43, 44, **47**, 53, 54, 68, 92, 170, 230, 234, 248, 279, 320, 327, 340, 343, 344, 350
イメージ（Vorstellung） 12, 13, 19, 21, 23, 30, 31, 38, 39, 41, 45, 47, 53, 54, 62, 67, 68, 71, 77, 78, 82, 89, 90, 95, 96, 98, 99, 101, 104, 113, 114, 120, 126, 127, 133, 141, 145, 158, 161, 164, 166-169, 179, 184, 189, 193, 197, 200, 202, 208, 210-214, 233, **249**, 250, 258, 260, 261, 266, 272-274, 278, 288, 302, 324, 325, 331, 333, 337, 338, 340-343, 346, 350
宇宙（Universum） 19, 22, 33, 51, 59, 61, **62**-65, 75, 82, 114, 153, 155-158, 160, 162, 164-169, 173, 174, 184, 185, 187, 199, 201, 234, 235, 253, 289, 295, 302, 313, 314, 324, 347, 348
エディプス・コンプレックス（Ödipuskomplex） 259, **275**
エントロピー（Entropie） **158**, 159

［カ］

外在主義（Externalismus） **192**-194
——の基本理念（Grundidee des —） **197**
社会——（sozialer —） **192**
解釈学（Hermeneutik） **66**
科学主義（者）（Szientismus） **149**, 150, 160
過激ダーウィン進化論（Darwinitis） **44**, 45, 162, 274, 320, 333, 338, 339
価値（Wert） 35, 38, 39, 59, 177, 184, 202, 212, 275, 304, 305, 312, 324, 330, 339, 342
尊厳と——の区別（Unterscheidung zwischen Würde und —） **326**
可謬性（Fallibilität） **108**
還元主義（Reduktionismus） **222**-224, 229, 344
神経——（Neuroreduktionismus） **223**, 224, 227
存在論的——（ontologischer —） **224**, 227
理論——（Theoriereduktionismus） **63**, **224**, 228
観念論（Idealismus） 38, 66
超越論的——（transzendentaler —） **99**
擬人化（Anthropomorphismus） **132**
技能（Fähigkeiten）
——における無意識的バックグラウンド（unbewusster Hintergrund von —） **285**

概念索引

- 本書で用いられている主要概念と本文における出現箇所を以下に示す。ただし、引用文中に出現する箇所は除外した。
- 複合語として出現する箇所は対象としたが、立項されている概念の形容詞形は対象としなかった。
- 本文中で太字で示されている箇所は、以下でも太字で頁数で示した。

［ア］

新しい実在論（Neuer Realismus） 11, 12, **31**, 37, 314
アニミズム（Animismus） **199**
　楽しい――（fröhlicher —） **201**
アプリオリ（Apriori） **110**
あるがままを事実として受けとめるしかないというテーゼ（These der Unhintergehbarkeit） **154**, 185
意識（Bewusstsein） 18-21, 27, 28, 33, 44, 50, 51, 53, 54, 58, 60, 82-88, 92, 94-100, 104, 105, 109-115, 118-120, 124, 126, 127, 129, 132, 134, 135, 139-142, 144, 145, 147-150, 158, 159, 161-165, 167, 168, 172-184, 186, 187, 189, 191-193, 202, 203, 206-214, 218-221, 253, 258, 268, 283, 296, 322, 324, 335, 336, 348
　――の経験主義（— s-Empirismus） **147**
　――の合理主義（— s-Rationalismus） **147**, 148
　――のコスモロジカルな謎（kosmologisches Rätsel des — s） **82**, 83
　――のハード・プロブレム（hartes Problem des — s） **51**, 83, 188, 189
　――のプライベート性（Privatheit des — s） **86**
　現象的――（phänomenales —） **135**, 137-140, 142-146, 149, 153, 177, 337
　志向的――（intentionales —） **135**, 137-139, 142-146, 149, 177, 337
　不幸な――（unglückliches —） **202**
意志の自由（Willensfreiheit） **290**
意識の哲学（者）（Bewusstseinsphilosophie） 19, 21, **58**, 60, 61, 82, 83, 86, 87, 134, 136, 149, 193, 214, 218, 220, 284
一元論（Monismus） **174**

『ドゥイノの悲歌（*Duineser Elegien*）』 349
『豹（*Der Panther*）』 31
リンネ、カール・フォン（Carl von Linné） 127, 128
『自然の体系（*Systema Naturae*）』 127
ルター、マルティン（Martin Luther） 293, 294
『奴隷意志論（*De servo arbitrio*）』 293
ルメートル、ジョルジュ（Georges Lemaître） 156
レドゥル、ゼバスティアン（Sebastian Rödl） 70, 238
老子 150
ロッシーニ、ジョアキーノ（Gioachino Rossini） 47
《荘厳ミサ曲（*Missa Solemnis*）》 47

マラルメ、ステファヌ（Stéphane Mallarmé） 300
「骰子一擲（Un coup de dés）」 300
マルクス、カール（Karl Marx） 38, 68, 69, 79, 142, 183, 185, 226, 252, 255, 304
マン、トーマス（Thomas Mann） 204
『ヴェニスに死す（*Der Tod in Venedig*）』 204
ミード、ジョージ・ハーバート（George Herbert Mead） 193
ミュラー、ヨハネス（Johannes Müller） 252
メッツィンガー、トーマス（Thomas Metzinger） 36, 37, 216, 218
メルケル、アンゲラ（Angela Merkel） 247, 248, 261
メルロ＝ポンティ、モーリス（Maurice Merleau-Ponty） 220
モーセ（Moses） 150, 235, 274
モネ、クロード（Claude Monet） 144

［ヤ］

ユング、カール・グスタフ（Carl Gustav Jung） 275
ヨハンソン、スカーレット（Scarlett Johansson） 131

［ラ］

ライプニッツ、ゴットフリート・ヴィルヘルム（Gottfried Wilhelm Leibniz） 82, 188, 190, 191, 305, 307, 314, 327
『モナドロジー（*Monadologie*）』 188
ライル、ギルバート（Gilbert Ryle） 76, 356
『心の概念（*The Concept of Mind*）』 76
ラカン、ジャック（Jacques Lacan） 257
ラッセル、バートランド（Bertrand Russell） 58, 59
『心の分析（*The Analysis of Mind*）』 58
ラトゥール、ブルーノ（Bruno Latour） 339
『虚構の「近代」（*Nous n'avons jamais été modernes*）』 339
ラ・メトリー、ジュリアン・オフレ・ド（Julien Offray de La Mettrie） 163
『人間機械論（*L'homme-machine*）』 163
リア、ジョナサン（Jonathan Lear） 70
リヒテンベルク、ゲオルク・クリストフ（Georg Christoph Lichtenberg） 210
龍樹（ナーガールジュナ） 185
リルケ、ライナー・マリア（Rainer Maria Rilke） 31, 349

『チャッピー（*Chappie*）』 41
ベイカー、リーン・ラダー（Lynne Rudder Baker） 117
ヘーゲル、ゲオルク・ヴィルヘルム・フリードリヒ（Georg Wilhelm Friedrich Hegel） 38, 44, 63, 65-69, 179, 181, 183, 185, 202, 206, 211, 213, 225, 226, 240, 350
『精神現象学（*Phänomenologie des Geistes*）』 179, 181, 213, 225
ベッソン、リュック（Luc Besson） 41
『LUCY／ルーシー（*Lucy*）』 41, 78
ベートーヴェン、ルートヴィヒ・ヴァン（Ludwig van Beethoven） 182
ヘルムホルツ、ヘルマン・フォン（Hermann von Helmholtz） 101, 103
ヘロドトス（Herodotos） 330
ベン、ゴットフリート（Gottfried Benn） 334-336, 338
『学問の話（*Akademierede*）』 335
「ニヒリズムの後（Nach dem Nihilismus）」 334
ペンローズ、ロジャー（Roger Penrose） 165
ホグレーベ、ヴォルフラム（Wolfram Hogrebe） 65, 169, 192
ホッブズ、トマス（Thomas Hobbes） 340
『リヴァイアサン（*Leviathan*）』 340
ホドロフスキー、アレハンドロ（Alexandro Jodorowsky） 272
ホフマン、E・T・A（E. T. A. Hoffmann） 139, 327
『砂男（*Der Sandmann*）』 327
ホメロス（Homeros） 30, 180, 185
『イリアス』 180
『オデュッセイア』 180
ホルクハイマー、マックス（Max Horkheimer） 23
『啓蒙の弁証法（*Dialektik der Aufklärung*）』 23

［マ］

マクダウェル、ジョン（John McDowell） 310
『心と世界（*Mind and World*）』 310
マクファーレン、セス（Seth MacFarlane） 234
『ファミリー・ガイ（*Family Guy*）』 234
マザー・テレサ（Mother Teresa） 125
マーシャル、ペニー（Penny Marshall）
『レナードの朝（*Awakenings*）』 113

337, 356
『あらゆる啓示批判の試み（*Versuch einer Kritik aller Offenbarung*）』 237
フォークト、カール（Karl Vogt） 224-226
フォースター、マーク（Marc Forster）
『ワールド・ウォーZ（*World War Z*）』 112
フーコー、ミシェル（Michel Foucault） 346, 347
『言葉と物（*Les mots et les choses*）』 346
フッサール、エトムント（Edmund Husserl） 154, 173, 220
『ヨーロッパ諸学の危機と超越論的現象学（*Die Krisis der europäischen Wissenschaften und die transzendentale Phänomenologie*）』 155
ブッシュ、ジョージ・H・W（George H. W. Bush） 25-27, 34
ブッダ（仏陀）（Buddha） 97, 142, 150, 219
ブッフハイム、トマス（Thomas Buchheim） 301
プラトン（Platon） 30, 46, 67, 123, 128, 239, 247, 330
『国家』 46
『ソクラテスの弁明』 128
『テアイテトス』 123, 247
『メノン』 239
ブランダム、ロバート（Robert Brandom） 263, 264
プリンツ、ヴォルフガング（Wolfgang Prinz） 193, 211, 212
『鏡の中の自分（*Selbst im Spiegel*）』 193, 211
プルースト、マルセル（Marcel Proust） 178
『失われた時を求めて（*À la recherche du temps perdu*）』 178
ブルーノ、ジョルダーノ（Giordano Bruno） 157
ブレンターノ、フランツ（Franz Brentano） 220
フロイト、ジークムント（Sigmund Freud） 38, 43, 178, 198-202, 204, 240, 256-260, 262-275, 278
『自我とエス（*Das Ich und das Es*）』 256
『女性の性愛について（*Über die weibliche Sexualität*）』 275
「心理学草案（Entwurf einer Psychologie）」 256
『トーテムとタブー（*Totem und Tabu*）』 198
『モーセと一神教（*Der Mann Moses und die monotheistische Religion*）』 274
「欲動とその運命（Triebe und Triebschicksale）」 262
ブロック、ネド（Ned Block） 136
ブロムカンプ、ニール（Neill Blomkamp） 41

『精神と宇宙（*Mind and Cosmos*）』 82, 253
『どこでもないところからの眺め（*The View from Nowhere*）』 123
『利他主義の可能性（*The Possibility of Altruism*）』 123
ノエ、アルヴァ（Alva Noë） 31
ノーラン、クリストファー（Christopher Nolan）
『インターステラー（*Interstellar*）』 289

［ハ］

ハイデガー、マルティン（Martin Heidegger） 182, 220, 346, 356
「自然・歴史・国家の概念と本質について（Über Wesen und Begriff von Natur, Geschichte und Staat）」 346
「ヒューマニズムについての書簡（Über den «Humanismus»）」 346
ハスラー、フェリックス（Felix Hasler） 34
『神経神話学（*Neuromythologie*）』 34
ハッブル、エドウィン（Edwin Hubble） 156
パトナム、ヒラリー（Hilary Putnam） 193-196, 198, 356
『理性・真理・歴史（*Reason, Truth and History*）』 193
バトラー、ジュディス（Judith Butler） 70, 183, 273
ハリス、サム（Sam Harris） 24, 52
『自由意志（*Free Will*）』 52
ビエリ、ペーター（Peter Bieri） 78
ビグロー、キャスリン（Kathryn Bigelow） 143
『ストレンジ・デイズ／1999年12月31日（*Strange Days*）』 143, 147
ピーコック、トーマス・B（Thomas B. Peacock） 227
ピピン、ロバート・B（Robert B. Pippin） 70
ビューヒナー、ルートヴィヒ（Ludwig Büchner） 226, 227
『力と物質（*Kraft und Stoff*）』 226
ヒューム、デイヴィッド（David Hume） 144, 219
ヒルデガルト（ビンゲンの）（Hildegard von Bingen） 150, 185
ファルケンブルク、ブリギッテ（Brigitte Falkenburg） 190, 191, 287, 288
『神話決定論（*Mythos Determinismus*）』 287
フィスター、ウォーリー（Wally Pfister） 41
『トランセンデンス（*Transcendence*）』 41, 333
フィヒテ、ヨハン・ゴットリープ（Johann Gottlieb Fichte） 38, 67, 173, 181, 183, 203, 206, 209, 211-213, 237-240, 242-245, 249-252, 254, 255, 277, 336,

［タ］

タイソン、ニール・ドグラース（Neil deGrasse Tyson） 157, 234
ダーウィン、チャールズ（Charles Darwin） 44-46, 162, 217, 230, 252, 254, 274, 282, 320, 333, 335, 338, 339
タリス、レイモンド（Raymond Tallis） 44
チャーチランド、パトリシア（Patricia Churchland） 114, 118, 126
チャーチランド、ポール（Paul Churchland） 114-118, 126, 223
「消去論的唯物論と命題的態度（Eliminativer Materialismus und propositionale Einstellungen）」 117
チャーチル、ウィンストン（Winston Churchill） 195, 196, 198
チャーマーズ、デイヴィッド（David Chalmers） 51, 82, 83, 188, 191
デイヴィッドソン、ドナルド（Donald Davidson） 127, 129-132
デカルト、ルネ（René Descartes） 51, 61, 87, 88, 90, 111, 113, 138, 163, 172-174, 182, 221, 242
『第一哲学についての省察（*Meditationes de prima philosophia*）』 87, 172
デ・ニーロ、ロバート（Robert De Niro） 114
デネット、ダニエル（Daniel Dennett） 24, 87, 88, 111, 147-149
『「志向姿勢」の哲学（*The Intentional Stance*）』 147
デリダ、ジャック（Jacques Derrida） 127, 133, 356
トゥキュディデス（Thukydides） 330
ドーキンス、リチャード（Richard Dawkins） 24, 76, 105-107, 150, 253, 275
『神は妄想である（*The God Delusion*）』 76
『盲目の時計職人（*The Blind Watchmaker*）』 253
『利己的な遺伝子（*The Selfish Gene*）』 275
トラシュマコス（Thrasymachos） 46
ドレイファス、ヒューバート（Hubert Dreyfus） 284, 285

［ナ］

ナポレオン・ボナパルト（Napoléon Bonaparte） 257, 266
ニーチェ、フリードリヒ（Friedrich Nietzsche） 38, 178, 200, 219, 256, 321, 336
ニュートン、アイザック（Isaac Newton） 65, 73, 74, 157, 164, 309, 335
ネーゲル、トマス（Thomas Nagel） 82, 91, 92, 122, 123, 235, 236, 244, 245, 253

サンド、ジョルジュ（George Sand） 185
シェイクスピア、ウィリアム（William Shakespeare） 30, 150
シェリング、フリードリヒ・ヴィルヘルム・ヨーゼフ・フォン（Friedrich Wilhelm Joseph von Schelling） 38, 82, 181, 252-255, 336, 337, 350
ジャクソン、フランク・キャメロン（Frank Cameron Jackson） 151-153, 160, 162-164
シュミット、トマス・E（Thomas E. Schmidt） 33
シュレーディンガー、エルヴィン（Erwin Schrödinger） 188-191, 324
『精神と物質（*Geist und Materie*）』 188
ショーペンハウアー、アルトゥール（Arthur Schopenhauer） 46, 103, 291, 313, 318-322
『意志と表象としての世界（*Die Welt als Wille und Vorstellung*）』 46, 318
「女について（Über die Weiber）」（『余録と補遺（*Parerga und Paralipomena*）』所収） 319
ジョーンズ、スパイク（Spike Jonze） 41
『her／世界でひとつの彼女（*Her*）』 41
『マルコヴィッチの穴（*Being John Malkovich*）』 250
ジンガー、ヴォルフ（Wolf Singer） 283, 285, 286, 289, 292, 313
「神経回路網は我々を拘束する（Verschaltungen legen uns fest）」 283
「誰もが自分にしかなれない（Keiner kann anders, als er ist）」 283
スコット、リドリー（Ridley Scott）
『ブレードランナー（*Blade Runner*）』 138
スピルバーグ、スティーヴン（Steven Spielberg） 139
『A.I.（*A.I. Artificial Intelligence*）』 140
「インディ・ジョーンズ（*Indiana Jones*）」シリーズ 92
スワーブ、ディック（Dick Swaab） 48, 49
『我々は脳である（*Wir sind unser Gehirn*）』 48
セーガン、カール（Carl Sagan） 157
『コスモス（*Cosmos*）』 157, 234
ソクラテス（Sokrates） 128
ソポクレス（Sophokles） 30, 32, 185, 275
『オイディプス王』 32, 275
ソーントン、ビリー・ボブ（Billy Bob Thornton） 45

『ジャバーウォッキー（*Jabberwocky*）』 158
『モンティ・パイソン・アンド・ホーリー・グレイル（*Monty Python and the Holy Grail*）』 158
キルケゴール、セーレン（Søren Kierkegaard） 38
クックリック、クリストフ（Christoph Kucklick） 34
クライスト、ハインリヒ・フォン（Heinrich von Kleist） 47, 139, 203, 204
『アンフィトリオン（*Amphitryon*）』 47
「マリオネット劇場について（Über das Marionettentheater）」 203
クライン、イヴ（Yves Klein） 179, 182
クラウス、ローレンス（Lawrence Krauss） 105, 108, 109, 111, 357
クリック、フランシス（Francis Crick） 21
グリーン、ブライアン（Brian Greene） 165
『隠されていた現実（*The Hidden Reality*）』（邦訳『隠れていた宇宙』） 165
クレメント、ヴォルフガング（Wolfgang Clement） 26
クワイン、ウィラード・ヴァン・オーマン（Willard van Orman Quine） 109
ゲーテ、ヨハン・ヴォルフガング・フォン（Johann Wolfgang von Goethe） 237, 243, 255, 335-337
『ファウスト（*Faust*）』悲劇第一部 196
『ファウスト（*Faust*）』悲劇第二部 336, 337
コースガード、クリスティン（Christine Korsgaard） 70
コタール、ジュール（Jules Cotard） 112
コッホ、クリストフ（Christof Koch） 21

［サ］

サインフェルド、ジェリー（Jerry Seinfeld） 130, 204
サックス、オリヴァー（Oliver Sacks） 114
『レナードの朝（*Awakenings*）』 114
サッポー（Sappho） 150
サール、ジョン（John Searle） 160, 186, 220, 221, 244, 245, 249, 285
『心の再発見（*The Rediscovery of the Mind*）』（邦訳『ディスカバー・マインド！』） 186
サルコジ、ニコラ（Nicolas Sarkozy） 241
サルトル、ジャン＝ポール（Jean-Paul Sartre） 38, 67, 69, 71, 220, 240, 331-333
『実存主義とは何か（*L'existentialisme est un humanisme*）』 69

エコノモ、コンスタンティン・フォン（Constantin von Economo） 334
エックハルト、マイスター（Meister Eckhart） 229-232
エンヘドゥアンナ（En-hedu-anna） 180, 185
オースティン、ジェーン（Jane Austen） 185
オバマ、バラク（Barack Obama） 28
オンフレ、ミシェル（Michel Onfray） 24

［カ］

カイル、ゲールト（Geert Keil） 90, 132, 167, 357, 358
カヴェル、スタンリー（Stanley Cavell） 35, 70, 331, 333
ガダマー、ハンス＝ゲオルク（Hans-Georg Gadamer） 66
カーネマン、ダニエル（Daniel Kahneman） 284
『ファスト＆スロー（*Thinking, Fast and Slow*）』 284
カミュ、アルベール（Albert Camus） 38, 69
ガーランド、アレックス（Alex Garland） 41
『エクス・マキナ（*Ex Machina*）』 41
ガリレイ、ガリレオ（Galileo Galilei） 157, 287
カルース、シェーン（Shane Carruth） 78
『アップストリーム・カラー（*Upstream Color*）』 78
カルナップ、ルドルフ（Rudolf Carnap） 109
カンデル、エリック（Eric Kandel） 102-104, 178
『神経科学の原理（*Principles of Neural Science*）』（邦訳『カンデル神経科学』） 102
カント、イマヌエル（Immanuel Kant） 36, 38, 40, 66, 67, 70, 71, 89, 97-104, 145-147, 156, 157, 173, 176, 181, 183, 203, 206, 209, 210, 237, 323, 326-328, 330, 341, 343
『永遠平和のために（*Zum ewigen Frieden*）』 341
『実践理性批判（*Kritik der praktischen Vernunft*）』 327
『純粋理性批判（*Kritik der reinen Vernunft*）』 98, 203
『視霊者の夢（*Träume eines Geistersehers*）』 89
『天界の一般自然史と理論（*Allgemeine Naturgeschichte und Theorie des Himmels*）』 156
キットラー、フリードリヒ（Friedrich Kittler） 345
キム、ジェグォン（金在權）（Jaegwon Kim） 61
ギリアム、テリー（Terry Gilliam） 158

人名・作品名索引

- 本文および原注に登場する人物（作品の登場人物などを除く）をすべて対象とした。
- 登場する作品名を、人名の子項目として掲げた。

［ア］

アイスキュロス（Aischylos） 330
アインシュタイン、アルベルト（Albert Einstein） 65, 155, 156
アウグスティヌス、アウレリウス（Aurelius Augustinus） 150, 185
アドルノ、テオドール・W（Theodor W. Adorno） 23, 43
　『啓蒙の弁証法（*Dialektik der Aufklärung*）』 23
アリストテレス（Aristoteles） 73-75, 93, 330
　『魂について』 93
アルニム、ベッティーナ・フォン（Bettina von Arnim） 185
アレン、ウッディ（Woody Allen） 272
イェリネク、エルフリーデ（Elfriede Jelinek） 30
インワーゲン、ピーター・ヴァン（Peter van Inwagen） 300
　『自由意志についてのエッセイ（*An Essay on Free Will*）』 300
ヴァール、フランス・ドゥ（Frans de Waal） 338
ウィアー、ピーター（Peter Weir）
　『トゥルーマン・ショー（*The Truman Show*）』 199
ヴィトゲンシュタイン、ルートヴィヒ（Ludwig Wittgenstein） 96, 356
　『哲学探究（*Philosophische Untersuchungen*）』 96
ウィリアムズ、ロビン（Robin Williams） 114
ウエルベック、ミシェル（Michel Houellebecq） 21
ウォシャウスキー、ラナ（Lana Wachowski）
　「マトリックス（*The Matrix*）」三部作 193, 195
ウォシャウスキー、リリー（Lilly Wachowski）
　「マトリックス（*The Matrix*）」三部作 193, 195
エガーズ、デイヴ（Dave Eggers） 169
　『ザ・サークル（*The Circle*）』 169

マルクス・ガブリエル（Markus Gabriel）

一九八〇年生まれ。哲学者。現在、ボン大学教授。後期シェリング研究をはじめ、古代哲学における懐疑主義からヴィトゲンシュタイン、ハイデガーに至る西洋哲学全般について多くの著作を執筆。「新しい実在論」を提唱して世界的に注目されている。主な著書として、一般書「三部作」として構想された、『なぜ世界は存在しないのか』（原著二〇一三年、講談社選書メチエ）、本書（原著二〇一七年）、*Der Sinn des Denkens* (Ullstein, 2018) など。

姫田多佳子（ひめだ・たかこ）

津田塾大学国際関係学科卒業。五年間のドイツ滞在時にドイツ語を習得。以来二十数年間、学術論文等の翻訳に従事。訳書に、バスティアン・オーバーマイヤー／フレデリック・オーバーマイヤー『パナマ文書』（KADOKAWA）。

「私《わたし》」は脳《のう》ではない

21世紀《せいき》のための精神《せいしん》の哲学《てつがく》

二〇一九年　九月一〇日　第一刷発行
二〇二四年一二月　六日　第九刷発行

著者　マルクス・ガブリエル

訳者　姫《ひめ》田《だ》多《た》佳《か》子《こ》

発行者　篠木和久

発行所　株式会社 講談社
東京都文京区音羽二丁目一二—二一　〒一一二—八〇〇一
電話（編集）〇三—五三九五—三五一二
（販売）〇三—五三九五—五八一七
（業務）〇三—五三九五—三六一五

KODANSHA

装幀者　奥定泰之

本文印刷　株式会社 新藤慶昌堂

カバー・表紙印刷　半七写真印刷工業 株式会社

製本所　大口製本印刷 株式会社

定価はカバーに表示してあります。

ISBN978-4-06-517079-3　Printed in Japan　N.D.C.102　386p　19cm

講談社選書メチエの再出発に際して

講談社選書メチエの創刊は冷戦終結後まもない一九九四年のことである。長く続いた東西対立の終わりはついに世界に平和をもたらすかに思われたが、その期待はすぐに裏切られた。超大国による新たな戦争、吹き荒れる民族主義の嵐……世界は向かうべき道を見失った。そのような時代の中で、書物のもたらす知識が一人一人の指針となることを願って、本選書は刊行された。

それから二五年、世界はさらに大きく変わった。特に知識をめぐる環境は世界史的な変化をこうむったとすら言える。インターネットによる情報化革命は、知識の徹底的な民主化を推し進めた。誰もがどこでも自由に知識を入手でき、自由に知識を発信できる。それは、冷戦終結後に抱いた期待を裏切られた私たちのもとに差した一条の光明でもあった。

その光明は今も消え去ってはいない。しかし、私たちは同時に、知識の民主化が知識の失墜をも生み出すという逆説を生きている。堅く揺るぎない知識も消費されるだけの不確かな情報に埋もれることを余儀なくされ、不確かな情報が人々の憎悪をかき立てる時代が今、訪れている。

この不確かな時代、不確かさが憎悪を生み出す時代にあって必要なのは、一人一人が堅く揺るぎない知識を得、生きていくための道標を得ることである。

フランス語の「メチエ」という言葉は、人が生きていくために必要とする職、経験によって身につけられる技術を意味する。選書メチエは、読者が磨き上げられた経験のもとに紡ぎ出される思索に触れ、生きるための技術と知識を手に入れる機会を提供することを目指している。万人にそのような機会が提供されたとき初めて、知識は真に民主化され、憎悪を乗り越える平和への道が拓けると私たちは固く信ずる。

この宣言をもって、講談社選書メチエ再出発の辞とするものである。

二〇一九年二月　　野間省伸

講談社選書メチエ　哲学・思想Ｉ

MÉTIER

近代性の構造　今村仁司
身体の零度　三浦雅士
近代日本の陽明学　小島　毅
経済倫理＝あなたは、なに主義？　橋本　努
パロール・ドネ　C・レヴィ＝ストロース　中沢新一訳
絶滅の地球誌　澤野雅樹
共同体のかたち　菅　香子
三つの革命　佐藤嘉幸・廣瀬　純
なぜ世界は存在しないのか　マルクス・ガブリエル　清水一浩訳
「東洋」哲学の根本問題　斎藤慶典
言葉の魂の哲学　古田徹也
実在とは何か　ジョルジョ・アガンベン　上村忠男訳
創造の星　渡辺哲夫
いつもそばには本があった。　國分功一郎・互　盛央
創造と狂気の歴史　松本卓也
「私」は脳ではない　マルクス・ガブリエル　姫田多佳子訳
AI時代の労働の哲学　稲葉振一郎

名前の哲学　村岡晋一
「心の哲学」批判序説　佐藤義之
贈与の系譜学　湯浅博雄
「人間以後」の哲学　篠原雅武
自由意志の向こう側　木島泰三
自然の哲学史　米虫正巳
夢と虹の存在論　松田　毅
クリティック再建のために　木庭　顕
AI時代の資本主義の哲学　稲葉振一郎
ときは、ながれない　八木沢　敬
非有機的生　宇野邦一
情報哲学入門　北野圭介
なぜあの人と分かり合えないのか　中村隆文
ポスト戦後日本の知的状況　木庭　顕